테니스 바이블

TENNIS BIBLE

박승화 저

머리말

PROLOGUE

테니스는 세계에서 가장 인기 있는 스포츠이다. 테니스를 처음 배우는 동호인들은 재미는 있지만 힘들고, 어렵다는 말을 한다. 이는 테니스가 실제로 해보면 보기보다 쉽지 않다는 의미일 것이다. 모든 스포츠가 그렇듯이 특히 테니스는 처음부터 잘 배워야 한다. 기초를 탄탄하게 익히지 않으면 기량의 향상이 더디고, 발전이 없다.

테니스는 한 번 잘 못 배우면 평생을 두고 수정하기 힘들게 된다. 하나의 테크닉을 잘 못 배워서 평생 후회를 하게 되고, 그 기술 때문에 게임에서 승리할 수 없게 된다. 테니스를 배우게 되면-산 너머 또 다른 산이 존재하듯이-하나의 동작을 익히고 나면 또 다른 기술을 습득하다보면, 먼저 배운 기술이 흔들리게 된다. 그러나 인내하면서 꾸준히 정확하게 바른 자세로 체계적으로 테크닉을 습득한다면 누구나 아름다운 폼을 구현할 수 있으리라 본다. 다양한 스포츠들이 즐비하지만 그중에서도 테니스는 두 사람만 있어도 누구나 남녀노소 쉽게 접근이 가능한 스포츠이다.

한때 골프다 레저스포츠이다 해서 테니스 인구의 저변확대가 멈칫했지만 테니스에 대한 선호도는 여전히 국내는 물론 전 세계적으로 끊임없이 증가하고 있는 실정이다. 피아노나 영어를 배우고 익히는데 훌륭한 교본이 필요하듯이 테니스 테크닉을 습득하는 데도 좋은 교재가 필요하다.

이에 본 교재는 테니스를 처음 시작하는 새내기에서 기량을 향상시키고자 하는 동호인, 테니스에 몰입한 마니아를 비롯하여 현장에서 테니스를 지도자들이 겸비해야 할 테니스의 역사, 체계, 특수성, 기본원리 등의 제반 기술 등을 쉽고 재미있게 한 권의 책으로 출간하게 되었다.

우리생활과 비슷한 동작들과 유사스포츠와 관련지어 테니스를 배우고 지도하는 데 유익한 내용을 싣는 것에 고민을 거듭하면서 테니스의 철칙과 명언들을 수록하기 위해 노력했다.

테니스는 삶의 질을 향상시키며, 수명을 연장한다. 또 몸매관리를 하는데 최고의 스포츠이다.

사계절, 어린이에서 노인까지 남녀노소 누구나 쉽게 자신의 체력에 맞게 즐길 수 있는 테니스는 인생의 축소판이요 활력소이다. 테니스를 즐길 줄 아는 현명한 현대인이 되기를 바란다.

PROLOGUE

아무쪼록 본 교재가 테니스를 시작하려는 초보자에서 상급자까지, 대학에서 테니스를 교양선택이나 필수로 이수해야 하는 대학생들, 현장에서 테니스를 지도하는 지도들에게 유익한 길라잡이 역할을 할 수 있기를 기대하면서 본서가 출간되기까지 사진을 제공해 준 테니스코리아 관계자 여러분, 혜민북스 진수진 사장님, 편집부 여러분께 감사의 말을 전한다.

2016년 2월
박승화

차례

CONTENTS

제3장 테니스 입문

제4장 포핸드 스트로크

제5장 백핸드 스트로크

제6장 발리

제13장 네트 대시는 언제 하는가?

제14장 테니스 보조 운동

제15장 테니스 상해(傷害)

제16장 테니스 매너 및 규칙

제17장 테니스 용어

제18장 부록

제 1 장 테니스의 역사

1. 기원과 역사
2. 경기의 체계
3. 카운트 방법과 유래
4. 관전 매너
5. 프로 테니스의 역사
6. 데이비스컵의 유래
7. 데이비스컵의 발자취

1. 기원과 역사

중세 프랑스에는 왕후귀족과 승려들 사이에 성행했던 구기 중에 볼을 손바닥으로 쳐서 게임을 하는 '쥬 드 뽐므(jeu de paume)'란 놀이가 있었다. 수도원에서 나이 어린 수사들이 소일거리로 만든 놀이가 그것이다. 지금부터 700~800년 전인 12~13세기 때의 일이다.

테니스는 12~13C경 프랑스에서 탄생한 것으로 본다. 초창기의 테니스는 라켓을 사용치 않고 손바닥으로 볼을 치는 경기였다.

테니스가 언제 어디서 시작되었는지는 정확히 알 수 없지만 '쥬 드 뽐므' 는 많은 역사가들에 의해 근대 테니스의 전신으로 인정되고 있다.

'뽐므' 란 프랑스어로서 '손바닥' 이란 뜻이며, 테니스란 말의 기원은 확실치 않으나 프랑스어로 '때린다' 라는 낱말인 'tenez' 의 발음을 1360년경 영국 사람이 이 경기를 영국에 처음 소개하면서 'tennis' 란 문자로 사용했다고 본다. 이러한 '뽐므' 가 프랑스로부터 도버해협을 건너 영국에서 발달, 변천되어 오늘날의 테니스가 만들어진 것이다.

근대 테니스의 길을 연 사람은 영국의 월터 크로프톤 윙필드 소령, 1873년 그리스어로 '놀이' 를 의미하는 '스파이리스틱' 이라는 이름의 새로운 게임의 특허를 신청했는데 바로 이 게임이 근대 테니스의 원형이며 그는 코트와 네트의 크기를 고안해 냈다.

1875년엔 멜버른 크로켓 클럽에서 경기를 행하게 되었고 이것을 계기로 당시의 쟁쟁한 멤버들로 론 위원회를 구성, 규칙을 심사했다. 여기서 최초로 론 테니스의 규칙이 제정되

그림 1-1 테니스는 12~13C경 프랑스에서 탄생한 것으로 본다. 초창기의 테니스는 라켓을 사용치 않고 손바닥으로 볼을 치는 경기였다.

그림 1-2 나폴레옹이 지켜보는 앞에서 조세핀 황후가 뽐므 경기를 했다.

었고 오늘날의 코트와 거의 비슷한 코트를 만들었던 것이다.

1877년 윔블던 제1회 대회를 시작으로 크고 작은 국제대회가 생겨났으며, 올림픽에서는 1896년 아테네 제1회 근대 올림픽대회부터 1924년 파리올림픽 때까지 테니스가 메달 종목으로 채택되어 오다가 그 후 제외되었다. 그러다가 1968년 멕시코시티, 1984년 LA올림픽에서 시범종목으로 채택되어, 1988년 서울올림픽대회에서 64년 만에 올림픽 정식종목으로 부활됐다.

한국에 테니스가 들어온 것은 19세기말 미국의 선교사들에 의해 처음 소개되었으며,

그림 1-3 런던 퀸스클럽의 실제코트

1962년 경성제국대학 정구부장이던 강성태씨가 연식 정구부를 테니스부로 전환시켰다는 기록이 있다. 그러나 해방 이전의 정구라 함은 일본인들이 테니스를 변형시킨 연식정구를 칭한다. 해방과 더불어 1945년 10월 경식과 연식이 통합된 조선정구협회가 결성되었고 1948년 9월엔 국제 테니스연맹에 정식으로 가입했다.

1955년에 대한테니스협회가 대한연식정구협회로 분리되었고 1960년 우리나라 테니스 역사상 처음으로 1900년 시작된 데이비스컵 경기에 참여, 국제무대에 본격적으로 선을 보였다.

2. 경기의 체계

테니스 경기는 포인트가 모여 게임이 되고, 게임이 모여 세트가 되며, 세트가 모여 Match가 되고, 매치의 결과로 승패가 결정된다.

1) 포인트

포인트라는 것은 테니스에서 제일 작은 단위. 경기 도중 공격에 성공하거나 실패하면 1점을 얻거나 잃게 되는데, 이때의 점수를 포인트라 한다.

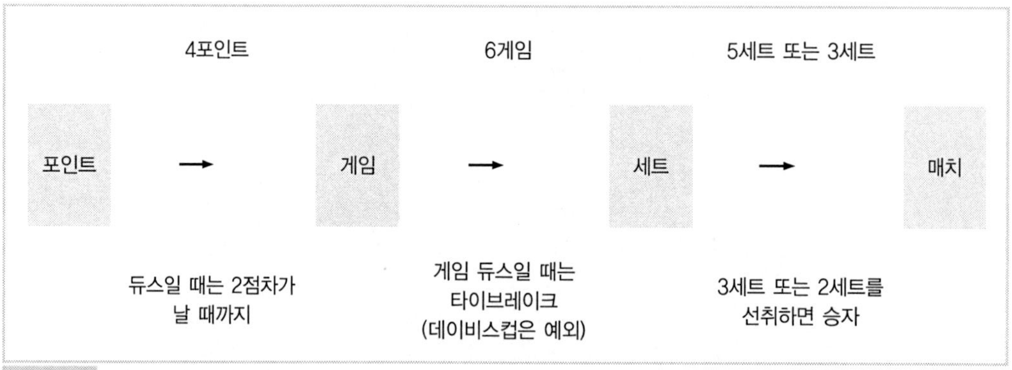

그림 1-4 테니스 게임의 체계

2) 게임

포인트가 쌓인 다음의 단위는 게임. 4포인트를 먼저 얻으면 1게임을 이기게 되며 만약 3:3(포티 올)의 포인트가 되면 듀스라 하여 2점을 연속해서 먼저 얻은 선수가 그 게임을 이기게 된다.

3) 세트

1세트라는 것은 여섯 게임을 먼저 얻은 쪽이 그 세트를 따게 되는 것이다. 즉 6게임을 먼저 얻으면 한 세트를 이긴다. 그러나 두 선수가 각각 5게임씩 이겨 5:5가 되면 게임 듀스가 되어 어느 선수 든 2게임을 연속해서 얻어야 이긴다. 그러나 2게임을 연속해서 이기지 못하고 서로가 한 게임씩 이겨 6:6으로 게임 듀스가 되면 타이브레이크 시스템에 의해 승자를 결정짓는다.

4) 매치

포인트 게임 세트로 차곡차곡 쌓여진 경기를 말한다. 남자경기는 5세트 경기를 하여 먼저 3세트를 이겨야 승자가 되고, 3세트 매치에서는 2세트를 선취해야 승자가 된다. 여자는

	서버	위 치
제 1 서브	A	우측코트
제 2 서브	B	좌측코트
제 3 서브	B	우측코트
제 4 서브	A	좌측코트
제 5 서브	A	우측코트
제 6 서브	B	좌측코트
제 7 서브	B	우측코트
⋮		⋮

표 1-1 타이브레이크 단식 순서

	서버	위 치
제 1 서브	A	우측코트
제 2 서브	C	좌측코트
제 3 서브	C	우측코트
제 4 서브	B	좌측코트
제 5 서브	B	우측코트
제 6 서브	D	좌측코트
제 7 서브	D	우측코트
제 8 서브	A	좌측코트
제 9 서브	A	우측코트
제 10 서브	B	좌측코트
제 11 서브	B	좌측코트
제 12 서브	C	좌측코트
⋮	⋮	⋮

타이브레이크 복식 순서

보통 3세트 매치인데 몇 세트 매치인가는 대회규정으로 정한다. 타이브레이크 제도란 두 선수의 게임 스코어가 5:5가 되면 게임듀스가 되는데, 실력이 엇비슷하면 좀체 2게임의 차이가 생기지 않고 12:11, 13:13 등과 같이 게임이 무한정 계속되는 경우가 있다. 그러면 시간이 너무 많이 걸려 대회 진행에 지장을 초래하고 선수들의 체력에 부담이 가기 때문에 이를 제한키 위해 타이브레이크제도가 고안되었다.

이것은 두 사람의 스코어가 6:6이거나 8:8일 때 마지막 한 게임으로 승패를 결정하는 방법. 번갈아 서브를 넣어 12포인트 가운데 7포인트를 먼저 얻은 선수가 승자가 된다. 이때 두 사람의 점수를 합해 6점이나 6의 배수가 되면 코트를 바꾸며 또한 여기서도 6:6일 때는 듀스가 되어 서브는 계속 번갈아 넣어 2포인트를 연속해서 얻은 선수가 승자가 되는 것이다. 복식에서도 마찬가지로 4명이 번갈아 서브를 넣는다. 이때 카운트는 1, 2, 3… 기수로 부른다.

3. 카운트 방법과 유래

테니스의 스코어링의 체계는 테니스가 유별난 운동이라는 인식에 한몫 거든다. 점수표기의 진법이 다르고 또 엄파이어가 콜 하는 언어가 세계 대부분이 영어를 사용, 우리도 그대로 쓰고 있는 형편이다.

테니스의 포인트 단위는 0→15→30→40이다.

- 0 (0점) 러브(love)
- 15(1점) 피프틴(fifteen)
- 30(2점) 서티(thirty)
- 40(3점) 포티(forty)

포인트를 콜 하는 법은 듀스가 아닌 경우와 듀스의 경우로 나누어 예를 들면 다음과 같다.

● 보통의 경우	서버(A)		리시버(B)	
	15	:	0	피프틴 러브
	15	:	15	피프틴 올
	30	:	15	서티 피프틴
	40	:	30	포티 서티

※ 여기서 서버가 다음 포인트를 따면 'game server' 라는 엄파이어의 콜과 함께 그 게임이 끝난다. 만약 리시버가 득점했을 때는 'deuce' 라는 콜과 함께 다음과 같이 속행된다.

● 듀스의 경우	서버 득점	어드밴티지 서버(A)
	리시버 득점	듀스
	리시버 득점	어드밴티지 리시버(B)
	리시버 득점	게임 B

테니스 콜에서 특별히 주의할 점은 늘 서버의 점수부터 불러야 하며 듀스에서 다시 듀스가 되더라도 탁구나 배구에서처럼 듀스 어게인, 어게인 듀스라 하지 않고 그냥 듀스라고 하면 된다.

이 듀스 제는 한쪽이 2포인트 차를 낼 때까지 계속된다. 이 같은 듀스 제는 세트에서도 적용되었는데 무한정 길어질 수 있는 경우를 방지하기 위한 타이브레이크(tie break)시스템을 거의 모든 대회에서 채택하고 있다.

그럼 왜 유독 테니스에서는 이상과 같이 카운트 방법이 독특한가. 이에 대해 누구나 한 번쯤은 고개를 갸우뚱하고 질문을 해본 경험이 있겠지만 시원한 대답을 듣지 못했을 것이다. 왜냐하면 정설이 없고 여러 가지 설만 무성하기 때문이다.

특히 O를 love라 콜 하는 것이 관심을 모으는데 러브가 무(nothing)와 동의어로 일상생활에서 사용된 적이 있는데 주로 여성들이 많이 썼다 한다.

테니스의 포인트 15-30-45에 대한 설을 예로 들면 ① 코트 테니스 이전부터 성행된 '체이스' 의 득점 법이 15득점을 1포인트로 계산한 데서 따온 것. ② 한때 테니스와 밀접한 관계였던 도박에서 연유한다. ③ 중세기 프랑스의 화폐제도의 단위 '스' 가 60진법으로 '60스' 가 하나의 단위인데 '15온스' 짜리 동전 네 닢으로 나누어지는 데서 비롯되었다는 설 등이 무성하다. 한 포인트에 15온스짜리 동전을 한 닢 건 도박에서 유래한다는 설이 그중 그럴싸한데 3포인트에 해당하는 40은 포티파이브(45)의 발음이 어려워 편 이상 포티(40)가 되었다는 각설이 붙어 있다.

이상의 카운트 방법은 수백 년 전부터 써온 것으로 그 역사가 길다. 유래는 확실치 않지만 테니스 게임의 역사를 실감케 하는 전형적인 예이다.

4. 관전 매너

훌륭한 플레이어, 테니스를 이해하는 많은 팬, 그리고 명 엄파이어. 이 세 가지 조건이 갖추어졌을 때 비로소 테니스의 묘미는 나타난다. 테니스는 어디까지나 플레이어가 주인이다. 때문에 관중이 플레이를 방해하는 일이 있어서는 안 되며 관중으로서의 본분을 지켜야 한다.

1) 파인 플레이에는 박수를 보내고, 에러 시에는 삼가야 한다.

이것은 테니스의 불문율의 에티켓이며, '매너의 스포츠' 인 테니스의 오래된 귀중한 관습이며 훌륭한 전통이다. 박수는 세계적으로 공통적인 감정표현의 방법으로 파인 플레이(Fine Play)에 박수를 보내며 환호하는 일은 팬으로서의 에티켓이다.

어느 쪽의 플레이어에게도 에러에는 박수를 치지 않는다. 게임이 후끈 달아올랐을 때 상대선수의 실수에 박수가 저절로 나오는 경우가 있는데, 가능한 한 자제한다.

2) 조용한 관전

인 플레이 중에는 조용히 해야 한다. 고도의 집중력이 요구되는 경기이므로 일단 서비스 준비자세를 취하면 관중들은 곧 조용해야 된다.

3) 경기 도중에 움직여서는 안 된다.

관중은 게임 도중에 멋대로 자리를 움직이는 일이 있어서는 안 된다. 관중이 움직이면 플레이어에게 방해가 된다. 옆 코트에서 더욱 흥미 있는 경기가 벌어지는 것을 알고 관중이 시끄럽게 자리를 뜨는 경우도 있는데 엄파이어는 경기에 지장이 없도록 코트를 바꿀 때 이동하도록 주지시켜야 한다.

4) 볼이 인 플레이 상태에 있으면 코트 주변을 통행하지 말라.

정식의 대회가 아니더라도 샷을 치려고 준비할 때 누군가 코트 뒤를 걸어가는 것처럼 신경을 건드리고 더구나 깊은 샷에 대비 뒤로 물러설 때 누군가 라켓에 맞지 않을까 걱정하는 것은 더욱 그렇다. 무조건 포인트가 진행되고 있는 코트 뒤에는 사람이 있어선 안 되며, 경기 중인 코트 뒤로 걸어가는 것도 실례. 게임이 끝날 때까지 코트 사이드 옆에 서서 기다리는 것이 가장 좋다. 만약 이것이 불가능하다면 최소한 한 포인트가 끝날 때를 기다려야 한다.

5) 승부만을 보지 말라.

테니스 경기 관전에는 자기가 좋아하는 플레이어의 응원이나 플레이어와 상관없이 게임 그 자체를 즐기는 경우가 있을 수 있다. 단순히 승패만을 즐길 것이 아니라 플레이어의 장기나 기능을 관찰, 어떻게 타격하고 있는가, 풋웍은 어떤가, 어떤 전법을 취하고 있는가 등 경기 내용을 스스로 비교하면서 관전하는 것도 좋은 관전 법이라고 할 수 있다.

6) 판정에 참견하지 말라.

관중들은 어디까지나 제삼자인 구경꾼이다. 경기의 판정에 관여해서는 안 된다. 설혹 라인즈맨이 틀린 판정을 한다 해도 관중들의 주장으로 번복될 수는 없는 것이다.

설혹 라인즈맨이 그릇된 판정을 한다 해도 엄파이어가 그것을 뒤집을 수 있는, 즉 오버룰(over rule)의 장치가 마련되어 있으니 관중의 입장에서 참견할 문제는 아니다. 그러니 고의적인 미스저지나 라인즈맨의 실수로 잘못 판정이 나더라도 자연스런 의사의 표시 이상은 하지 않도록 자제한다.

5. 프로테니스의 역사

테니스의 국제기구와 조직은 매우 복잡하다. ITF, ATP, WTA, , 컴퓨터랭킹, 그랜드슬램, 매스터즈, 챌린저, 퓨쳐스, 서키트 등 온통 낯선 말로 들리기 쉽다. 이것은 테니스가 그만큼 전통이 있는 스포츠이며 발전되어 있다는 증거이다.

1) 조기 프로화 물결은 세계적인 추세이다 .

프로(professional의 준말)선수란 한 마디로, 운동을 주 수입 즉 '밥벌이' 로 삼는 사람이다. 프로스포츠의 구체적 개념은 광의, 협의에 따라 다르고 또 종목마다 환경도 달라 명확히 단정 짓기는 쉽지 않다. 그러나 프로테니스에서 프로의 개념은 최소한, '밥벌이' 라는 속된 기준을 벗어나 비교적 명쾌하게 말할 수 있다.

프로 테니스는 관중수입, 대회스폰서 등 프로스포츠의 시장성이 창출하는 대회상금이 선수의 밥벌이가 되는 제도다.

그러나 프로테니스가 오늘날과 같이 선수 수입의 상금 의존도가 높고 기구의 통합 성(ATP, ITF 등)이 광범위하게 된 것은 1968년 이후 4대 이벤트를 비롯한 주요대회들과 데이비스컵이 프로, 아마를 구분치 않고 문을 개방한, 이른바 오픈테니스(open tennis) 또는 프로테니스 시대가 68년부터 열리기 시작했던 것. 이후 테니스의 프로 화는 거센 물결로 국제 테니스계를 덮쳐 이제 테니스에서 아마와 프로를 구분한다는 것은 의미 없는 것이 되었다. 테니스의 프로 화는 64년 만에 컴백했던 '88서울올림픽에 프로테니스 선수들이 당당히 출전한 것만 보아도 알 수 있다. 다른 종목들이 아마와 프로가 서로 반목하거나 아주 단절된 상태에 있는 것에 비해 테니스는 ITF(국제테니스연맹)와 프로단체가 매우 우호적이다.

본격적인 프로테니스 史는 지난 '68년 이후만을 거론해야 하지만, 오픈시대 이전에 프로가 없었던 것은 아니고 아마추어라 해도 뒷거래로 제공되는 교섭 비와 상품도 있었으므로 형식상 대회형태가 처음 태동된 1874년 오픈시대 이후를 살펴본다.

2) ITF는 200여 개국 거느린 통합기구

테니스가 개개인의 놀이 차원에서 발전하여 공적인 대회를 탄생시킨 것은 130여 년 전이다. 1874년 대 영국(Great Britain)의 윙필드(W. C. Wingfield)란 소령은 어느 김빠진 연회석에서 〈sphairistike(그리스어로 볼 놀이란 뜻)〉라는 야외게임을 소개하여 파티 손님을 열광케 했는데, 이 게임이 110여 년 후 엄청난 시장 규모를 가진 가장 인기 높은 스포츠 중 하나로 성장할 줄은 당시 누구도 예측 못했다.

프로테니스가 현재와 같은 인기를 누리게 된 데는 1900년에 시작된 데이비스컵과 1913년 12개국 대표로 구성된 국제테니스연맹(ITF)의 발족이 분기점이 되었다.

ITF본부는 런던에 있으며 클라스 A B C로 분류되어 있는데 A클라스는 ITF자체이며 B

그림 1-5 제1회(1877년) 윔블던대회 모습

그림 1-6 1885년 테니스 복장

클라스는 투표권이 있는 국가로서 150여 개국(한국포함)이며 C클라스는 투표권이 없는 국가로 56개국(북한포함)으로 구성되어 있다. 데이비스컵은 미국 청년 데이비스가 1000달러의 은제 컵을 기증, 처음 4년간 영미 두 나라만의 대결로 시작된 남자 국가대항 전으로서 테니스 발전의 큰 물줄기가 되었다.

13년 뒤 파리에서 발족한 ITF는 오늘날 지구상 202개국의 회원을 거느린 세계테니스의 통합기구다. 테니스대회가 국제적 교류를 가지며 번성한 것은 ITF의 존재 덕분이었다. 예를 들어, 1920년 호주타이틀을 아일랜드선수(J. C. Parke)가 차지했고 미국타이틀을 영국선수(L. Doherty)가, 윔블던타이틀은 호주, 뉴질랜드선수(N. Brookes, Awilding)가 가져갔다.

그런 가운데 오늘날의 그랜드슬램대회, 즉 4대 이벤트는 여러 대회 중에서도 이름난 잔치로 자리를 잡았다. 그중에서도 1877년 시작된 윔블던과 1881년 시작된 미국내셔널(U. S. nationals)은 각기 독특한 환경을 자랑하면서 테니스대회의 권위를 확보했다.

각국 테니스의 공식기구와 공인 대회들이 1967년까지 아마추어리즘을 지켜오는 동안에 프로선수들과 프로를 선호하는 사람들은 오랜 불만을 삼켜야 했다. 스타플레이어에게 있어 정상권을 지키기 위해 기울인 노력과 재능은 명예만으로는 그 보답이 부족했다. 더구나 테니스에 뛰어난 재능을 가졌던 쟁쟁한 선수들은 테니스를 여가활동으로 만족하기엔 테니스에 대한 열정이 넘쳐흘러 프로화는 지극히 자연스런 현상이었는지도 모른다.

결국 류 호드, 켄 로즈월, 야로슬라브 드로브니, 판초 곤잘레스, 로드 레이버 등 쟁쟁한 선수들은 데이비스컵, 4대 이벤트 등 공식대회에 소외되는 것을 감수하고 프로 흥행대회를 좇아다녔다. 그것은 마치 서커스단이 떠돌이 공연을 다니는 처지와 같았다. 그러다 보니 데이비스컵, 4대 이벤트의 인기가 스타플레이어 부재로 하락세를 겪어 1968년도에 프로선수에게 문을 개방하게 되었던 것이다. 1962년도 아마추어로 그랜드슬램을 기록한 후,

프로로 전향하여 5년간 방랑생활을 거친 후 1969년에 또 그랜드슬래머가 된 로드 레이버의 자서전 가운데 한 토막을 보자.

"1962년 뉴욕서 열린 전미실내대회에서 나는 1천 달러의 교섭비를 받았다. 불법인줄 알았지만 어쩔 수 없었다. 그러나 나는 아마추어로서 다른 선수처럼 대회에서 매번 돈을 협상하는 일이 성미에 맞지 않았다.

나는 호드, 로즈월, 등 프로선배들로부터 프로가 될 것을 권유받았다. 프로 흥행 주들에겐 나 같은 참신한 아마선수가 필요했던 것이다. —중략— 우리 프로는 미국 워싱턴 D. C 교외에서 가끔 7~12명이 모여 대회를 가졌는데, 1965년엔 한창 도시건설 중이었다. 새 도시를 선전하기 위한 수단으로써 프로테니스대회를 주최했는데 도시 전체가 먼지투성이였다. 또, 카톰이란 곳에서는 네 사람이 1천 달러를 나눠 갖기 위해 대회를 마련했는데 신문 라디오가 중단된 상황이라 선전할 방법이 없었다. 당황한 프로모터는 친구 두어 사람과 함께 전화로 통지, 놀랍게도 1천여 관중을 모았다. —중략— 이렇게 5년 동안 세계를 떠돌며 방랑을 마친 나는 1968년 6월 24일 윔블던의 문을 들어서게 됐다. 우리들 고참 프로들

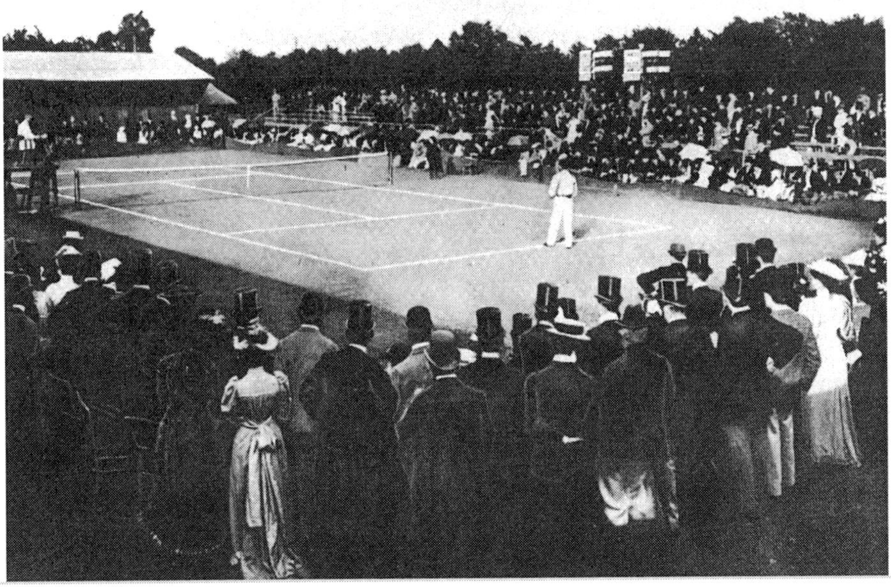

그림 1-7 1892년 윔블던대회 모습

그림 1-8 1894년 혼성경기장면

그림 1-9 1962, 68년 그랜드슬램을 달성한 로드 레이버

의 감회는 오랜 가출 끝에 집에 돌아온 그런 기분이었다."

3) 아마와의 벽 허문 오픈 테니스

프로선수에게도 문을 개방한 오픈시대의 서막은 1967년도에 있었다. WCT라는 세계챔피언십대회(World Championship Tennis)가 1967년 획기적인 아이디어로 마련됐던 것. 딕슨(Dave Dixon), 헌트(Lamar Hunt), 힐(Al Hill J.) 등 3인의 아마추어 정상들을 모아 소규모의 프로순

회대회 시리즈를 열었다.

이에 자극을 받은 영국의 론 테니스협회(LTA)는 1967년 12월 연례회의에서 국제론 테니스연맹(ILTF)의 축출 위협을 무릅 쓰고 대 영국(Great Britain)에서 벌어지는 아마와 프로대회의 분리 원칙을 철폐한다는 압도적인 결의안을 내놓았다. 물론, 그 안에는 세계테니스 대회의 대명사격인 윔블던도 포함되어 있었다. 프로 · 아마 통합 여론이 지배적이자 국제론 테니스 연맹은 1968년 3월 30일 가진 특별총회에서 오랜 숙의 끝에 대세에 대폭 굴복한 역사적인 합의를 발표하기에 이르렀다.

모든 프로선수는 오픈 토너먼트로 지정된 모든 국제대회에 출전할 수 있다. 1968년 프로선수와 아마선수는 사상 처음 네트를 마주보고 대결할 수 있게 됐다. 그 해 마크 콕스는 판쵸 곤잘레스를 눌러 프로를 이긴 최초의 아마추어가 되었고 이듬해 로드 레이버는 윔블던, US오픈, 프랑스오픈, 호주오픈을 잇달아 우승, 오픈시대 전후로 그랜드슬래머가 됨으로써 테니스역사에서 가장 화려한 기록을 남겼다.

1970년 ITF는 그랑프리서키트(grand prix circuit)제도를 처음 도입했다. 이 제도는 역대 스타로서 이름을 날린 잭 크래머의 제안으로 펩시콜라사를 스폰서로 삼아 출범했다. 이 서키트에는 ITF 가맹국의 국내 챔피언십과 기타 주요 대회들이 거의 모두 포함되었다.

대회 상금은 물론 보너스 공동자금(bonus pool)을 마련, 추가로 얻어진 이익을 모았다가 선수 개개인의 보너스 포인트를 기준으로 분배하는 제도를 마련했다. 또한 한 해의 시리즈를 총 결산하는 매스터즈대회(masters tournament)를 마련했다. 일본 동경서 열린 첫 매스터즈에서의 우승자는 스탠 스미스였다.

한편, 8인의 아마추어 정상들이 소규모의 오픈시대의 발화점이 되었던 WCT(세계선수권대회)도 나름대로 성장하여 댈러스에서의 결승대회(WCT finals)를 마련하고, 그것을 위한 포인트제도를 마련했다. WCT는 또 5세트 매치 제를 초창기부터 도입, 켄 로즈월과 로드 레이버의 유명한 서사적 명승부를 남기기도 했다.

1977년까지 WCT서키트와 그랑프리서키트는 각기 독립적으로 운영되었고 1978년부터 1981년까지는 WCT서키트가 독립성을 지닌 채 그랑프리서키트의 부분으로 병합됐다.

1982~1984년 WCT는 그랑프리와의 불화로 완전 독립했다가 1985년 그랑프리의 스폰서

가 볼보(volvo)에서 나비스코(NABISCO)로 바뀌면서 다시 그랑프리에 편입됐다. 또한 1990년부터는 주요프로대회의 개최권이 ATP로 넘어가면서 명칭이 ATP투어 챔피언십으로 바뀌었으며 IBM이 주 스폰서 역할을 하다가 현재는 메르세데스 벤츠가 후원을 맡고 있다.

WCT의 주최 사 라마 헌트는 달라스의 석유재벌로 테니스의 프로화에 개인적으로는 가장 공로가 크다 하겠다. 1972년 프로선수들은 프로테니스선수협회(Association of Tennis Professionals)를 형식상 조직하고 1973년에는 선수 권익에 관한 중대한 문제로 윔블던 출전을 집단 거부했다. 유고슬라비아의 필릭(N. Pilic)이란 선수가 자국 데이비스컵 선수로 출전하겠다는 약속을 어겼다는 죄목으로 유고테니스연맹으로부터 자격정지 처분을 받은 데서 발단이 되었던 것이다.

윔블던 집단 출전거부 사건은 국제테니스연맹(ITF)으로 하여금 선수들의 지위를 한 차원 높게 확보해 주도록 만들었다. 곧바로 ITF는 남자프로테니스를 감독하는 그랑프리위원회를 설립했다. 여기에는 필립 샤트리에를 포함한 ITF대표위원 3인과 잭 크래머, 아더 애시를 포함한 선수대표위원 3인으로 구성했다. 현재 남자프로 테니스 대회는 90년 ATP tour의 등장으로 기존의 ITF공인대회와(그랜드 슬램, 남자 퓨쳐스 및 서키트)와 ATP공인대회(ATP tour, challenger series)로 양분화되었다.

4) 여자 프로화 선구자는 빌리진 킹

여자테니스도 활발했다. 여성 직업테니스인의 권익을 위한 움직임이 빌리진 킹을 중심으로 싹터 1973년 여자테니스협회(약칭 WTA, Women' s Tennis Association)가 생겼다. 초대회장에 킹이 선출되고 그 후 크리스 에버트, 베티 스토브, 나브라틸로바, 팜 슈라이버, 크리스 에버트… 등이 회장으로 이어 내려왔다.

물론 여자테니스도 1968년 오픈시대를 맞아 일찍부터 빠른 성장을 보였다. 1970년 남자의 그랑프리서키트가 생기자 여자테니스에도 WTA가 창설되면서 버지니아 슬림즈(virginia slims)라는 프로시리즈가 탄생했다.

버지니아 슬림즈는 70년대 여자대회 스폰서들인 콜게이트(Colgate), 아봉(Avon), 도요다(Toyota) 가운데서 WTA의 주 스폰서로 나선 여성용 담배브랜드의 이름이다. 남자의 그랑프리 스폰서가 펩시→볼보→나비스코로 바뀌었고 90년부터는 IBM이 ATP투어대회의 주 스폰서였으며, 현재 스폰서는 메르세데스 벤츠이다. 버지니아 슬림즈라는 담배는 이미 오픈시대를 계기로 판매고 1위로 도약한, 테니스와 불가분의 스폰서가 됐다. 그러나 미국의 클린턴 정부가 담배를 마약으로 취급하면서부터 스폰서가 어렵게 되었고, 최근의 스폰서는 여성 목욕용품을 주로 생산하는 샤넥스사이다.

그림 1-10 빌리진 킹(여자프로테니스 창안자)

1970년 이 담배회사를 스폰서로 개최된 대회는 휴스턴과 리치먼드에서 각각 출전선수 8명, 상금 7천5백 불, 관중 200여 명의 규모로 시작했다. 프로테니스의 관문은 서키트—챌린저 대회—ATP tour대회를 거쳐 마스터스 시리즈 그리고 그랜드슬램까지 이어져 있으며 랭킹은 새 천년부터는 그해에 시작한 포인트부터 합산하여 계산된다. 여자프로 테니스는 그랜드슬램대회와 그리고, 1급(최소 130만 불 이상) 10개, 2급(최소 58만 5천 불 이상)16개, 3급(최소 17만 불 이상) 15개, 4급(최소 14만 불 이상) 7개, 5급(최소 11만 불 이상) 6개 대회가 개최되고 있다. 이 외에 ITF 여자 서키트대회는 상금규모 1만 불, 2만5천 불, 5만 불, 7만 5천 불 등이 있다.

6. 데이비스컵의 유래

데이비스컵(Davis Cup)은 윔블던과 함께 고고한 테니스의 전통을 구축한 유서 깊은 대회이다. 월드컵이 세계축구의 국가 대항전이라면 데이비스컵 대회는 테니스의 월드컵이라고 해도 과언이 아니다. 20세기를 여는 1900년에 시작되어 100여 년간 청청하게 계속되고 있는 이 국가 대항전은 한 청년의 꿈으로 시작, 세계적인 스포츠행사로 인종 이데올로기를 초월하며 테니스 기량향상과 국제친선의 터를 제공했다.

그림 1-11 데이비스컵

당시 법적 성인에 미달, 투표권도 없었던 드와이트 데이비스 청년은 그가 기증한 700달러 상당의 은제 컵이 세계 테니스계의 왕좌를 상징하는 등 이토록 많은 의미를 지니게 될 줄은 상상 못했을 것이다. 이 컵은 우승국 은행금고에 보관돼 마치 보석이 줄줄이 박힌 왕관이나 되듯이 무장경관이 지키고 있다. 그동안 세 차례 금이 생겨 수리를 한 이 컵은 테니스계의 성배 같은 존재다. 환희의 상징으로 축배로도 사용되는 이 컵엔 정확히 서른일곱 병의 샴페인을 부을 수 있다 한다.

컵의 기증자 드와이트 필리 데이비스(Dwight P. Davis)는 세인트루이스의 유서 깊은 명문교 이스턴 사립을 거쳐 하버드 대학에 입학했다. 테니스에서도 뛰어나 전미선수권 복식에서 1899년부터 3년 연이어 우승을 차지했다. 홀컴 우드와 짝을 이뤄 우승한 첫해에 그는 국제 대항전에 대한 아이디어의 싹을 얻었다.

데이비스는 하버드 대학 테니스 팀 멤버였다. 당시 하버드 대학 테니스는 강팀으로 전미 단식챔피언 말컴 화이트만, 복식챔피언 홀컴 우드 그리고 유명한 스포츠용구회사 라이트 앤드 딕슨사 창설자인 조지 라이트의 아들 빌즈 라이트가 포진하고 있었다. 이 빌즈 라이트는 후에 전미 단 복식을 석권, 명실상부한 챔피언 팀이었다.

이들의 기량을 아끼고 그냥 파묻히는 것을 아깝게 생각한 라이트씨는 이들 4명에 태평양 연안을 순회하는 테니스여행을 주선해 주었다. 하버드팀은 2패를 제외하고 모두 이겼는데, 이때 이미 데이비스는 동서 대항전 같은 국제대회를 구상했었다.

대항전을 할 경우 상대로선 테니스를 처음 시작하고 자기들이 세계 제일이라고 자만하는 영국이 당연했다. 당시 영국은 베이스라인에서 수비위주의 테니스를 했으며 미국은 공격적으로 네트플레이를 감행했다. 또한 미국은 American Twist라고 부르는 서비스를 개발, 한번 영국과 겨뤄보고 싶었던 참이다. 데이비스는 동부로 돌아오는 기차 안에서 이 아이디어를 발상, 뜨거운 호응을 얻어 미국테니스 협회와 협의하기로 약속했다.

이 같은 아이디어는 처음이 아니었다. 당시 회장이었던 제임스 드와이트 박사는 전미복식에서 다섯 번 우승했으며 20년 전에 테니스를 미국에 소개한 선구자 중 1인이었다. 이 드와이트 박사는 5, 6년 전부터 이런 얘기를 꺼냈으며 1897년엔 미국이 상대의 경비를 대고 초청하는 형식의 대전을 추진했으나 마지막 단계에서 영국이 반대했는데 1898년엔 윔블던 대회가 끝난 후 다시 제안이 나왔으나 미국에서 전쟁이 발발, 무산되었다.

이런 이유로 드와이트 박사는 데이비스의 제안에 대찬성을 했다. 박사가 영국테니스협회에 의향을 타진하자 긍정적인 답이 왔다.

이렇게 해서 경기는 1900년 보스턴교외의 브루크 라인에 있는 롱우드 클럽에서 열려 데이비스컵 대회는 시작되었다. 젊지만 재산가였던 데이비스는 트로피를 기증하기로 약속, 보스턴 보석상과 상담하여 컵의 디자인을 결정했다. 순은으로 얇게 도금을 한 높이 12인치, 구경 18인치, 무게 217온스의 컵이 완성되었다. 이 컵의 정식명칭은 international challenge trophy. 그러나 기증자의 이름을 딴 데이비스컵으로 더 유명해져 이제는 정식명칭이 되었으며 해가 거듭될수록 광채를 더하고 있다.

7. 데이비스컵의 발자취

영국 테니스선수들은 1900년 미국의 초청으로 대서양을 건너왔다. 금단추를 단 블루컬러 상의에 라켓을 옆구리에 끼고 배에서 내린 그들은 긴 시간의 항해에도 불구하고 테니스의 종주국 사람들답게 자신만만한 얼굴이었다.

경기방식은 데이비스가 미국테니스협회와 영국선수들의 동의를 얻어 결정했다. 아주 간단한 방법으로 첫날 단식 두 경기, 이튿날 복식, 그리고 마지막 날 상대를 바꿔 단식 두 경기를 갖는 4단식, 1복식을 거행 3선승하는 팀이 이기는 것으로 했다.

미국팀은 하버드 대학 테니스 팀이 데이비스를 비롯, 화이트만과 우드가 게임이 시작되자마자 영국 세에 충격을 주었다. 첫 경기에 출전한 말컴 화이트만이 영국의 아서 고어에 6-1, 6-3, 6-2로 완승, 제2경기서는 데이비스가 브라크를 4-6, 6-2, 6-4, 6-4로 격파,

미국은 단숨에 2승을 올렸다. 미국은 다음날 복식에서도 데이비스와 우드 챔피언 조가 6-4, 6-4, 6-4 스트레이트로 승리했다.

이 압도적인 승리로 남은 두 경기는 하등 의미가 없어졌으나 규칙은 규칙이므로 계속하기로 결정, 승부가 결정된 후에도 끝까지 경기하는 데이비스컵의 전통이 시작되었다. 그러나 데이비스가 고어를 상대로 첫 세트를 9-7로 선취하고 2세트 9-9타이가 되자 경기를 중단키로, 그리고 전적은 3-0 미국의 승리로 결정됐다.

공격적인 미국테니스에 간담이 서늘했던 영국 팀은 귀국해서 다음과 같이 보고했다. 미국선수들의 서비스엔 기묘한 스핀이 걸려 있었으며 네트까지 나와서 볼이 땅에 닿기도 전에 치고, 기묘한 서비스는 Twist Service를, 땅에 닿기도 전에 볼은 Volley를 일컫는 말이다. 그렇다고 영국이 미국사람들을 흉내 내진 않았다. 그들은 베이스라인 플레이를 고집했다.

1901년에는 열리지 않았으며 1902년에 진용을 정비한 영국 팀이 다시 바다를 건너왔다. 윔블던을 두 번 이상 제패한 선수들로 레지랄드와 휴 도허티 형제, 조세아핌 박사 등 3인. 경기는 뉴욕 브루클린의 클레센트 어슬레틱 클럽에서 열렸고, 이번엔 미국팀 간담이 서늘했다.

영국은 레지날드 도허티가 1차 단식에서 빌 라니드를 2-6, 3-6, 6-3, 6-4, 6-4로 제압, 화이트만이 핌 박사를 6-1, 6-1, 1-6, 6-0으로서 승리, 타이. 다음날 복식에 도허티 형제가 전미복식 3연패의 우드와 데이비스를 3-6, 3-6, 10-8, 6-3, 6-4로 격파, 영국이 2승 1패로 다시 앞섰다. 그러나 미국은 최종일 단식에서 승리, 힘들게 컵을 방어했다.

1) 1903년 미 · 영의 마지막 대항전에서 영국이 승리, 컵은 대서양 횡단

1903년에는 도허티 형제가 재차 와서 드디어 컵을 안고 대서양을 건너갔다. 이 해가 미국과 영국 두 나라만의 최후의 대항전이었고 1904년엔 벨기에, 오스트리아, 프랑스가 참가했고 1905년엔 호주(Australia)와 뉴질랜드의 혼성팀인 오스트라시아(Australasia)가 출전하기 시작, 세계로 확산되었다.

그 후 7년간은 일곱 팀이 겨루다 1911년에 남아프리카가 엔트리를 내고 참가하지 않다가

1913년 독일, 캐나다, 남아프리카가 출전, 4개 대륙이 참여하는 대회로 급성장했다.

1차 세계대전으로 1915~18년까지 4년간 대회가 중단되었으며 20년에 네덜란드, 21년에 대거 7개국-덴마크, 스페인, 일본, 필리핀, 체코슬로바키아, 아르헨티나, 인도 등이 가세, 명실 공히 세계적인 테니스대회로 폭을 넓혔다. 아시아대륙의 일본, 필리핀, 인도의 참가로 데이비스컵은 아메리카, 유럽, 오세아니아, 아프리카 등 지구의 5개 대륙이 모두 참가하는 셈이 된 것이다.

그 후에도 계속 팀이 증가 70년대엔 50여 개국, 80년대엔 60여 개국으로 늘어났다. 첫 70년간 컵을 획득했던 팀은 미국, 영국, 프랑스 등 4개국에 지나지 않았고 초반엔 미국과 영국, 후반엔 미국과 호주가 독점하다가 테니스의 붐을 타고 대중화된 70년대서부터 새 챔피언 국 스웨덴, 인도, 체코, 이탈리아가 등장 8개국으로 배가되었다. 그러나 1972년까지 계속된 챌린지 라운드 방식에서 전년도 우승팀에 도전한 나라로는 1904년 벨기에, 1921년 일본, 1961년 이탈리아, 1962년 멕시코, 1965년과 1967년 스페인, 1966년 인도, 1969년 루마니아 그리고 1970년 서독이 있었다.

미국과 영국의 독점을 깨며 파고든 팀은 오스트라시아. 후에 테니스계를 뒤흔든 왼손잡이 노만 브룩스와 화려한 스타일의 안소니, 와일딩 두 선수로 구성된 오스트라시아는 윔블던에서 영국으로부터 컵을 탈취한 후 세실 파크와 찰즈 딕슨의 분투로 탈환한 컵을 1912년까지 4년간 방어했다.

2) 1907년부터 오스트라시아 4연패 호주테니스 새 등장

미국은 1913년에 노리스윌리엄즈와 모리스 맥로린의 활약으로 영국에서 컵을 여객선에 싣고 돌아왔으나 다음해 포리스트힐즈에서 브룩스, 파일딩의 오스트라시아에게 탈취 당했다. 1차 세계대전 중엔 대회가 중지, 데이비스컵은 1920년까지 남반구에 머물러 있게 된다.

전쟁이 끝나면서 미국의 시대가 도래했는데 그 주역은 빅 빌틸덴(Big Bill Tilden)과 리틀 빌 존스턴(Little Bill Jonston)이다. 즉 뉴질랜드 오클랜드에서 열린 챌린지 라운드에서 미국이 전년도 챔피언 오스트라시아에 도전, 컵은 이번엔 태평양을 건너 고향으로 돌아왔다.

그림 1-12 빌 틸덴
(7회 US 오픈 우승, 3회의 윔블던 우승자)

컵 둘레에는 우승팀 멤버들의 이름을 새겨 넣는 풍습이 있었는데 더 새겨 넣을 공간이 없게 된 것이다. 이 소식을 들은 대회 제안자이며 컵의 기증자인 데이비스씨는 4백 달러를 들여 원래 컵의 디자인과 똑같은 아름다운 무늬의 받침 즉, 쟁반을 만들어 기증했다.

이때 데이비스 씨는 하버드 대학을 졸업하고 관리가 되어 있었다. 1925년에는 앨빈 쿨리지 대통령이 육군장관에 임명됐으며 그 후 필리핀 총독이 되어 1932년에 퇴임했다. 2차 세계대전이 발발하자 육군 소장으로서 특수부대 총 지휘관을 역임했으며 1945년 11월 28일 66세로 타계했다. 젊은 날의 꿈을 실현시킨 그는 1931년 데이비스컵 토너먼트의 신조에 대해서 다음과 같은 글을 남겨 놓았다.

그림 1-13 1925년 윔블던 동반 우승자 르네 라꼬스떼와 수잔 랑랑

"데이비스컵 대회의 이 같은 대성공은 참가하는 각국의 테니스 관계자가 사심을 버린 노력, 참가선수들의 훌륭한 스포츠맨십과 갈고 닦은 기량, 여기에 순수한 스포츠에 대한 애정과 격렬한 대항심이 응집되어 이루어졌다. 스포츠맨십에는 국경이 없다.

스포츠맨십이야말로 세계인들이 이해하고 통할 수 있는 언어이다." 아름다운 새 쟁반에 처음으로 새겨진 이름은 틸덴과 존스턴이었다. 그들은 그 후에도 계속 컵을 방어, 이 트로피는 영원히 그들의 것처럼 생각되기도 했다. 연속적으로 일곱 번 우승, 이러한 착각

그림 1-14 1926년 윔블던 우승자 장보트라와 영국여왕

그림 1-15 1927년 장보트라와 쟈크브르농의 데이비스컵 경기모습

이 든 것도 무리는 아니었다. 그런데 1927년 깜짝 놀랄 만한 일이 일어났다.

필라델피아 교외 저먼 크리켓클럽에서 열렸는데 도전 국 프랑스팀이 놀랄만한 대파란을 일으킨 것이다. 르네 라꼬스떼(Rene Lacoste)가 미국의 존스턴과 틸덴을 두 단식에서 이기고 또 앙리꼬쉐(Heri Cochet)가 존스턴을 물리쳐, 프랑스가 3승2패로 우승한 것이다. 르네 라꼬스떼는 훗날 자신의 이름을 딴 의류회사(악어마크)를 차려 기업인으로도 성공을 거두었다.

이 사건은 테니스계를 한바탕 경천동지 시켰는데 사람들은 프랑스선수단 4명을 알렉산드로 뒤마 소설에 나오는 영웅과 견주어 4총사(four musketeers)라고 불렀다. 라꼬스떼와 꼬쉐 말고 두 명의 영웅은 복식에서 활약한 쟈끄브로농(Jacques Brugnon)과 장보로트라(Jean Boroatra), 파리의 롤랑 가로스 스타디움의 빨간 벽돌가루(앙투카)코트가 탄생시킨 4총사는 민첩하고 발리에 뛰어난 기교파로 전술에서 뛰어났다. 그들은 볼이 느린 롤랑 가로스에서는 무적이었지만 볼이 빠른 잔디에서 서비스 앤드 발리의 틸덴과 존스턴을 이기리라고는 누구도 생각하지 못했던 것이다. 처음으로 유럽대륙으로 컵을 가져간 프랑스는 롤랑 가로스 본거지에서 타이틀 방어에 나서 1933년 영국에 무릎을 꿇을 때까지 미국의 도전을 네 번, 영국의 도전을 한 번 물리치고 6연패했다.

3) 1927년 4총사의 활약으로 프랑스 6연패

이즈음 미국의 존스턴은 폐결핵으로 쓰러지고 틸덴은 프로로 전향했다. 반면 영국에서 타의 추종을 불허하는 플레이어인 흑발의 프레드 페리(Fred Perry)가 나타나고 있었다.

그림 1-16 1938년 그랜드 슬래머 돈 벗지

그는 헨리 오스틴이라는 좋은 파트너를 두는 은총을 받았다. 페리와 오스틴은 1933년 프랑스로부터 데이비스컵을 탈환하고 그 후 3년간 미국과 호주의 도전을 물리쳤다. 1934년이 되자 다시 컵에 이름을 새길 공간이 없게 되었다. 컵에도, 쟁반에도, 빽빽이 이름이 즐비, 당시 필리핀 총독이던 데이비스씨는 높이 8인치, 직경 34인치의 대좌를 기증했다. 이는 호두나무를 깎아 순은을 입힌 것이다. 이렇게 해서 35년간 챔피언들의 고귀한 이름을 새겨 넣을 공간을 확보했다. 이 새 대좌에 새겨진 이름 중 단연 돋보이는 존재 돈 벗지(Donald Budge)가 이제까지 본 적 없는 파괴적인 백핸드를 휘두르며 등장, 한 시대를 풍미했다. 캘리포니아 출신 빨간 머리 벗지의 출현으로 1937~38년 두 해 동안 컵은 아메리카로 돌아왔다. 그러나 벗지와 데이비스컵의 인연은 2년으로 끝났는데 벗지가 돈의 유혹에 굴복, 프로로 돌았기 때문이다. 이와 함께 거함 호주세가 부상, 1939년 컵을 탈환해 갔는데 필라델피아에서 열린 경기에서 호주는 아드리안 퀴스트와 존 브롬위치가 1, 2차 단식에서 미국의 보비 리그스와 프랭크 파커에 져 패색이 짙었는데 나머지 1복2단식에서 내리 이겨 0-2에서 역전시키는 데이비스컵 사상 첫 기록을 세웠다. 이때 호주 팀의 감독(Captain)은 해리 호프만(Harry Hopman 1940~45)인데 그가 이끄는 호주시대가 막 전개되려는 찰나에 2차대전이 발발하고 경기는 중단(1940~45)되어 호주테니스의 르네상스는 불발로 끝나는 듯싶었다. 데이비스컵은 1차대전에 이어 2차 대전 중에도 전쟁 지역에서 먼 호주에 보관되는 보살핌을 받았다. 전후 미국의 잭 크래머와 테드슈로더가 멜번 쿠용에서 컵을 쟁취, 다시 태평양을 횡단하고 미국의 연승이 1949년까지 계속 되었다. 그러나 해리 호프만이 감독으로 복귀함과 동시에 호주시대가 재개되었다. 이 해 자그마한 체구에 연한 갈색머리의 호프만 감독은 포리스트힐즈에서 대파란을 연출했다. 그는 단식에 프랭크 샛지만(Frank Sedgman)과 풋볼선수로 알려진 무명의 테니스선수 켄 마그레가를 전격적으로 기용했는 데 적중하여 이 마그레가가 미국의 테드 슈로더를 제압, 4승 1패로 쾌승을 거둔 것이다. 이 눈부신 성공과 그 후의 연승으로 호프만 감독은 '기적을 낳은 감독' 으로 유명했다. 그는 무서운 감독으로 체력을 매우 중시하는 스파르타식의 훈련 신봉자였다. 격렬한 훈련을 시켰으며 귀가 시간을 어기

그림 1-17 1947년 윔블던 우승자 잭 크래머 (프로테니스 고안자이다)

거나 식사매너가 나쁘면 벌금을 물렸다. 이처럼 중요한 경기를 앞두고 그처럼 팀의 정신을 고양시킬 수 있는 감독도 아마 없었을 것이다.

그 후 1963년까지 19년 동안 그는 호주 팀 감독으로서 1960년 이탈리아를 제외하고 늘 미국을 상대로 타이틀을 방어하거나 도전, 열다섯 번 이기고 단 네 번밖에 지지 않았다. 1954년 미국은 토니 트래버트(Tony Trabert)와 빅 세이사스(Vic Seixas)가 시드니에서 류 호드(Lew Hoad)와 켄 로즈웰(Ken Rosewall)을 격파하고 귀국했으며 1958년에는 캘리포니아주 학생으로 페루 출신인 알레궂 올메도의 독력으로 승리를 쟁취했다. 그리고 1963년과 호주의 일류선수들이 대거 프로로 전향하여 전력이 약화된 1968년 등 네 번에 지나지 않았다.

그림 1-18 해리 호프만과 프랭크 샛지만

4) 호주의 호프만 챌린지라운드서 15승 4패로 최다 우승 감독

샛지만과 맥그레거 이후에 호드와 로즈월이 대를 이어 19세부터 데이비스컵 에이스로 컵을 방어했다. 뿐만 아니라 퀸즈랜드의 쌍둥이로 불린 말컴 앤더슨과 로이 에머슨, 왼손잡이 닐 프레이저, 그랜드 슬래머 로드 레이버 등 기라성 같은 스타에 프래드 스톨, 존 뉴컴, 토니 로체 등 훌륭한 선수들이 줄줄이 등장했다. 호주의 테니스 팀은 수원이 풍부, 고갈되지 않을 것처럼 보였는데 문제는 뜻밖의 곳에서 생겼다. 전 호에서 여섯 번 우승한 에머슨이 1968년 일찍이 프로로

그림 1-19 존 뉴컴
(프로이전 아마추어대회 최후의 우승자)

전향한데 이어 67년 윔블던과 전미챔피언이었던 아마랭킹 1위 뉴컴 그리고 예비 에이스 왼손잡이 로체도 뒤를 따랐다. 이들은 한결같이 호프만 감독이 이끄는 호주 데이비스컵 팀의 기둥이었으므로 호주는 무방비 상태였다.

그 해 미국은 강력한 진용을 구성, 아델라이드로 일전을 벌이러 왔는데 면면을 볼 것 같으면 깡마른 흑인 아더 애시, 클라크 그레브너 그리고 스탠 스미스와 봅 루츠 복식조가 받치고 있었다. 전 미국데이비스컵팀 감독인 애시는 당시 육군소위로 첫 오픈 윔블던에서 준결승 진출, 역시 첫 미국오픈에서 일류프로들을 격파한 바람의 주인공이었다. 훗날 아더 애시는 미국 데이비스 컵 국가대표 감독을 역임했으며, 불운하게도 수혈을 잘못하여 AIDS로 숨을 거두었다. 그를 기념하기 위하여 뉴욕의 플러싱메도우를 아더 애시 테니스장으로 명칭을 변경하여 오늘날 U.S. OPEN을 개최하고 있다. 아더 애시는 윌리암스 자매와 함께 미국테니스 사에 길이 남을 흑인 테니스 영웅이다. 스틸라켓에서 뿜어내는 시속 180㎞의 서브로 유명한 그레브너 역시 윔블던과 전미 상위 진출자였으며 복식 팀은 아마 및 프로를 불문하고 최강을 자랑했다.

객관적으로 전력을 비교하면 미국 팀의 승산이 압도적이었다. 그러나 호주 팀엔 '늙은 여우' 라고 불릴 만큼 노련한 해리 호프만 감독이 있어 경험 없는 졸병들을 지휘, 만만치 않았다. 그렇지만 뜨거웠던 호주의 테니스 열은 차갑게 식어, 1954년 시드니 화이트시티 클럽 스탠드에는 2만 6천여 명의 관중이 모였는데 아델라이드 메모리얼 드라이브 코트에는 크리스마스 휴가철임에도 불구하고 고작 5, 6천에 지나지 않았다. 결과는 4-1 미국 승.

승부는 미국의 압승이었으나 68년 경기는 데이비스컵에서 중요한 해다. 우선 미국팀이 일백여 년의 전통을 깨고 유채색 셔츠를 착용한 것이다. 그리고 경기가 진행되는 vip석에는 4대 테니스 국의 지도자들이 자리를 나란히 했다.

미국 테니스협회 로버트 켈터, 영국테니스협회 디렉 하드위크, 호주의 에드워즈 회장 그리고 프랑스테니스협회의 진보파 기수 필립 샤트리에(국제테니스연맹 회장) 등.

그들은 테니스 특히 데이비스컵의 장래를 의논하기 위해 비공식 비밀회의를 갖기 위해 모인 것이다. 주요 의제는 다른 대회(예를 들어 윔블던)와 보조를 맞춰 데이비스컵도 프로에게 오픈할 것인가였다.

프랑스테니스협회 샤트리에 부회장은 "데이비스컵을 오픈하지 않으면 안 된다. 그것도 빨리, 최고의 선수가 불참하면 흥미를 잃게 된다"라고 강력히 개방을 주장했다. 미국 데이비스컵 팀의 감독 도날드 랄은 "데이비스컵은 테니스계의 최고 이벤트였다. 이 지위를 지키려면 프로를 초치해야 한다"라고 거들었다.

이에 반해 호프만은 "데이비스컵은 어디까지나 아마추어의 대회"라고 반대했다. 이유는 챌린지 라운드에 오르려면 8개월에 걸쳐 지역경기를 치러야 하는데 프로에겐 시간할애가 불가능하다. 그렇다고 지역예선은 아마추어가 뛰고 결승에 프로를 기용한다면 그건 공정치 못한 처사이기 때문에.

바야흐로 데이비스컵은 변혁의 소용돌이 속으로 휘말렸다. 이후 채 일년도 안돼 국제연맹은 상황의 압력에 밀려 수를 제한해서 오픈토너먼트를 실시하기로 하고 투표로 결정했다. 국제연맹은 운영의 묘를 살려 registered player제도를 만들었는데 이들은 아마추어 대회에 참가할 수 있는 한편 상금이 걸린 오픈대회에서 상금을 받을 수 있는 아마도 프로도 아닌 어정쩡한 존재로 데이비스컵 경기 출전이 허용되었다.

또 1968년 데이비스컵 챔피언 팀의 멤버 애시, 그레브너, 스미스, 루츠의 이름을 트로피에 새기기 위해서 제2의 대좌가 필요해졌다. 1,900달러를 들여 만든 대좌로 데이비스컵은 한층 더 훌륭해졌으며 높이가 9인치 증가되고 서기 2000년까지 새길 공간이 마련되었다.

5) 1968년 기점으로 대변혁, 프로화하고 1972년 챌린지 라운드 폐지

1968년을 기점으로 호주 세는 급강하하고 이온 티리악과 일리 나스타세로 대표되는 테니스 신생국 루마니아가 나타나 미국에 세 차례 도전했으나 실패했다.

루마니아의 등장은 미국과 호주 양대 세력의 균형을 깬 제3세력의 부상을 예고하는 전령으로 서독, 인도, 남아연방, 체코, 스웨덴, 이탈리아, 칠레, 영국, 아르헨티나, 프랑스가 등장, 테니스 세계도 다변화된다. 이 같은 현상은 60년대 후반부터 전 세계적인 테니스 붐을 타고 테니스가 선진국 전유물에서 보편화된 이유도 있지만 급격한 프로화 물결로 테니스 강대국의 일류선수들이 데이비스컵을 기피한 데 큰 원인이 있다. 그리고 1972년부터 전년도 우승국은 부전승으로 결승전에 올라 각 지역예선을 통과 결승에 진출한 팀의 도전을 받

그림 1-20 테니스의 황제 비욘보그 윔블던을 5연패했다.

그림 1-21 70년대 테니스의 우상 지미 코너스

는 경기방식 챌린지 라운드(challenge round)제도가 종식되었다. 전년도 우승국도 각 예선 1회전부터 출전하게 돼 초반엔 유명선수를 아끼느라 2진으로 임한 강호들이 탈락, 74년엔 남아연방과 인도가 결승에 오르는 해프닝도 있었다.

이처럼 탑 클래스 선수들이 일년 내내 열리는 데이비스컵을 외면 그 권위가 위협을 받자 1981년부터 본선(world group)과 지역예선(zonal group)으로 나눠 운영하는 편법을 쓰게 하였다. 본선은 16개국으로 구성되고 각 지역(유럽 A · B, 미주, 동부) 우승팀이 다음 해 본선으로 승격하는 상하 통로장치를 설치했고 1982년부터 스폰서제도를 만들어 일본전기(NEC)의 후원으로 성적이 좋은 만큼 상금을 수여, 탑 클래스 선수들을 유치하고 있다. 데이비스컵은 월드그룹 16개국과 지역예선을 치르는 1, 2, 3, 4그룹이 있다. 우리나라가 지역예선을 통과한 해는 1981과 87년이었다. 타력으로 1번 자력으로 한 번 통과했다.

그림 1-22 1975년 윔블던 우승자 아더 애쉬

그림 1-23 크리스 에버트

6) 상황에 능동적으로 대처하는 데이비스컵

상황의 변화에 따라 데이비스컵 강대국의 면면도 다양해져 테니스황제 비욘 보그를 배출

그림 1-24 테니스의 황제 비욘 보그와 존 매켄로

한데 이어 매츠 빌란더 등 신진선수들이 계속 나오는 스웨덴이 2차 세계대전 이후 미국과 호주 말고 두 번 이상 우승한 첫 나라가 되었다. 75년 비욘 보그가 중심이 돼 체코를 꺾고 우승한 스웨덴은 84년 결승전에서 존 매켄로, 지미 코너즈 등 세계랭킹 1, 2위로 짜여진 미국을 매츠 빌란더, 선더스트롬 등 신진이 격파, 파란을 일으키며 우승하고 새로운 테니스강국으로 등장했다.

스웨덴의 데이비스컵의 성적은 70년대 비욘 보그, 80년대 마츠 빌란데르 그는 '88' 년도에는 윔블던대회를 제외하고는 4대 그랜드 슬램대회에서 3개 대회를 우승해서 스웨덴이 테니스 강국임을 또 한 번 입증했다. 90년대 토마스 엔퀴비스트, 매그너스 노만, 토마스 요한센 등이 축이 되어 3회의 놀라운 성적을 올리고 있다. 보리스 베커와 미하엘 슈티히의 독일이 강국으로 대두되었고 역사적으로 테니스 강국인 미국은 피트 샘프라스, 안드레 애거시, 토드 마틴, 앤디로딕 등이 호주는 패트릭 라프터, 마크 필리포우시스, 레이튼 휴이트 등이 역사와 전통을 지키고 있다. 알베르트 코스타, 카를로스 모야, 알렉스 코레차, 후안 카를로스페레로 등 세계적인 선수들을 보유한 스페인은 묘하게도 데이비스컵과는 인연이 멀다. 데이비스컵의 국가 대항전이 시작된 지 한 세기가 지났지만 아시아나 남미 지역에서는 단 한 차례의 우승을 해 보지 못했다. 21C 들어 나달, 페더러, 죠코비치 등이 소속한 유럽, 미국, 러시아, 남미 등이 강세를 보이고 있다.

이렇듯 110여 년을 이어져 온 전통에 빛나는 데이비스컵 역사는 세계 테니스계의 중심을

그림 1-25 라파엘 나달, 데이비스컵 대회의 스페인 해결사

그림 1-26 북극의 귀공자 스테판 에드버그

그림 1-27 스트로크의 대가 이반 렌들

흐르는 도도한 물줄기로 변화에 적응하는 유연성을 보여 데이비스컵은 테니스가 존재하는 한 영원할 것이다.

8. 한국 테니스의 연혁과 발전 방향

한국테니스의 발원지는 서울 정동이다. 1890년대 미국인 선교사와 의사들은 대사관저가 있던 이곳에서 틈만 나면 테니스를 즐겼다. 언젠가 고종황제가 행차했다가 땀을 뻘뻘 흘리면서 라켓을 휘두르는 미국인들의 모습을 보고 "어찌 저런 일을 하인들에게 시키지 않고 귀빈들이 하느냐"라고 안타까워했다는 일화가 담긴 곳도 이곳 정동이다.

테니스는 영국의 윙필드 소령에 의해 고안된 지 불과 20년도 채 안되어서 한국에 상륙한 셈이다. 그리고 1백여 년. 약동의 역사 속에서 진보를 거듭해온 한국 테니스의 시대별 양태를 더듬어 보면, 테니스가 국내에 도입된 것은 한 세기 전의 일이지만 정작 한국인들이 테니스에 처음 손댄 것은 1920년대 중반쯤이다. 1926년 당시 경성제대에 재학 중이던 강성

그림 1-28 1928년 경성운동장에서 개최된 테니스 대회 모습을 한국의 정서에 어울리게 한 화백이 익살스럽게 풍자했다. 남원 테니스의 대부로 일컬어지는 장영보감독이 방콕 아시안게임 금메달 획득 후 광주의 화백 연당으로부터 받은 선물이다. 단원 김홍도의 풍속도를 떠올린다.

태가 자신이 부장으로 있던 연식 정구부를 과감하게 경식 정구부로 전환시키자 연희전문, 경성고상 등의 학교들이 테니스활동에 가세하기 시작했다.

공식대회의 효시는 이듬해 9월 용산 철도국 코트에서 오사카 마이니찌 신문사 경성지국이 주최한 제1회 경식정구선수권 대회이다. 그러나 지금까지 남아 있는 테니스 경기기록으로는 1928년 10월 13일부터 3일간 경성운동장에서 열렸던 제4회 조선신궁경기대회의 전적이 가장 오래된 것으로 알려져 있다(대한체육회 70년사).

조선체육협회가 주최한 조선신궁대회 4회 대회의 단식우승자는 임재홍(대구중)을 6-3으로 물리친 박용선(인천)이다. 그리고 복식에선 한일 혼성조인 양두진-승단조가 상전-팔천조를 7-5로 누르고 정상을 차지했다. 이후 조선신궁대회는 5회(29년) 10회(33년) 11회(35년) 12회(36년) 등 4개 대회에 걸쳐 테니스 경기기록을 남겼는데, 11회의 경우에는 엄재유(경성사범)가 단 복식 2관왕에 올랐고 12회에선 강성태가 복식 결승에 진출한 것으로 나타났다.

이에 앞서 강성태는 1930년 9월 오한영과 함께 국내 최초의 동호인클럽인 「경구구락부」를 조직했고 일본대표선수인 하라타 후쿠다 등을 초청, 시범경기를 갖기도 했다.

1938년 8월 만주에서 제1회 조선만주 대항 테니스대회를 개최하는 등 초창기 테니스보급에 열정을 쏟았던 강성태는 훗날 대한테니스협회장에 취임, 한국테니스의 대부로 활약하게 된다.

그러나 일제시대에 인기가 높았던 구기는 뭐니 뭐니 해도 연식정구였다. 일본에서 창안된 연식정구는 금세기 초반 현해탄을 건너왔는데 30년대에만 해도 전국대회가 10여 개에 이를 정도로 급속하게 확산됐다.

더구나 조선대표가 연식정구 본산인 일본에서 벌어진 명치신궁대회에서 10연패를 이룩하자 국내에서의 연식정구의 인기는 하늘을 찌를 듯 높아졌다.

조선연식정구협회가 발족된 것은 이 무렵의 일이다. 이 단체는 해방 직후 조선정구협회로 간판을 바꿔 달았다가 48년 정부수립과 함께 대한정구협회로 개칭됐다.

정구협회는 연식정구와 테니스를 모두 관장했다. 테니스와 연식정구의 위상이 역전되기 시작한 것은 40년대 후반부터이다. 주한미군의 영향으로 테니스에 대한 인식이 크게 달라지고 동호인이 급증하자 유명한 연식정구선수들이 대거 테니스로 전향했다. 정구협회는 48년 9월 국제테니스연맹 ITF에 가입한 데 이어 53년 9월에는 대한체육회의 정식 가맹단체가 됐다.

그림 1-29 판쵸 곤잘레스

테니스가 대한정구협회에서 정식으로 독립한 것은 55년 9월이다. 사업가인 나추건 씨가 초대회장을 맡아 출범시킨 대한테니스협회는 지난 40여 년 동안 15명 이상의 회장을 배출하면서 연간예산이 10억 원이 넘는 매머드단체로 성장했다.

테니스가 전국체전 종목으로 데뷔한 해는 1946년이다. 그해 10월 16일 서울운동장에서 열린 제27회 전국체전에선 신택선이 단식, 조두흠-권복인조가 복식에서 각각 1위를 기록했다. 그 다음에 체전에선 조진오가 일반부 2관왕을 마크했으며 대학부 단식우승은 김계환(서울의대)에게 돌아갔다.

역대체전 중에서 특이할 만한 대회는 33회 체전이었다. 52년 10월 서울 수복 후 처음 열린 이 대회에서 이승만 대통령은 테니스경기의 시구를 담당, 국가원수로선 유일하게 테니스코트에서 대회 개막을 선포하는 기록을 세웠다.

54년에는 테일러 미8군사령관이 프랭크 샛지먼, 판초 곤잘레스, 판초 세규라 등 프로테니스 선수들을 초청, 8군 코트와 서울운동장에서 시범경기를 열었다. 이것이 프로선수가 참여한 첫 시범경기이다.

한국테니스가 국제규칙이 적용되는 국제대회에 처음 참가한 것은 58년 5월 도쿄에서 거행된 제3회 아시안게임이다. 한상원(나중에 4대 협회장 역임)이 인솔한 한국팀은 경험부족으로 대개 초반탈락의 분루를 삼켜야 했다. 가장 좋은 성적을 올린 선수는 단식 3회전에 진출한 이상연이었다. 아시안게임 첫 메달을 한국에 안겨준 것은 66년 12월 제5회 방콕 아시아드 여자복식(동메달)이었다. 대망의 금메달은 74년 제7회 테헤란 아시안게임에서 나왔는데 한국은 이 대회 여자단체전에 출전, 결승리그에서 중국에 1:2로 패했으나 다른 5경기를 모두 승리해 우승의 영광을 안았다.

한국은 60년 데이비스컵 동부예선전, 73년 페더레이션컵에 각각 참가함으로써 세계국가대항전에도 첫발을 내디뎠다. 대학생의 축제인 유니버시아드에는 67년부터 출전하기 시작, 85년 고베대회에서 김봉수가 단식 동메달을 수확했고 영국의 세필드 대회에선 남녀복식에서 나란히 동반우승을 차지하는 개가를 올렸다.

한국테니스가 미 수교 공산국에 입성한 것은 73년 모스크바 유니버시아드가 처음인데 이덕희-이순오 조가 철의 장막 속에서 여자복식 8위에 입상하는 데 만족해야 했다.

최근 한국테니스의 성적은 1995년(후쿠오카) 1997년(시실리) 1999년(팔마) 유니버시아드 대회에서 금메달을 따는 좋은 성적을 내고 있다.

그러나 일본의 여자선수들이 세계적인 무대에서 상위권을 유지하고 있는 데 비해 한국 여자테니스는 아직도 세계의 정상과는 거리가 요원하며 더군다나 남자의 프로성적은 세계

그림 1-30 1983년부터 페드컵을 3연패한 체코슬로바키아 팀

무대 진출이 멀게만 느껴지는 현실이다.

세계 프로테니스 정상에 접근하지 못한 이유는 여러 가지가 많겠지만 짧은 역사와 연구 미흡, 지도자 부재, 국제대회 경험 미숙, 세계대회 국내유치가 안 되고 있는 점, 서비스 구질 개발과 스피드 향상이 안 됨, 라이징 볼 타구 미흡, 리시브연습 미흡 등 많은 문제점과 보완할 점들이 산재해 있기 때문에 아직도 세계무대에 오르지 못한다고 볼 수 있다. 체격이 작거나 체력 때문은 아니라고 본다. 무엇보다도 테니스 코트가 세제 등으로 감소하여 생활체육의 밑바탕인 동호인들의 급격한 인구 감소도 문제이다. 우리나라의 엘리트 스포츠의 근간이 되는 학교중심의 테니스도 뜻있는 후원자들의 성원이 충분해야 척박한 토양에서 벗어나 유망한 주니어들을 양성하게 될 것이다. 현대 스포츠가 다양화해지면서 밑거름이 되어야 좋은 제목들이 야구나, 골프 등의 타 스포츠로 인재들이 유출되는 현상도 하나의 원인이다. 필자는 테니스를 일선에서 지도하면서 자주 질문을 받게 된다. 테니스와 비슷한 스포츠인 배드민턴, 탁구 등은 우리 대표선수가 세계의 대표라고 해도 과언이 아닌데 왜 유독 테니스는 낙후된 면을 보이느냐고? 대한항공의 KAL컵 대회 이후 내세울 만한 국제대회 하나 없는 국내의 현실은 테니스 발전에 촉매역할을 하지 못하는 커다란 이유 중의 하나이다. 세계적으로 top ranker들이 가까운 일본이나 홍콩은 다녀가면서 한국에는 오지 않는 아쉬움은 자못 크다고 할 수밖에 없다. 우리도 스타플레이어들을 자꾸 초치해야 한다. 그리고 테니스 붐을 조성해야 될 것이다. 근접한 국가에서 대회를 치를 즈음에 이에 맞춰 우리도 대회를 유치하고 그들의 플레이를 봐야 할 것이다.

그림 1-31 서울올림픽 금메달리스트 밀로슬라브 메시르

다행인 것은 이형택선수가 한국의 테니스 자존심을 지켜주었다고 해도 지나친 표현은 아닐 것이다. 서비스(200km/시속 정도)를 정확하고 빠르게 구사하면서 떠오르는 테니스의 스타가 탄생하여 그랜드 슬램대회는 물론 마스터스급의 대회에서 좋은 성적을 올려 TV를 지켜보며 열광케 했기에 그나마 위로 받고 있다. 국내

테니스 동호인들은 두 손 모아 이형택이나 이덕희 같은 혜성들이 나타나 주길 간절히 바라고 있다.

또한 테니스 관계자들도 한국테니스를 발전시키기 위해서 다각적으로 부단하게 노력해야 될 것이다. 많은 스폰서를 확보하여 선수들이 생계를 걱정하지 않고 오로지 훈련에만 전념할 수 있도록 상금과 포인트를 제공하고 지도자들은 끊임없이 선수양성에 연구와 노력을 게을리하지 말 것이며 테니스협회 관계자 및 임원들을 세계프로대회를 하루 속히 국내에 유치하여 테니스 인구 저변확대와 붐을 조성하는 데 앞장서야 할 것이다.

역대 테니스협회장들은 주로 재계의 유력 인사들이었다. 15명의 회장이 협회를 맡았지만 정치인이나 행정가는 민관식(3대), 정우식씨(8~10대) 2명뿐 이었으며 직무대행은 76년 8월부터 5개월간 한시적으로 머물렀던 최형집 씨와 93년 김두환 씨가 있다.

홍종문, 정우식, 조중건, 김두환 씨는 두 차례에 걸쳐 협회장을 지내는 이색기록을 남겼다. 특히 홍 씨는 65년 2월부터 71년 1월, 78년 2월부터 80년 10월까지 회장직에 앉아 최장수 재임회장으로 기억되고 있다. 그러나 연임기록으로 볼 때 최장수회장은 85년 3월부터 93년 2월까지 수행한 조중건 회장이나, 93년 3월부터 2001년 1월까지 회장을 지낸 김두환 회장이었다.

회장들의 면모를 보면 정우식 씨와 민관식 씨는 정계에서 주로 활동했고 한상원(한국은행), 김시종 씨(한일은행)는 금융인 이었다. 그리고 류찬우(풍산금속), 장상태(동국제강), 이종록(삼익주택그룹), 이병목(백화양조), 조중건(대한항공), 김덕영(국제그룹), 한준석 씨(동양고속), 엄종일 씨(새찬건설), 조동길(한솔그룹) 등은 회장에 재임할 당시 대기업의 총수나 경영인이었으며, 경기인 출신으로는 박용덕, 김두환 씨를 꼽을 수 있다.

대한테니스협회 역대회장

1) 나 추건 (55. ~ 57. 2)	2) 강 성태 (57. 3 ~ 59. 12)
3) 민 관식 (60. 1 ~ 60. 12)	4) 한 상원 (61. 1 ~ 61. 12)
5) 김 시종 (62. 1 ~ 65. 1)	6) 홍 종문 (65. 2 ~ 71. 1)
7) 한 준식 (71. 2 ~ 72. 1)	8) 정 우식 (72. 2 ~ 73. 1)
9) 장 상태 (73. 2 ~ 75. 1)	10) 정 우식 (75. 2 ~ 76. 7)

11) 최 형집 (76. 8 ~ 77. 1)	12) 류 찬우 (77. 1 ~ 78. 1)
13) 홍 종문 (78. 2 ~ 80. 10)	14) 이 병목 (80. 10 ~ 81. 4)
15) 이 종록 (81. 4 ~ 84. 1)	16) 김 덕영 (84. 1 ~ 85. 2)
17) 조 중건 (85. 3 ~ 89. 1)	18) 조 중건 (89. 2 ~ 93. 1)
19) 김 두환 (93. 2 ~ 97. 1)	20) 김 두환 (97. 2 ~ 01. 1)
21) 박 용덕 (01. 2 ~ 02. 7)	22) 엄 종일 (02. 9 ~ 03. 10)
23) 조 동길 (03. 12 ~ 05. 1)	24) 조 동길 (05. 2 ~ 08. 1)
25) 조 동길 (08. 2 ~ 13. 1)	

협회장의 임기는 4년이며 연임할 수 있다.

제 2 장 테니스의 특수성

1. 테니스는 가장 해보고 싶은 스포츠
2. 테니스의 매력은 무엇인가?
3. 테니스와 타 스포츠와의 관계
4. 테니스에서 스핀이란 무엇이며 어떻게 사용해야 하는가?
5. 라켓 스포츠
6. 올바른 라켓 선택방법
7. 테니스 코트
8. 여름철 테니스와 체력 및 피부관리

1. 테니스는 가장 해보고 싶은 스포츠

축구가 가장 대중성 있는 세계적인 단체 경기라면 테니스는 지구촌에서 가장 인기 있는 개인 경기이다. 우리나라는 70년대에 접어들면서 소득수준의 향상과 여가생활에 대한 사람들의 관심고조로 해마다 레저 인구가 크게 늘고 있고 레저의 종류도 다양화 · 전문화되고 있다.

그 패턴도 종래의 보고 즐기던 수동적인 레저에서 점차 직접 참여하는 능동적이며 다양한 레저스포츠로 바뀌고 있다.

한편 사회생활이 복잡해짐에 따라 '스트레스의 시대' 라고도 불리는 현대 사회에서 어쩔 수 없이 발생하는 스트레스와 긴장을 풀 수 있는 돌파구가 필요한데 레저스포츠는 신체건강과 정신건강에 가장 효과적으로 작용할 수 있는 활동이다.

레저는 취미 삼아 즐기기도 하지만 여가를 이용해 건강증진을 도모하려는 뜻도 작용, 레저스포츠 인구가 늘고 있는 것이다. 즉 스포츠는 여가와 건강생활을 연결시키는 취미로 안성맞춤인 것이다.

그림 2-1 남녀노소 접근성이 뛰어난 특징을 지니고 있는 테니스는 세계에서 가장 인기있는 스포츠이다.

그림 2-2 테니스는 종합예술이다.

이처럼 각자의 취향에 따른 레저스포츠 인구가 증가하고 있는 것은 여가를 적극적으로 활용하려는 의식뿐 아니라 테니스, 스키, 골프, 행글라이딩, 수상스포츠 등 종전에 사치성으로 여겨지던 것이 이미 대중화된 것도 주된 원인으로 지적된다. 특히 주 5일 근무제가 우리나라에도 확산되면서 주말의 테니스인구는 더 증가할 것으로 예상되며, 머지않아서 미국이나 선진국에서처럼 주말여행의 패키지 상품으로 정착될 전망이다.

13세기경 프랑스의 쥬 드 뽐므(jeu de paume) 놀이에서 유래되어 영국 귀족계급들 사이에서 고급 사교놀이로 성행하다가 전 세계적으로 보급된 테니스가 우리나라에 들어온 것은 약 1세기 이전 미국의 선교사 뱅커 씨와 앤더슨 박사에 의해 처음 소개되었으며, 우리나라 사람들에 의해서 시작된 것은 1926년 경성제국대학 정구부장이던 강성태 씨가 연식정구부를 테니스부로 전환시키면서부터였다.

우리나라의 테니스는 초기만 해도 '귀족 스포츠' 의 대명사로서 코트는 지식층이나 상류층 등 일부의 독점지대였다.

그러나 1970년 이후부터 테니스 붐과 용구의 국산화로 테니스 인구가 급증하였고, 전국 각지에 테니스 열기가 전파되면서 테니스는 이제 대중 레저스포츠로 자리가 잡혔으며 대학에서도 이미 70년대부터 수강과목으로 인기를 차지하고 있다.

대한테니스협회의 비공식 집계에 따르면 우리나라 테니스 인구는 수백만 명 선에 이른다.

한편 새로 생기는 코트와 없어지는 코트가 많기 때문에 정확한 숫자가 집계되지는 않지만 예전의 상업코트는 공한지세 면제대상으로 사업자는 저렴한 토지 임대료를 물어 경제적인 테니스가 가능했었지만 80년대 후반부터 지방세법이 개정되어 토지과다 보유세가 시행됨에 따라 값쌌던 테니스강습은 그야말로 옛날이야기가 되어 간다고 밖에 할 수 없다. 서울시내 아파트 및 공공시설을 제외한 거의 모든 코트가 폐업을 하게 되었다. 현재 서울

시의 경우는 공공시설이나 공원부지, 그리고 학교, 아파트단지, 시, 구에서 운영하는 테니스코트가 주류를 이루고 있다. 그러나 서울시내는 줄어들었지만 지방은 상대적으로 늘어난 추세이다.

외국에는 우리의 사설코트와 같은 개념의 코트가 없고 공공(public)코트와 골프 컨트리 클럽처럼 클럽을 중심으로 한 철저한 회원제에 의해 운영되고 있다. 따라서 명문클럽의 멤버십은 신분의 상징으로 부부가 이혼 시 누가 소유할 것인가 쟁점이 되기도 한다.

뉴욕의 경우 대형시민공원으로 1876년에 만들어진 센트럴 파크에 연못을 중심으로 한 조깅코스와 풋볼 및 축구경기장, 롤러스케이트장과 함께 30면의 테니스코트를 보유하고 있다.

이처럼 공원에 딸린 공공코트 또는 학교코트는 개방되어 있어 클럽 회원이 아닌 일반 동호인들이 이용할 수 있지만 순번을 기다리든지 사전예약에 의해 코트를 사용해야 하는 번거로움 대신 사용료는 아주 싼 편이다.

일본의 수도 동경의 경우 시내 중심가는 워낙 스페이스가 적어 코트는 보통 교외 지역에 자리 잡고 있다. 여기서도 클럽 중심의 회원제로 코트가 운영되고 있으며, 테니스 절대 인구에 비해 코트 수가 적은 편이라 반드시 사전 예약을 해야 한다. 또 순번에 의해 사용할 수 있는 학교 · 공공코트도 무료는 없다. 또한 레슨비가 아주 비싼 편이다. 미국 · 일본 등지에서는 정규수업을 받아 전문코치자격증을 소지한 사람이 아니면 코치를 할 수 없기 때문에 시간당 개인레슨비가 코치의 지도경력에 따라 비싸다.

그림 2-3

결국외국의 경우는 값비싼 레슨비와 철저한 회원제 · 예약제로 요약된다. 과거 70년대 초반부터 80년대 말까지 우리는 테니스에 접하기 쉬웠으며 경제적이었다. 때문에 외국에서는 아직도 본래의 귀족적인 이미지가 강하게 남아 골프보다도 더 높은 신분

(status)을 상징하는 테니스가 우리나라에서는 대중 스포츠로 마음만 먹으면 누구나 즐길 수 있는 모든 계층의 스포츠로 확산되었다. 반면 레슨코치의 자격 미비, 코트환경의 열악, 매끄럽지 못한 매너, 부대시설 미비 등 문제점들이 많았었다. 테니스인구 저변확대에 가장 커다란 저해요인이 되고 있는 것은 테니스코트의 절대 부족이다. 그러나 테니스는 여전히 국민 여가 활동 성향조사 등에 의하면 가장 하고 싶은 스포츠 중 하나로 친근감을 주고 있고 테니스의 발전 잠재력은 무한하며 테니스가 국민들의 건전한 여가생활과 유산소 운동으로서 국민건강에 기여함은 아무리 강조해도 지나치지 않다. 특히 식생활의 서구화 교통수단과 업무의 자동화로 비만인구가 기하급수적으로 증가하여 성인병을 유발시키는 추세에 어린이부터 고령자까지 테니스를 즐기도록 하는 것은 국가이익 차원에서도 중요하다.

2. 테니스의 매력은 무엇인가?

탁구, 배드민턴, 배구, 농구, 축구, 수영 등 많은 스포츠 중 테니스는 가장 희소성의 가치가 큰 스포츠이다. 농구, 축구, 배구 등은 중 · 고등학교 때까지 늦게는 대학까지 즐기지만 사회에서는 드물게 접한다. 농구장의 오빠부대는 정작 농구를 하지 않는다. 젊어서는 농구를 했던 사람들이 50대가 되면서부터 농구를 하지 않는 이유는 나이가 들면 몸싸움이 있기 때문일 것이다. 부딪치는 스포츠를 자연히 하지 않게 된다. 서로 부딪치면 부상에 시달리게 된다. 네트를 사이에 두고 볼을 쳐 넘기는 테니스야말로 신사스포츠요 평생 즐길 수 있는 스포츠 중의 스포츠라고 말할 수 있다.

테니스의 장점을 열거해 보면,

첫째, 테니스는 한평생 계속할 수 있는 스포츠다. 자신의 체력과 스태미너에 맞추어 볼을 따라 뛰면서 플레이를 하기 때문에 나이 들어서도 운동이 가능하다.

둘째, 테니스는 남녀노소가 함께 즐기는 취미를 겸한 레저스포츠다. 어린아이부터 노인에 이르기까지 연령제한 없이 누구나 즐길 수 있는 스포츠라 할 수 있으며, 이런 점에서 볼 때 테니스는 다른 스포츠보다 그것을 즐길 수 있는 연령층이 훨씬 넓은 것이다.

셋째, 테니스는 경제성이 높은 스포츠이다. 적은 비용으로 단 둘 혹은 여러 명이 즐길 수 있어 흔히 직장에서나 동문회 등 어떤 모임에서도 응집력을 높이고 친화력을 도모하는 데 적격이다.

넷째, 테니스는 도심을 벗어나 야외에서 자연과 벗 삼아 할 수 있는 스포츠이다. 복잡하고 혼탁한 도시 벗어나 라켓을 휘두르는 쾌감은 우리의 몸과 마음을 기름지게 만든다. 더구나 교외의 촉촉한 흙 위를 뛰는 상쾌함이란 큰 축복이다.

다섯째, 테니스는 사회성이 높은 스포츠다. 다른 사람과 쉽게 그리고 깊게 사귈 기회가 마련되어 광범위한 사교생활과 친밀한 인간관계를 위한 촉매 역할을 한다.

여섯째, 축구나 배구, 농구처럼 많은 인원이 필요 없이 단 두 사람만 있어도 게임을 즐길 수 있다.

일곱째, 운동량이 풍부한 유산소 스포츠이다. 테니스는 매우 예민한 운동이기 때문에 많은 연습 양을 필요로 하고 있어서 발전도가 느리다. 그러나 이 어려움을 끈기와 인내로 이겨내고 꾸준히 연마하면 테니스는 그렇게 어려운 운동이 아닌 반면에 운동량이 많다는 것을 깨닫게 된다. 그러나 플레이어의 의지에 따라 운동량의 증, 감을 충분히 통제할 수 있다.

또한 테니스는 다양한 동작을 필요로 하기 때문에 전신운동이 되며, 심장을 튼튼히 해서 혈액순환을 순조롭게 해주기 때문에 순환기 계통에는 더없이 좋은 운동이다.

여덟째, 집중력을 키워주는 운동이다. 볼 하나하나에 정신을 집중시켜 잡념을 없애주는 테니스의 독특한 재미는 즐기는 사람에게 모든 것을 잊게 한다.

아홉째, 철저한 스포츠맨십과 엄격한 코트매너도 테니스의 참 멋이다. 승부에 앞서 상대의 편익과 인격적인 예우를 갖추는 관습이 테니스인 들의 오랜 자랑이다.

3. 테니스와 타 스포츠와의 관계

배드민턴이나 탁구를 잘하는 사람은 이와 유사한 테니스도 잘 할 수 있는 전이(transfer) 효과가 있다.

한 운동을 잘하는 사람은 대부분의 경우 다른 운동에서도 뛰어난 능력을 발휘한다. 이것은 여러 종류의 스포츠가 있지만 달리고 치고 신체의 운동수행의 기본이 비슷하기 때문이다. 이 여러 스포츠 중에서도 흡사한, 상관관계가 높은 운동이 있다.

운동용구를 분류대상으로 삼으면 라켓과 볼의 운동, 즉 테니스, 탁구, 배드민턴, 라켓볼, 스쿼시가 비슷하다. 또 기본동작, 즉 스윙의 원리가 같은 운동 중에는 테니스, 야구, 골프, 탁구 등이 있다. 또한 볼을 손으로 다루는 스피디한 단체 경기인 농구는 테니스에 적용될 수 있는 포즈(pose)가 많다.

테니스 선수라 해서 테니스만 한다면 지루하기 짝이 없을 것이다. 그리고 능률도 오르지 않을 것이다. 유사한 다른 운동을 하면서 기분 전환도 하고 테니스 수준 향상을 꾀한다면 좋은 방법이 될 수 있을 것이다.

1) 다른 운동이 테니스에 도움이 될 수 있는가?

테니스가 일취월장하고 있을 때 다른 종목의 운동도 말할 것도 없이 테니스 실력향상을 촉진할 수 있다.

농구는 그러한 운동 중의 하나이다. 축구 또한 풋웍 향상에 유익하다. 유럽의 많은 테니스 플레이어들은 주니어 시절에 축구를 통해 풋웍을 가다듬었다. 자기가 좋아하는 다른 운동인 농구와 축구가 테니스에 보탬이 되었던 것이다. 풋웍과 움직임(movement)은 어느 운동이든 중요하기 때문이다.

많은 다른 스포츠들은 테니스에서의 올바른 자세를 대변한다. 권투 · 스키 · 육상 · 골프 선수의 무게 중심은 항상 어느 정도 아래에 있다.

테니스 플레이어의 볼 타격(hitting)은 전형적인 운동선수(athlete)의 스탠스를 취해야 된다. 체중의 중심이 지나치게 낮거나, 위에 있지 않고 중앙보다 조금 아래에 있어야 한다. 골프 스윙, 야구의 스윙과 테니스의 두 손(two-handed) 스트로크는 또한 일맥상통한다.

골프는 테니스 플레이어들이 좋아하는 스포츠 중 하나이지만 골프가 테니스를 향상시킬 수 있다고 생각하지 않는다. 라켓볼(racquetball)과 스쿼시(squash)는 둘 다 테니스보다 손목을 많이 쓰지만 컨디션 조절에 적격이다.

마르티나 나브라틸로바가 입증하고 있듯이 농구는 풋웍에 매우 유익하다. 그러나 다시 말하건대 농구는 한 코트에서 열 명이 테니스 볼보다 훨씬 큰 볼을 놓고 어지럽게 쟁탈하는 스포츠로 테니스 게임에는 직접적으로 도움이 되지 못한다. 그러나 다른 스포츠들이 테니스를 해칠 것이라고 두려워하지 말라.

테니스의 근간을 이루는 교치성, 즉 볼과 눈 손의 조정(coordination)은 볼과의 체험에 기초를 둔 비교적 어려운 스포츠이다. 이러한 경험을 늘리는 어떠한 스포츠도 게임에 유익하게 작용할 것이다.

만일 순전히 주말 테니스 플레이어라면 조깅에서 야구에 이르기까지 거의 모든 다른 경기의 동작이 보탬이 될 것이다. 만일 정식 테니스선수라면 테니스에 몰두하느라 다른 스포츠를 자주 하지 못할 것이라는 사실은 이론상 당연하다 하겠다. 그러나 좋아하는 테니스에 유익한 운동, 예를 들면 라켓볼이나 탁구 등 테니스 외의 다른 스포츠에 투자하는 양의 3배를 테니스에 쏟는다면 아무리 심각한 테니스선수라도 다른 운동이 테니스를 해치지 않을 것이다. 오히려 다양함은 활력소가 될 것이다.

4. 테니스에서 스핀이란 무엇이며 어떻게 사용해야 하는가?

스핀이 많이 걸린 볼은 스피드는 줄어들지만 안정성이 높다. M16소총의 탄환이 목표물을 명중시키기 위해서는 공기의 저항을 잘 뚫고 나가야 한다.

대포의 탄환이 돌면서 나가는 것도 이러한 원리이다. 일류 탁구 선수들의 탁구 볼의 스핀은 초당 110회 정도 나타났으며 당구, 골프 등의 스핀은 물론, 우리 일상생활에서 또한 모든 스포츠에서 스핀은 중요한 요물단지이다.

스핀은 볼을 컨트롤하는 데 큰 도움을 줄뿐만 아니라 페이스조절, 구질을 다양하게 하는 데도 열쇠 역할을 한다. 그렇기 때문에 어느 선수 건 경기를 이기기 위해서라면 스핀을 이해해야 하고 잘 사용할 수 있어야 한다.

AIDS로 이미 고인이 된 아더 애시는 스핀을 이해하고 잘 사용함으로써 얻을 수 있는 주요 이점을 두 가지로 꼽는다.

첫째, 볼이 마음먹은 비행진로에서 벗어나지 않게 지켜 줄 수 있고, 둘째는 스핀이 없을 때와는 다르게 특별한 방식으로 볼이 튀어 오르게 할 수 있다는 것.

스핀은 한마디로 비행하는 동안의 볼의 회전이라고 할 수 있다. 펜실베니아대학 물리학 교수이자 TTAP(테니스 기술에 관한 자문위원)회원인 하워드 브로디는 "테니스볼에 회전이 주어지면 회전이 없는 볼과는 달리 날아가는 궤도가 바뀌고 가라앉거나 뜨거나 휘게 된다"라고 말한다.

스핀 가운데 가장 흔히 쓰이는 두 가지는 톱스핀과 언더스핀이다.

언더스핀은 슬라이스라고도 부른다. 이밖에 사이드스핀이 있는데, 주로 서비스를 할 때나 특별한 기술을 사용할 때 쓴다. 또 같은 종류의 스핀이라도 볼에 주는 회전의 강도를 변화시켜 다른 효과를 얻어 낼 수 있다.

테니스를 배우는 가장 기본적인 방법은 두말 할 필요 없이 수평스윙으로 볼에 약간의 회전을 줘서 평평하게(볼이 수평으로 날아가도록) 때리는 것이다(그림 참조).

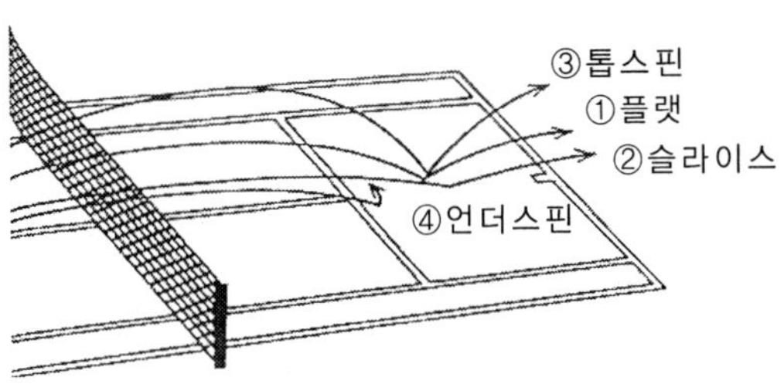

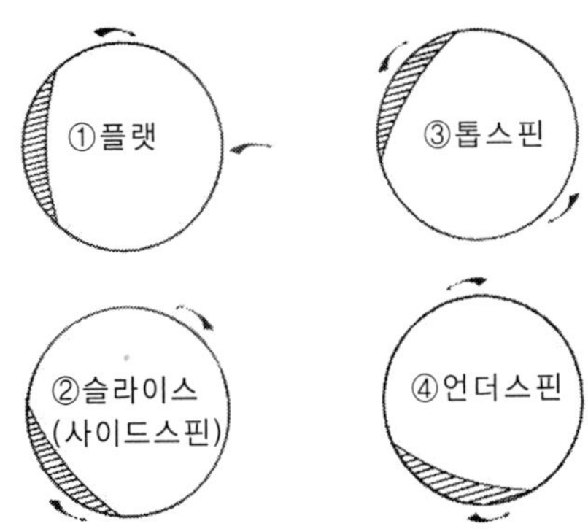

스핀의 종류
빗금 친 부분은 라켓 면과 접촉하는 부분이다.

타구의 비행궤도와 바운드
① 플랫 ② 슬라이스 ③ 톱스핀 ④ 언더스핀
그림은 한 사람이 동일한 힘으로 각기 다른 구질의 샷을 구사했을 때를 가정, 타구의 비행궤도와 바운드를 표시한 것이다. 임팩트 순간 라켓 면이 수직일 경우 플랫은 거의 수평비행 후 낙하, 같은 방향으로 튀며 슬라이스는 바운드 후 낮게 깔린다. 또한 톱스핀은 네트 통과 시 다른 타구에 비해 궤도가 높을 뿐 아니라 바운드도 크고 언더스핀은 바운드 후 부메랑처럼 돌아가려는 성질이 있다.

그림 2-4

볼을 코트 밖으로 날아가지 않도록 조절하는 것이 문제가 되겠지만 강하게 때릴 수 있고 부드러운 포물선을 그리게 된다.

힘 있고 빠른 타구를 날리기 위해서는 볼의 바로 뒤에서 강하게 때려야 한다. 볼에 회전을 주기 위해서는 손목이 젖혀지지 않아야 한다. 손목이 아닌 팔과 몸 전체에 의한 스윙을 해야만 라켓의 진로로 스핀을 줄 수 있다. 아주 특별한 재능을 갖추지 않는 한 손목을 사용해 라켓을 감아 스핀을 준다는 것은 불가능하다.

1) 톱스핀

때린 사람으로부터 상대 쪽으로 회전이 걸리는 톱스핀은 밑에서부터 위로 치는 라켓스윙으로 얻어진다. 톱스핀의 효과는 볼이 좀 더 날카롭게 떨어져 높게 튀어 오르는 데서 찾을 수 있다.

"볼의 뒷부분을 스치듯 때리면 좀 더 많은 회전을 줄 수 있고 상대적으로 스피드는 줄어들게 된다" –(토니 트래버트)

트래버트는 "베이스라인과 베이스라인에서 랠리가 계속될 때 톱스핀을 사용하면 네트로부터 충분히 안전한 높이로 볼을 넘길 수가 있다. 회전이 볼을 코트의 뒤쪽에서 안전하게 떨어지도록 도움을 준다"라고 덧붙인다.

또 "톱스핀은 패싱샷으로도 적격이다. 왜냐하면 볼이 높은 곳에서 수직에 가깝게 떨어져 상대가 발리하기가 그만큼 어렵기 때문이다"라고 톱스핀의 위력을 설명한다.

실제로 톱스핀은 볼을 어깨높이 근처까지 튀어 오르게 하기 때문에 경험이 적은 상대를 곤경에 빠뜨릴 수 있는 기술이다. 하지만 지나친 회전의 톱스핀은 코트 앞쪽에 떨어지는 경향이 있다.

높은 비행궤도를 그리지 않는 톱스핀은 베이스라인까지 날아가지 못하고 서비스라인 근처에 떨어지게 돼 상대가 아주 가까운 위치에서 쉽게 공략할 수 있는 기회를 준다. 정도가 심한 회전의 톱스핀을 사용하는 것은 체력 안배에도 효과적이지 못하다. 아더 애시는 "평범한 결과를 위해 지나친 에너지를 소비하는 격"이라고 지적한다.

애시는 "톱스핀은 한마디로 정확한 타이밍을 맞추는 게 생명이다. 게다가 많은 회전을 걸어 베이스라인에 가깝게 때려야 그 효과를 볼 수 있다"라고 톱스핀의 효과를 설명했다.

2) 언더스핀

흔히 슬라이스라고 부르는 언더스핀은 볼이 톱스핀과 반대 방향의 회전을 하게 된다. 언더스핀은 위에서 아래로 때리는 라켓진로에 의해 얻어진다.

언더스핀은 뜨거나 솟아오르다가 슬며시 가라앉는 효과를 갖는다. 언더스핀은 플랫이나 톱스핀을 사용할 때와 같이 강하게 타구해서는 안 된다.

언더스핀은 톱스핀에 비해 훨씬 낮게 튀어 오르며 반발력이 좋은 코트에서는 미끄러지는 듯한 느낌을 준다.

"슬라이스 또는 언더스핀은 톱스핀과 함께 갖추어야 한다. 볼의 높낮이에 관계없이 사용할 수 있는 기술이며 습득하는 데도 그다지 많은 노력이 필요하지 않다. 또 언더스핀을 이용하면 볼의 속도나 페이스를 조절하기도 좋다" -(아더 애시)

애시는 '안전하기 때문에' 언더스핀이 어프로치 샷으로 적당하다고 주장한다.

"언더스핀은 자연적으로 볼이 떠오르기 때문에 볼을 네트너머로 넘기기 편하다. 또 천천히 타구하면 충분한 시간이 생기기 때문에 네트로 다가가기 좋고, 볼은 낮은 높이를 유지한다."

언더스핀이 주는 불리함은 볼을 아주 강하게 타구할 수 없다는 것. 언더스핀은 낮게 출발해 떠오르기 때문에 너무 강하게 때리면 베이스라인 너머로 날아가 버린다. 또 상대가 네트 앞까지 나와 있다면 발리하기에 식은 죽 먹기인 볼을 제공해 주는 경우가 생긴다.

3) 톱스핀이냐? 언더스핀이냐?

그렇다면 둘 가운데는 어떤 스핀이 더 유리한가? 정답은 상황에 따라 다르다. 톱스핀은 볼을 안전하게 코트 안에 떨어지게 한다. 언더스핀보다 바깥으로 나갈 확률이 적다. 또한 강하게 때릴수록 코트 밖으로 나갈 확률이 줄어든다.

그렇다면 왜 언더스핀을 사용하는가? 첫째로 언더스핀이 톱스핀보다 때리기 쉽기 때문이다.

톱스핀을 사용하지 않은 볼이더라도 앞에서 튀어 오를 때는 어느 정도의 톱스핀이 걸려 있게 마련이다. 따라서 그 볼에 다시 톱스핀을 걸기 위해서는 볼의 회전을 반대로 바꿔 주어야 한다. 그러려면 아주 강한 스윙이 필요하다. 하지만 언더스핀은 톱스핀처럼 회전을 반대로 걸어 줄 필요 없이 방향만 바꾸어 주면된다. 그렇기 때문에 톱스핀을 걸 때처럼 강하게 때릴 필요가 없다.

아더 애시는 언더스핀에 대해 테니스 선수로서 완벽하게 갖추기 힘든 가장 다양한 기술 가운데 하나라고 말한다.

백핸드나 팔로스루를 교정함으로써 언더스핀을 사용하는 4가지 그라운드 스트로크를 타구할 수 있다. 발리, 어프로치샷, 로브, 드롭샷이다.

4) 언제 스핀을 사용하는가?

스핀은 특정한 상대, 특정한 상황에서 공격이나 수비를 가능하게 해준다. 특히 웨스턴포핸드 그립을 사용하는 선수에겐 톱스핀으로 볼을 꾸준히 높게 유지하던가 아니면 언더스핀으로 볼을 낮게 깔아주면 큰 효과를 볼 수 있다. 또 언더스핀을 무겁게 먹였을 때 상대는 강한 볼을 타구할 수 없게 된다.

투핸드 스타일에겐 볼을 짧고 낮게 타구해야 한다. 트래버트는 서비스에어리어 구석구석을 찌르는 백핸드 언더스핀 샷은 투핸드 스타일에겐 치명적인 급소라고 주장한다. 또 톱스핀을 주무기로 사용하는 선수들에게도 낮고 짧은 언더스핀 샷이 중요하다.

톱스피너들은 짧은 언더스핀 샷을 강하게 때릴 수 없고 가까이 까지 뛰어와서 처리해야 하는 어려움이 뒤따른다.

특히 많은 회전이 걸린 톱스핀을 사용하는 선수들은 베이스라인 쪽보다는 네트 가까이 떨어진 낮은 짧은 볼을 싫어한다. 이러한 습관을 알고 있다면 상대를 공격하기 쉬워진다. 또 손쉬운 백핸드 언더스핀은 서브 앤드 발리 스타일의 상대의 중심을 쉽게 흐트러뜨릴 수 있다. 낮은 언더스핀 일수록 서브 앤드 발리 스타일의 상대에게 효과적이다.

5) 코트의 종류에 따라 다르다

스핀은 코트의 종류에 따라 다른 효과를 낸다.

클레이코트에서는 언더스핀보다는 톱스핀이 훨씬 유리하다. 다른 코트에 비해 잘 미끄러지고 코트의 표면이 볼을 훨씬 높게 튀어 오르게 하기 때문이다. 톱스핀을 잘 사용하면 상대를 충분히 괴롭힐 수 있다.

반면에 잔디코트에서는 언더스핀이 평소보다 더 낮게 깔리기 때문에 잘 사용하면 좋은 무기가 된다.

좀 더 나은 스핀을 위한 라켓의 사용

안드레 아가시와 같은 스핀박사는 라켓을 통해 많은 회전을 얻어내기로 유명하다. 다음과 같은 장비를 사용함으로써 좀 더 나은 스핀을 얻을 수 있다.

- 헤드부분이 큰 라켓
- 헤드 주위에 테이프를 끼운 라켓
- 줄이 가는 라켓
- 오픈 스트링 스타일의 라켓
- 줄이 너무 팽팽하지 않은 라켓
- 스트링 세이버

라파엘 나달은 강한 톱스핀으로 정평이 나 있다.

구질에 따른 볼의 바운드

구질에 따른 볼의 비행궤도와 바운드

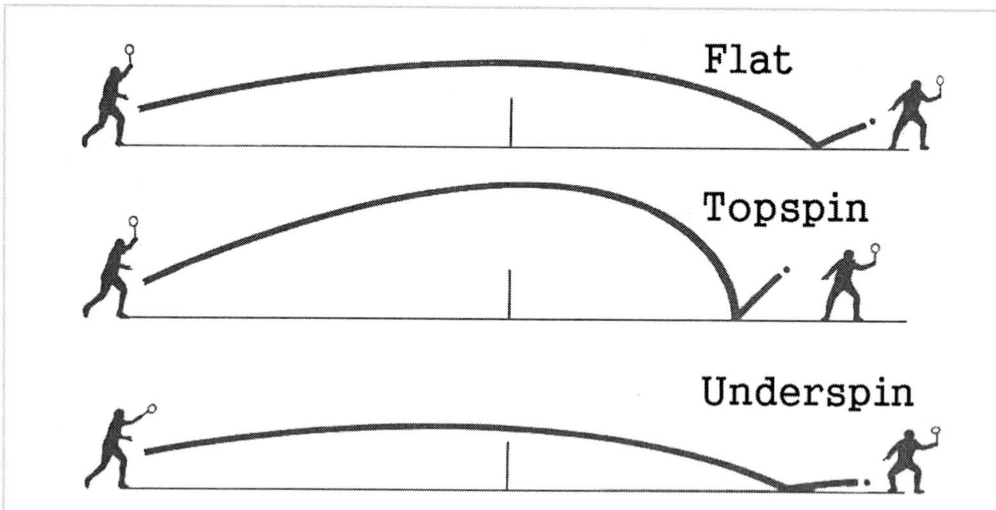

그림 2-5 테니스 구질의 유형

5. 라켓 스포츠

테니스, 배드민턴, 라켓볼(racquetball), 스쿼시(squash)등 이른바 라켓스포츠는 흥미를 두고 경기 역을 향상할 때 신체적응(fitness)의 효과를 크게 거둘 수 있는 운동이다.

1) 경기력 향상의 주의 점

(1) 되도록 스트로크에 전신을 이용하라.

자신이 팔만 가지고 휘두르는 사람인지 확인하라. 모든 스포츠가 다 그렇듯, 컨트롤을 지닌 채 볼의 파워와 스피드를 살리려면 신체 일부분만 가지고는 부족하다. 등, 어깨, 엉덩이, 다리, 허리, 팔 등 전신이 긴밀하게 연결되면서 스윙에 함께 동원되어야 한다. 이것은 테니스에 있어 특히 중요하다. 차후 유명 선수들을 볼 기회가 있으면 전신을 어떻게 부드럽게 움직이는지 눈여겨보라.

(2) 무게중심을 이동 시켜라.

남자의 경우 무게중심은 허리선 가까이 있고 여자는 둔부 쪽에 가깝다. 무게중심을 이동시키라는 것은 스트로크 때를 말한다. 볼을 칠 때 몸을 이동시키면서 몸통과 다리를 회전시키면 무리 없는 파워를 낼 수 있는 것이다. 회전 순서는 무릎, 엉덩이, 허리, 어깨 순이고 그 비트는 힘(회전 모멘트)에다 무게중심 이동을 가한다.

유산소 효과	★★★
유 연 성	★★★
힘	★★
통 합 기 능	★★★★★
합 계	★★★★★★ ★★★★★★ ★

테니스를 비롯한 라켓스포츠는 다른 운동에 비해 각 운동효과의 요소를 고루 지닌 비교적 균형 있는 운동이다(별표참조).

그림 2-6

(3) 다른 사람과 경쟁하는 매치에 빠지지 말라.

스트로크를 새로 배우거나 교정 중에 있는 사람은 익숙해질 때까지 해당 스트로크 감각을 보존하기 위해 다른 사람과 경쟁하는 매치에 빠지지 말라. 어떤 기술이든 새로 배우거나 고치려면 최소한 그 기술에만 소요되는 기간은 1개월 이상이어야 한다. 그러나 경쟁에 빠지면 사람들은 누구나 가 더 익숙한 감각, 즉 옛 습관으로 돌아가게 되어 있는 것이다.

(4) 긍정적인 생각으로 자세를 개선하라.

'나의 자세는 백스윙, 풋웍, 어깨회전 등 고칠 점이 많다' 고 생각하는 것보다 '이번에 개선할 것은 백스윙' 이라고 다짐하여 개선한 수 다시, '이번에는 풋웍' 하고 하나하나씩 풀어나가야 한다. 자신의 나쁜 점을, 그것도 뭉뚱그려 한꺼번에 생각하는 것은 우둔한 짓이다.

(5) 자신의 몸을 채찍으로 여기라.

채찍은 손잡이를 잡아 휘두르면 중간부분→꼬리의 순서로 움직인다. 자신의 몸통 및 다리는 손잡이에 해당한다. 백핸드이든 포핸드이든 서비스든 다리와 몸통이 먼저 회전하면서 어깨, 팔, 손, 라켓은 순서대로 따라 움직이는 것이다.

(6) 눈과 머리와 목은 기술을 발휘하는 감각의 중심이다.

스윙을 할 때 고개를 볼의 위치에 따라 순탄하게 움직여 눈이 볼을 쫓는데 자연스럽도록 해야 하고 임팩트 후 스윙이 끝날 때까지 시선과 고개는 임팩트 지점을 떠나지 않는 것이 좋다. 왜냐하면 머리, 목, 눈은 몸체의 감각의 중심이기 때문에 흔들리면 몸체의 감각도 흔들리기 쉽기 때문이다.

2) 라켓스포츠의 신체능력 요구

라켓스포츠 무리 가운데 운동효과는 종목에 따라 약간 차이가 있다. 예를 들어 라켓볼과 스쿼시는 유산소능력 요구에 있어 테니스보다 2배가량 더 높다. 테니스는 힘(strength)에 있어서 다른 것에 비해 그 요구량이 많다. 그러나 라켓스포츠는 유산소능력 요구가 전반적으로 달리기보다는 적고, 댄스운동(dance exercise)보다는 유연성 효과가 적으며, 보디빌딩보다는 힘의 요구가 적다.

각 운동효과에 있어 라켓스포츠의 상대적 우위성에도 불구하고 스포츠라는 것은 게임을 즐기는 행위 자체만으로 그 스포츠를 잘하기 위한 최선의 신체조절 방법에 충실했다고 말할 수는 없는 것이다. 모든 운동의 기본이라는 조깅만 해도, 그것만 가지고는 테니스 게임에서 달리는 모든 동작에 필요한 신체조절을 완수했다고 보기 어려운 것이다. 가령 조깅이 런닝 패싱샷에 필요한 발놀림을 만족할 만큼 해결해 주느냐 하면, 그렇지 않다. 각 상황, 각 게임에 맞는 양식(스피드, 풋웍 신체모양 등)에 따라 훈련해야 하는데 이것을 특정성(specificity)이라고 말한다. 만일 게임목표가 주로 혼합복식이라면 스태미너, 힘, 유연성에 대한 필요는 훨씬 적어진다.

모든 라켓스포츠는 두 가지 유형의 신체능력을 요구한다. 첫째는 근력. 게임이 요구하는 만큼 근육이 쉽게 피로해지지 않고 지속적으로 수축작용을 감당할 능력을 말한다. 라켓스포츠는 특히 하체의 근력을 요구한다. 하체의 근력이 쇠진하면 기술도 쇠진해진다. 둘째는 심장 및 허파 기능이다. 요구되는 페이스대로 처지지 않고 신체가 움직일 수 있도록 뒷받침 해줄 수 있는 능력을 뜻한다.

라켓스포츠는 많은 힘(strength)을 요구하지는 않으나 파워(power)를 필요로 한다. 힘과 파워의 차이는 앞서 언급했듯, 속도의 개념에 의한다. 가령, 테니스는 어깨의 근력을 필요로 하는데, 포환선수가 쇳덩어리를 던져 올리는 것은 힘(strength)이다. 그러나 테니스 선수가 서비스나 스매시 때 어깨 너머로 팔을 휘두르는 데에 필요한 개념은 힘에 속도가 가미된 파워인 것이다. 따라서 테니스는 어깨 힘(strength)이 많을수록 좋지만, 반드시 많이 요구하지는 않고 빨리 휘두르는 파워를 요구한다. 앞서 언급한, 패싱샷에 필요한 발놀림과 조깅의 관계도 그런 원리로 설명할 수 있다. 조깅은 심폐기능과 오래 달리는 능력을 키우기는 하나, 런닝 스트로크에 필요한 다리의 파워에 도움을 주지는 못한다. 트레이닝의 특정성은 특정 움직임을 반복함으로써 해결할 수밖에 없다. 즉, 패싱샷을 자꾸 반복해야 하는 것이다.

테니스 운동지침 몇 가지를 든다면, 일반적으로 볼 때 테니스를 배우는 초보자의 경우 서비스 토스를 낮게 올리는 경우가 높이 올리는 경우 보다 허다하다. 물론 이론상으로 토스가 높아진 볼을 초속 9.81㎨로 낙하하는 볼을 컨트롤하는 것은 쉽지 않다고 되어 있다. 그러나 필자가 현장에서 테니스를 지도해 보면 토스가 낮아서 서비스를 제대로 구사하지 못하는 예가 많다. 일단 토스를 높이 해야 한다고 주장하고 싶다. 동호인 대회에서 보다 실제 국제시합장에 가서 느끼는 선수들의 서비스 토스 높이는 훨씬 더 높다.

라켓 백스윙은 곧장 빼는 법과 뒤로 원을 그려 빼는 법이 있는데, 후자가 바람직하다. 곧장 빼는 백스윙은 포워드스윙(forward swing) 출발 때 제로의 스피드에서 시작하나 루프(loop) 백스윙은 라켓이 몸 뒤에서 자연스럽게 포워드 스윙으로 연결되기 때문에 시속 약 17~18㎞의 가속이 붙여진 채 스윙이 시작된다.

포핸드 백스윙이 끝날 때 손바닥과 라켓 면이 지면을 향하도록 하라. 처음에는 엉뚱한 곳에서 임팩트를 할 염려도 있으나 임팩트 때 라켓 면을 수직으로 유지시키는 좋은 방법임을 알게 될 것이다. 또한 톱스핀을 만들어 내는데 도움이 되기도 한다.

팔로스루(follow-through)의 각도를 조심하라. 이스턴이나 컨티넨탈 그립일 경우 임팩트 후 라켓스윙은 양 어깨가 네트와 평행에서 직각을 이루는 정도에서 그치는 것이 좋다. 어떤 선수는 스윙이 너무 돌아가 문제를 일으킨다. 이 원칙은 백핸드, 포핸드, 서비스에도 적용된다.

6. 올바른 라켓 선택방법

연필이 좋아야 글씨를 잘 쓴다. 라켓은 테니스의 기본이다. 테니스는 플레이어가 도구를 이용하는 운동이다. 따라서 테니스에서 라켓만큼 중요한 제품도 없으며 자신에게 맞는 라켓을 선택하는 것이 승리의 지름길이다.

우드라켓 밖에 없던 옛날에 비해 요즘 최첨단 기술을 이용한 신제품 라켓이 매년 쏟아져 나오고 있는데, 라켓을 선택할 때 기초적으로 알아두어야 할 점을 알아본다.

플레이어가 라켓을 택할 때 기본적으로 판단해야 할 부분은 헤드사이즈(라켓 면의 크기), 소재, 무게, 밸런스(균형), 그립의 모양 및 사이즈 등이다.

이상의 조건을 염두에 두고 자신에게 맞는 라켓을 선택하면 된다.

1) 헤드 사이즈

라켓 면의 크기는 미드(mid), 수퍼미드(supermid), 오버사이즈(oversize)로 구별된다. 라켓 제조회사마다 약간의 차이는 있지만 85평방인치부터 135평방인치까지 라켓 면의 크기를 만들 수 있는 것으로 되어 있으나, 85크기나 135크기의 라켓은 일반적으로 많이 사용되고 있지 않는 실정이다.

타면 길이가 보통 95인치인 미드는 라켓 면이 작기 때문에 그만큼 타구의 정확성이 요구되는 반면 조작 성이 좋고 볼의 컨트롤도 뛰어나다.

이에 반해 오버사이즈(100~125인치)는 여성이나 초보 단계의 테니스 인들에게 인기가 높다. 라켓 면이 크기 때문에 우선 볼을 맞추기가 쉬운 장점이 있다. 네트플레이 등 빠른 볼을 응수하는 경우에 볼이 라켓에 맞을 확률이 높으므로 유리하다.

하지만 반발력이 크기 때문에 볼 컨트롤에 어려움이 있기도 하다. 중간형인 수퍼미드는 미드사이즈의 조작성과 컨트롤 그

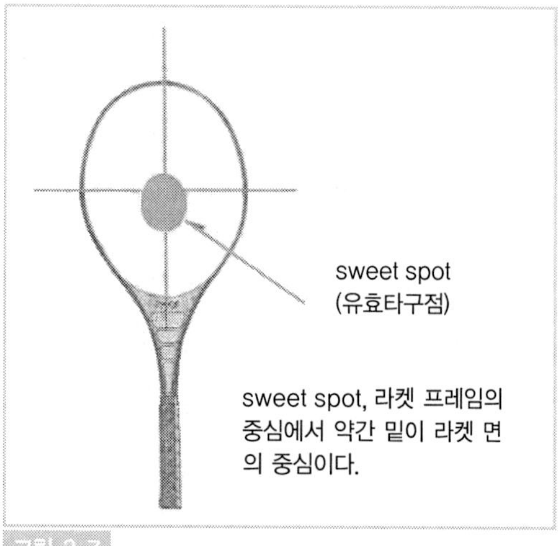

그림 2-7

리고 오버사이즈의 반발력, 볼을 쉽게 맞출 수 있는 등 양쪽의 장점을 취한 것이 특징이며, 베이스라인에서 스트로크를 주고받거나 네트플레이에도 유용하다.

2) 무게

오랫동안 플레이 할 때는 가벼운 라켓을 쓰는 편이 피로가 덜할 것으로 여기지만 라켓이 너무 가벼우면 조작의 용이성과는 반대로 볼에 위력이 없다.

필자가 수강생에게 라켓의 무게에 대해서 질문을 하면 십중팔구는 가벼운 라켓이 좋다고 답한다. 그러나 그 대답은 틀리는 답변이다. 만약 가벼운 라켓이 최상이라면 테니스를 배드민턴 라켓으로 한다고 가정해 보자. 모든 타구를 팔의 힘으로만 해야 할 것이고 그 팔은 힘이 소진되어 몇 개임 못하고 말 것이다. 즉, 가벼운 망치로 못을 박게 되면 힘 있게 못을 박지 못하는 원리와 같다. 가벼운 망치의 무게는 무거운 망치의 무게보다 못에 주는 충격량이 적다고 할 수 있다. 국민타자 이승엽 선수는 홈런을 많이 치는 것으로 명성이 높다. 그의 방망이는 다른 선수의 방망이 보다 무게가 더 나간다. 이론적으로는 힘만 있으면 무거운 라켓을 사용하는 것이 좋은 것으로 되어 있으나 반드시 무거운 라켓이 능사라고는 언급하고 싶지 않다.

적절한 라켓이란 무게와 플레이 스타일을 고려한 것으로서, 즉 무게는 자신의 체중, 팔의 완력, 손아귀 힘 등을 참작하고, 게다가 자신의 플레이 스타일에 맞는 라켓일 것이다.

볼이 라켓 면의 한가운데에 확실히 맞지 않으면 임팩트 시 볼에 위력을 실을 수 없다. 라켓 면의 중심을 sweet spot라고 하는데, 최근 첨단 신소재(세라믹, 티타늄 등) 개발로 스위트 스폿 범위가 넓어졌다.

라켓무게는 오랜 시간 플레이해도 피로감이 없고 어느 정도 볼이 맞는 감을 느낄 수 있는 중량이 적당한 것이다.

따라서 지금 사용하는 라켓의 중량을 알아두고 자신에게 맞는지를 스스로 점검해 보아야 한다.

3) 균형

- 스트로크를 중시하는 플레이어는 스트로크의 위력을 높이기 위해 톱헤비(라켓 머리가 무거운)를 좋아하는 경향이 있다.

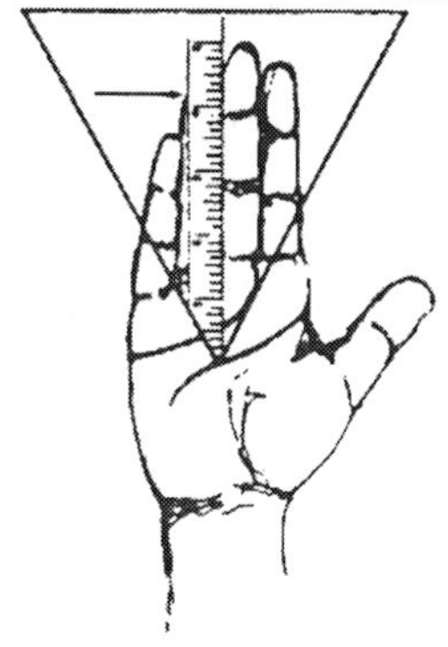

자신의 바른 그립사이즈를 측정하는 방법 중 한 가지

그림 2-8

- 네트 플레이에 중점을 두는 플레이어는 조작성과 탄력을 얻기 위해 톱라이트로 단단한 라켓을 선호한다.
- 서비스를 중시하는 플레이어는 톱헤비를 선택함이 올바르다.
- 비교적 올라운드 플레이어에다 파워가 넘치는 톱프로의 경우는 조작성이 높은 톱라이트가 좋다. 이 밖의 초보자나 여성은 휘두르기 쉽고 조작성이 높은 톱라이트나 아니면 가운데에 중심이 있는 이븐 밸런스가 적당하다.

	컨티넨탈	이스턴	세미웨스턴	웨스턴 극단적인 웨스턴
치기 쉬운 볼	슬라이스	플랫	스피드있는 톱스핀	회전이 많이 걸린 톱스핀
장점	라켓 면이 상향으로 되기 쉽기 때문에 슬라이스·로브 드롭샷을 치기 쉽다. 리치가 길어 먼 볼, 낮은 볼, 깊은 볼에 강하다. 포건 백이건 그립 체인지를 하지 않는다.	볼을 밀어내는 움직임이 크므로 스피드 있는 플랫을 칠 수 있다. 리치가 꽤 넓다. 스피드 있는 가벼운 톱스핀을 칠 수 있다.	타점이 앞이지만 어느 정도 볼을 밀어낼 수가 있어 스피드 있는 톱스핀이 가능하다 볼을 지탱하는 힘이 강해 상대 볼에 밀리지 않는다.	타점이 앞에 있어 볼을 감아올리기 쉬워 강한 회전이 걸린 톱스핀, 톱스핀 로브를 칠 수 있다.
단점	강한 톱스핀을 치지 못한다. 타점이 뒤에서 이뤄져 볼의 지탱이 약하다.	강한 톱스핀을 구사하기 어렵다.	슬라이스와 완전한 플랫을 치기 어렵다. 리치가 약간 짧다.	슬라이스나 플랫을 치기 어렵다. 리치가 짧아 먼 볼과 깊은 볼에 약하다. 볼을 앞으로 밀어내지 않아 스피드가 안나온다.
단점 극복방법	스피드 있는 톱스핀	강한 톱스핀을 치려면 손목을 부드럽게 사용 회전을 가한다. 완력으로 볼을 지탱한다.	손목을 부드럽게 사용 톱스핀을 건다. (예 안드레 애거시)	슬라이스가 어렵거든 사이드 스핀을 건다. 완전한 플랫이 어려우면 몸을 많이 회전시켜 볼을 민다.
플레이 스타일 특징	회전이 많이 걸린 톱스핀	서브 앤드 발리 넓은 리치로 각도 있는 테니스	서브 앤드 발리 슬라이스 플랫 톱스핀을 구사하는 올라운드 테니스	깊고 바운드 높은 톱스핀으로 상대방이 공격하기 어렵다.

표 2-1 그립별 장점과 단점

4) 헤드모양 및 사이즈

플레이 스타일로 볼 때, 스핀을 많이 쓰는 스트로크 타입은 둥근 모양이 좋고 라켓 면의 각도를 중시하는 발리어나 플랫볼을 치는 사람은 각(角)형이 맞는다.

윌슨 제품은 전통적으로 계란(둥근) 모양이며 힝기스나 리오스, 크라이첵, 쿠르니코바가 사용하는 요넥스 제품은 약간 각이 있는 제품이나 거의 둥근 형으로 출시되고 있다.

그립사이즈도 라켓 선택의 중요 요소 중 하나이지만 현재 국내에서는 단 한가지의 그립 사이즈가 출시되고 있어서 그립 밴드를 이용해서 조정해야 한다.

그립사이즈가 너무 작으면 임팩트 시 라켓을 잘 컨트롤할 수 있을 것이라 여기는데, 위험하다. 힘껏 쥘수록 손목이 제대로 움직이지 않아 라켓→손→손목→팔뚝→팔꿈치로의 힘의 전달이 심해지고, 그에 따라 지나치게 작은 그립을 쓸 경우 팔에 통증이 올 수도 있다.

적절한 그립을 고르는 요령으로 손바닥 가운데 손금으로부터 넷째 손가락 끝까지 직선거리를 재는 방법이 이용된다.

5) 스트링

천연(natural) 거트와 합성제품(synthetic)의 나일론 중 어떤 타입의 스트링을 고를 지는 오로지 동호인 본인에 달려 있다. 천연 거트는 타구의 컨트롤과 볼의 속도를 높이고 손에 전해지는 진동을 줄여 기량 향상을 꾀할 수 있다.

탄력성이 좋은 반면 가격이 비싸다. 나일론 제품은 싸고 내구성이 좋다는 점 외에도 수명이 길지만 천연 거트에 비해 탄력성, 컨트롤, 진동수준 등이 떨어진다. 다시 말해서 우리가 아이스크림을 먹을 때 천연아이스크림은 맛있고 부드럽다. 그러나 가격이 비싸다. 천연의 면으로 된 옷은 부드럽고 땀이나 수분 흡수력이 뛰어나지만 질기지 않은 단점이 있으며 합성섬유로 짜여진 의류는 질기지만 촉감이 좋지 않은 걸 느끼게 된다.

synthetic은 모노, 멀티, 코어레스 멀티 필라멘트의 세 가지 유형이 있으며 natural은 가로 세로 따로 분류되어 있으며 guts를 매는 공임도 배 이상 비싸다. 프로선수나 전문선수를 제외한 동호인들이 사용하는 거트는 대부분 인조(synthetic) 제품인데 거트의 굵기가 굵으면 감각이 좀 떨어지고 얇을수록 느낌이 좋다. 일반적으로 1.1㎜~1.35㎜까지 있다.

7. 테니스 코트

1) 규격과 각도

테니스 코트는 세로 23.77m, 가로 8.23m의 직사각형으로 네트에 의해 중앙에서 2등분된다. 네트는 직경 0.8㎝ 이하의 코드로 매어 달며 그 양쪽 끝은 직경 15㎝ 이하의 포스트 위를 넘어서 매야 한다. 양 포스트 중심은 코트의 사이드라인으로부터 각각 0.91m 바깥쪽에 위치하며 포스트의 높이는 지면에서 1.07m이다. 코트는 특별한 것 이외에는 거의 모두 단식과 복식 공용이다. 따라서 복식용 네트를 치고 단식을 할 때는 직경 7.5㎝ 이하의 막대기(싱글스 스틱)로 네트는 1.07m의 높이로 받쳐줘야 한다.

1.07m 는 포스트와 같은 높이인데 양 싱글스 스틱의 중심은 단식 사이드라인의 바깥쪽 0.91m에 놓여야 된다.

네트는 볼이 빠져나가지 않을 정도의 좁은 그물이어야 하며 하단은 모두 지면에 닿게 하고 네트와 포스트 사이에는 공간이 없도록 바짝 붙여 매야 한다. 네트의 높이는 센터 서비스 라인과 교차하는 중앙이 0.914m로 가장 낮다. 즉, 지면에서 0.914m가 되도록 너비 5㎝ 이하의 흰색 띠(네트 스트랩)로 팽팽히 당겨 코트에 박힌 고리에 매야 한다.

네트를 매는 코드는 네트의 상부에서 양쪽 모두 균등하게 5㎝~6.3㎝의 흰색 밴드를 씌어야 하며 네트, 스트랩, 밴드, 싱글즈 스틱 등에 광고문을 붙일 수 없다.

서비스 라인은 코트의 중앙인 네트에서 6.4m 거리에 놓여 있으며, 서비스 라인과 단식 사이드라인으로 둘러싸인 부분을 센터 서비스 라인으로 정확히 2등분하면 서비스 코트가 된다. 센터 서비스 라인의 폭은 5㎝이며 사이드라인과 평행이다.

양쪽 베이스 라인은 센터 서비스 라인의 가상 연장선에 있는 센터 마크로 2등분 된다. 센터 마크는 베이스 라인으로부터 안쪽에 길이 10㎝, 폭 5㎝로 직각으로 긋고 그 밖의 라인은 모두 폭 2.5㎝~5㎝로 하되 베이스 라인만은 5㎝~10㎝로 두꺼워도 무방하다. 또한 테니스 코트는 베이스라인으로부터 뒤쪽으로 최소한 6.4m 이상, 좌우 사이드라인으로부터 옆으로 3.66m 이상의 공간을 필요로 한다.

즉, 테니스 라인까지의 코트를 경기면적이라 하고 코트 외의 옆과 뒤의 공간을 사용면적이라 한다. 일류 선수일수록 사용면적 활용이 넓다.

2) 네트의 명칭과 규격

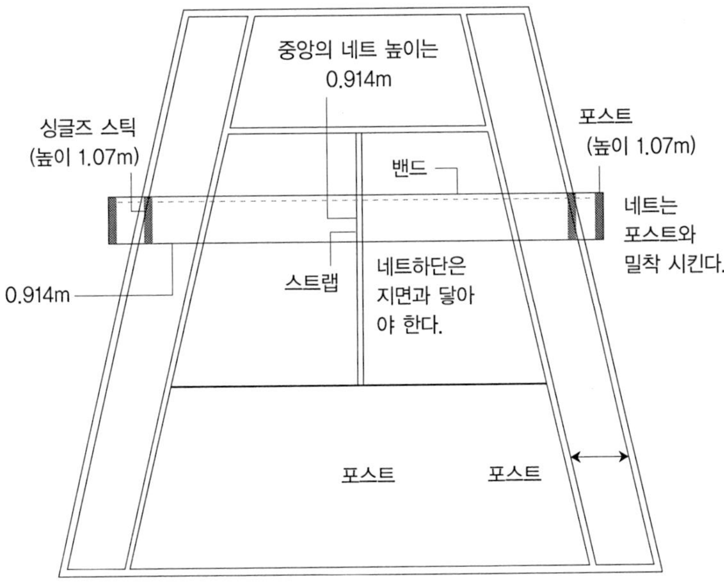

3) 테니스 코트의 명칭

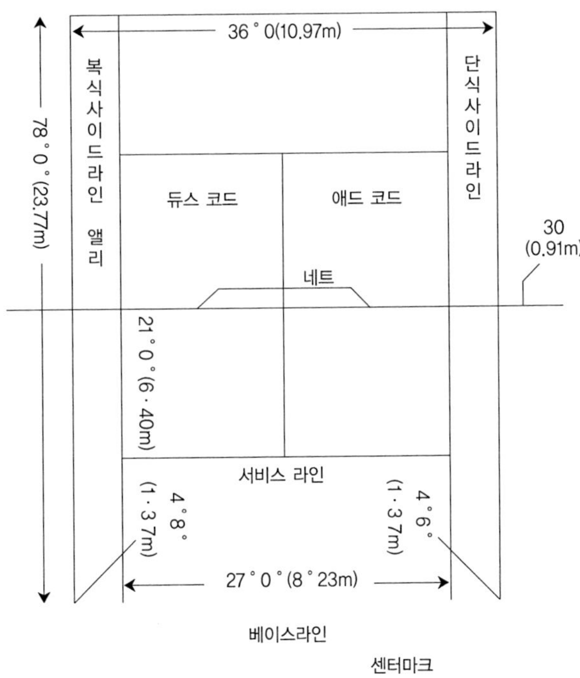

4) 플레이어들은 코트의 크기를 명확히 알아야 된다.

모든 플레이어들은 자신이 치는 볼의 날아가는 거리와 각도를 정확히 알아서 적절하게 적응해야 한다.

5) 코트의 패싱 지역

① 사이드라인 안쪽으로 67㎝ 폭에 다운더 라인샷을, ② 삼각형 모양의 점 선친 부분으로 대각선 패싱샷을, ③ 자신의 베이스 라인에서 상대의 베이스 라인 안쪽 1.5m 지대에 그라운드 스트로크, 로빙을 할 수 있어야 한다.

6) 크로스와 스트레이트

크로스로 칠 때와 스트레이트로 칠 때의 역학적 관계를 잘 알아야 테니스를 잘 할 수 있다.

7) 코트의 각도

테니스 선수들은 실제 코트가 얼마나 좁은가를 발견할 때 놀라움을 금치 못하게 될 것이다. 베이스 라인에서 볼을 치는 사람의 라켓 면은(그림 참조) 상대방을 한쪽 베이스 라인의 구석에서 또 다른 구석으로 뛰게 만들기 위해서는 단지 볼과 라켓이 맞는 지점의 각도를 19.1° 밖에 변화시킬 수 없다.

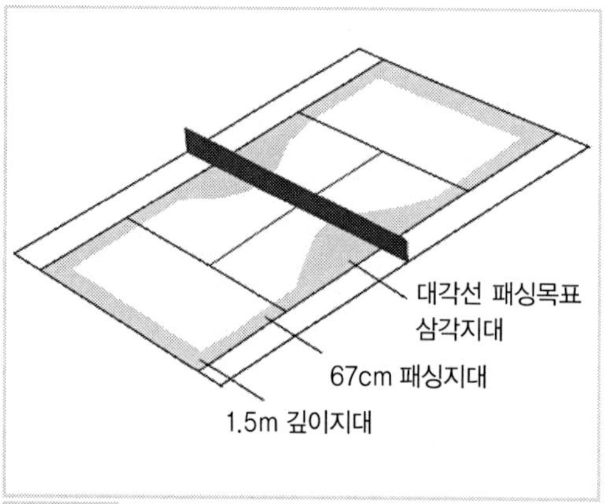

그림 2-9 효율적인 타구지역

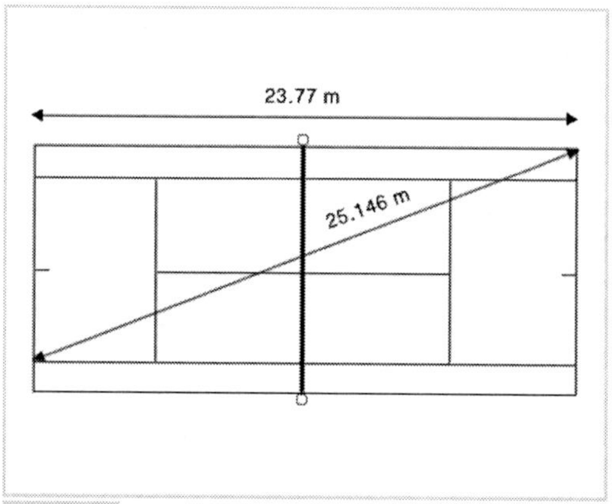

그림 2-10 테니스코트의 각도

8) clay(흙) 코트

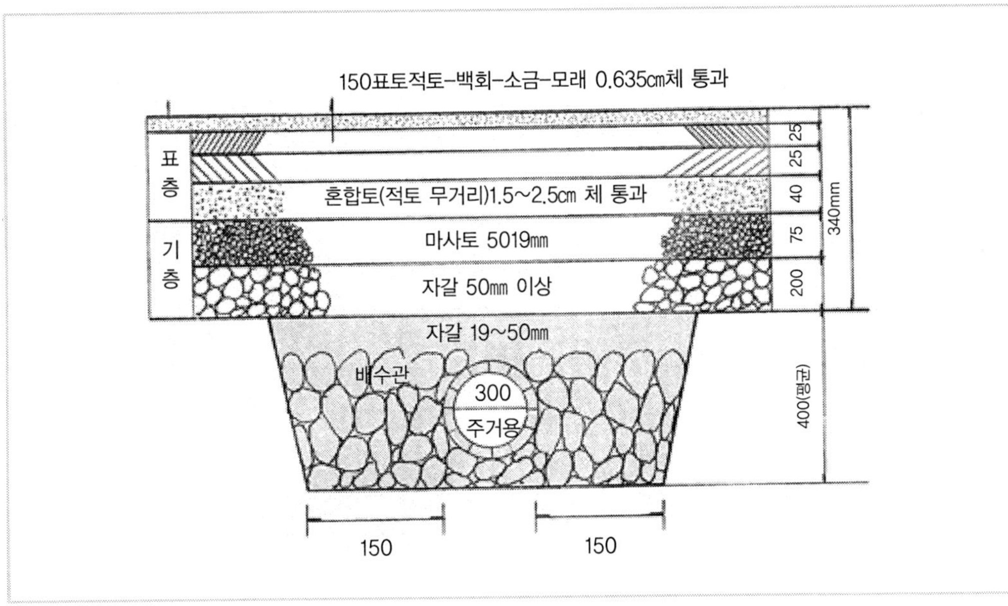

그림 2-11 테니스 코트 단면도

9) 하드코트(올림픽 공원 테니스코트)의 단면구조

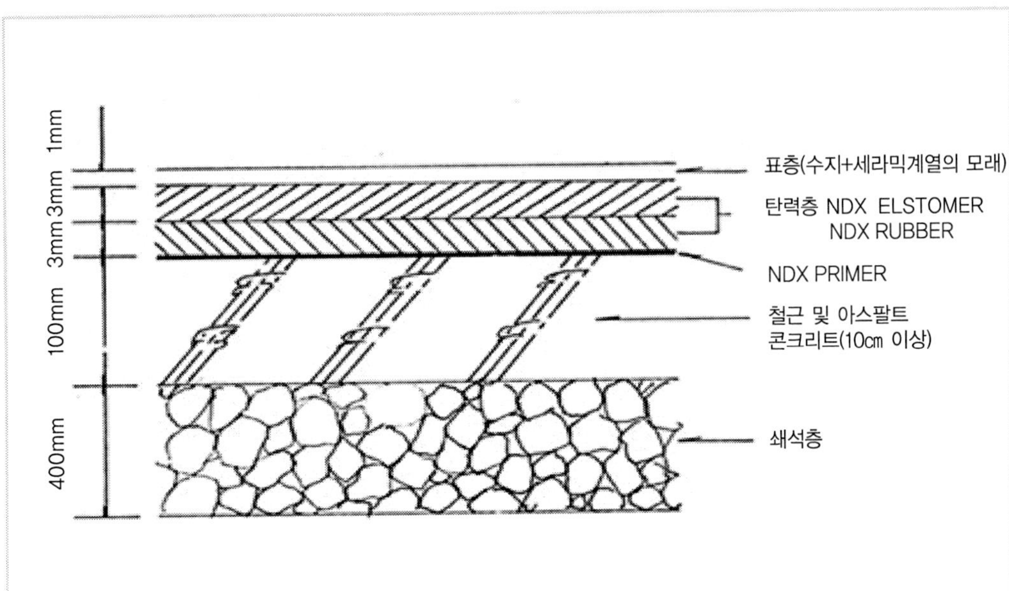

그림 2-12 NEODEX-II 단면도

8. 여름철 테니스와 체력 및 피부관리

테니스의 단점을 꼽는다면 주로 실외에서 하기 때문에 얼굴을 비롯한 피부 관리가 어려운 점이다. 그러나 테니스를 하게 되면 성인병 예방에서 몸매관리, 수명연장 등 실보다 득이 훨씬 많다.

방학, 휴가시즌인 여름철에는 테니스를 즐길 시간이 많다. 특히 바캉스 길에 라켓을 휴대, 해변의 코트에서 아침저녁엔 상쾌하게 테니스를 즐기고 낮에 해수욕을 한다면 두 가지 재미를 만끽하면서 풍요로운 여름철 휴가를 보낼 수 있을 것이다.

그러나 여름철 테니스는 무더위로 인해 체력소모가 많고 피부가 강한 직사광선에 노출되기 쉬우므로 지나치게 무리하면 장애가 뒤따름을 명심해야 한다.

테니스가 있는 여름을 즐겁고 건강하게 보낼 수 있는 체력관리 및 피부 관리 방법을 몇 가지 제시한다.

1) 햇볕, 수분, 영양섭취

(1) 햇볕

기온이 30℃를 오르내리는 한 여름엔 지열마저 가세, 코트 주변의 온도가 체온(36~37℃)과 비슷해져 체온의 발산이 원활히 이루어지지 않는다.

강한 직사광선 아래서는 두통과 현기증이 일어나며 숨이 차고 졸도를 일으키는 일사병, 또는 의복 등으로 인해 체내의 열이 발산되지 않아 일어나는 열사병을 생각할 수 있다. 일사병이나 열사병의 함정이 되기 쉬운 오전 11시부터 오후 3시 전후의 서너 시간, 즉 한낮은 피하는 게 좋다.

동호인들은 흔히 모자를 쓰고 플레이하면 일사병을 막을 수 있다고 생각하나 사실은 열 발산이 안 되어 걸리는 열사병을 더욱 경계해야 한다. 모자에 위 덮개가 있으면 직사광선을 막는 대신 열 발산이 안 되는 장단점이 있으므로 이 단점을 보완하기 위해선 두 게임마다 쉬게 되어 있으므로(코트체인지 시간) 덮개가 있더라도 이 시간을 이용, 자주 벗어주면 별 지장이 없다. 망사가 있는 모자를 활용하는 것도 괜찮다.

(2) 수분

신체는 심한 운동을 할 때 많은 양의 액체를 잃게 된다. 더운 날씨에는 특히 더하다. 체내의 수분은 땀과 호흡 시의 수증기로 방출된다.

물을 계속 마시면 땀이 너무 나고 갈증이 더욱 수반되니 마시지 않는 게 좋다는 생각은 위험하다. 왜냐하면 수분을 어느 수준 이상으로 빼앗기면 체온이 올라가며 근육수축 기능이 저하되기 때문이다. 물은 마시고 싶은 대로 조절해서 마셔야 한다.

그러나 게임 중 한번에 1~2컵 이상의 물을 마시면 물이 위장을 부풀려 횡격막을 억압, 호흡이 부담스러워지므로 갈증이 날 때까지 기다리기보다는 매 15~20분마다 조금씩 마실 것을 권한다.

당분의 농도가 높은 음료수는 창자에서 잘 흡수되지 못하고 오랫동안 위에 남아 거북함이나 경련을 수반하므로 음료수 속의 당분함량은 2.5% 이하여야 한다. 콜라, 사이다 같은 탄산 음료수보다는 보리차나 과일음료가 좋다. 최근 많은 제품이 출시되는 이온음료도 권장할 만하다. 또 차가운 물은 더운물보다 운동성이 높고 빨리 흡수된다. 맥주는 시원하고 갈증을 푸는 데는 그만이지만 신경반응이 둔해지고 체온이 올라 게임 중에는 좋지 않다.

(3) 영양섭취

운동을 하는 사람이 하루에 필요한 열량은 보통 3.900~4.200칼로리, 이는 우리나라 중산층의 평균 섭취량이므로 특별한 영양식을 할 필요는 없고 평소대로 잘 먹고 잘 소화시키면 된다. 그리고 과로하면 식욕이 떨어지므로 과로를 피하고 충분한 수면을 취하는 것이 건강한 여름을 보낼 수 있는 기초적 방법이다.

2) 수영과 테니스

테니스를 많이 하고 물 속에 오랫동안 들어가 있는 것은 나쁘다. 테니스와 수영은 체력소모가 심한 운동이므로 충분한 휴식과 몸 풀기, 준비운동 없이 둘을 병행할 때 근육경련과 탈진이 일어나기 쉽다.

이런 점에 유의해서 물에 들어가기 전에 반드시 충분한 휴식을 취한 후 스트레칭이나 마사지로 몸을 풀고 물 속에서도 수시로 자신의 근육 긴장을 체크하는 버릇을 기른다.

3) 피부 관리 요령 및 주의점

여름철은 낮이 길어 다른 계절보다 테니스를 즐기기에 좋다. 그러나 무턱대고 피부를 직사광선에 오래 노출시키면 돌이킬 수 없는 손상을 입을 수도 있다. 오랜 시간 뜨거운 햇볕과 접촉할 때 가장 문제가 되는 것은 자외선 방사에 의한 피부의 노화다. 강한 자외선은 피부에 침투되어 진피 층의 섬유성분을 변화시킴에 따라 피부의 탄력성을 잃게 하고 주름살이나 기미 · 주근깨를 생기게 한다.

또 흐린 날이나 바람 부는 날이라도 코트와 그 밖의 환경으로부터 광선의 산란 또는 반사에 노출되어 얼굴이 탄다.

최근 오존층의 파괴로 자외선으로부터 피부를 보호하기 위한 기초적이고 자연스런 방지책은 햇살이 강한 한낮에 활동을 피하는 것, 이른 아침이나 저녁나절에 테니스를 즐기거나 한번에 오래 피부를 볕에 노출시키지 않도록 한다.

그러나 때로는 이렇게 할 수만은 없는 것이므로 이 사이에 테니스를 할 때는 자외선 차단제가 함유돼 있는 여름철 피부 보호용 화장품을 이용하는 것도 한 방법, 국산 화장품에도 84년부터 SPF(Sun Pretection Factor : 자외선차단지수) 수치가 표기, 사용자는 원하는 피부색과 용도에 따라 선택할 수 있다. 이 수치가 높을수록 자외선에 피부가 손상되지 않고 지탱할 수 있는 능력을 높여준다.

우리나라 사람들은 햇살에 15분 정도 맨 얼굴로 있으면 얼굴이 타기 시작하는데 SPF10의 제품을 바르면 15×10=150분(2시간 30분) 동안 탈 염려를 하지 않아도 된다.

SPF제품의 수치는 다양하게 개발돼 나와 있는데, 무작정 수치가 높은 제품을 바르는 것도 피부가 예민한 사람은 부작용을 일으킬 수 있기 때문에 바람직하지 않다.

SPF수치 30 이상인 화장품은 자외선으로부터 피부를 강력하게 보호하는데, 여름철 테니스코트에서는 SPF 40 정도의 제품이 적당하고 햇빛에 노출되는 부위면 어디든지 바른다.

직사광선 아래서 활동할 수 있는 시간(분)=15×SPF 수치

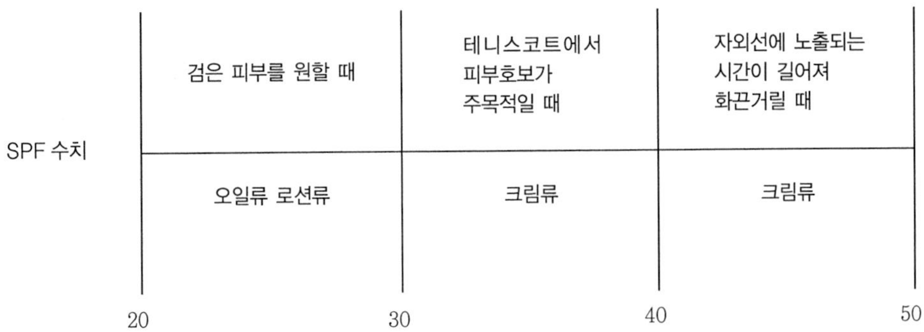

대개 크림 종류인데 사용법은 노출 1시간 전에 바르고 운동이나 수영 후에는 피부에 묻은 화장품이 제거되므로 재차 발라 두는 것이 좋다.

수치가 높을수록 자외선 차단효과가 크다. SPF40 이상 제품은 테니스 동호인이나 피부가 타는 것을 원치 않는 사람, SPF30 이하 제품은 다갈색 피부를 원하는 사람에 적합하며, SPF50 이상의 제품은 장시간 테니스를 즐길 경우 혹은 자외선에 노출되는 시간이 길어질 경우 사용하며 코나 뺨 등 화끈거리는 부위에 발라준다. 최근에는 UV(울트라 바이올렛)로션이나, 기능성화장품 등이 개발되어 자외선 A, B를 모두 차단해주는 효과가 있다. 또한 자외선 차단효과를 높이기 위해서 차단지수가 아주 높은 제품들이 출시되어 있으며 액체나 연고식으로 만들어져 있기도 하다. 테니스를 직업적으로 하지 않는 한 가능한 한 여름철의 오전 10시에서 오후 3시까지는 삼가는 게 좋다. 테니스 강의를 듣는 수강생의 경우 7, 8월의 따가운 햇살이 있는 기간은 방학기간이며, 학기 중 주당 1회의 테니스로 피부의 손상을 입지 않는다. 간혹 여학생들이 테니스를 수강신청 하고 싶어도 팔이 굵어지는 현상과 햇볕을 두려워한 나머지 못하는 경우가 있는 데 어불성설이다. 주당 1회의 테니스는 오히려 생활의 활력소가 되며, 삶의 질을 향상시킬 것이다.

제 3 장 테니스 입문

1. 초보자의 자세
2. 강습자 프로그램
3. 그립
4. 테니스 감각 익히기
5. 준비 자세(ready position)

1. 초보자의 자세

1) 초보자의 마음가짐

한 장 한 장의 벽돌로 성(城)을 쌓는 마음으로 배운다는 마음가짐이 우선 되어 있어야 한다. 눈에 보이는 신속한 결과의 기대보다는 꾸준한 반복 연습과 목적을 위한 집념, 열정, 시간, 노력의 투자가 필요하다. 처음 조금은 힘들고 지루해도 꾸준히 노력해서 2~3개월만 견디면 차츰 테니스의 묘미를 깨닫게 될 것이다.

2) 지름길은 무엇인가?

테니스의 기본자세를 잘 익혀야 한다. 모든 동작은 기본자세에서 나오므로 신경 써서 충분히 익혀야만 이해가 쉽고 빨리 배울 수 있는 지름길이 될 것이다. 지도자 또한 초보자의 신체특성, 기질, 취향 등을 빨리 파악하고 초보자 각 개인의 개성을 살려주면서 볼 하나하나에 신경 써야 한다.

3) 중요한 기본 원리

테니스는 다양한 기술에 비해서 원리는 그리 어렵지 않기 때문에 처음부터 완벽한 스윙으로 강타를 치겠다는 마음을 버리고 기본동작을 여러 동작으로 분리해서 반복 연습해야 기량향상이 빠르다. 볼을 맞추는 첫 단계부터 마무리 동작까지 구분을 지어 연습하고, 그런 후에 연속동작으로 연습하는 것이 기본 원리에 있어 중요한 점이다.

그림 3-1 사교성이 높은 운동 테니스

4) 비슷한 연습과 보조운동

혼자서 스윙 연습을 많이 한다. 또 서비스나 스매시 연습을 하는 것도 좋은 방법의 하나이다. 모든 기술을 연마할 수 있는 백보드는 2~3개월 지나 이용하되 초보자는 백보드에 여러 번 반복하여 치지 않는 것이 좋다. 한 번씩 정확한 자세로 반복하다 보면 자세, 리듬, 감각 등이 하나로 일치됨을 느낄 수 있다. 이런 일치감을 느낄 때 거리를 조금씩 벌려 긴 스트로크를 침으로써 파워와 볼 컨트롤을 키울 수 있다.

보조운동으로는 줄넘기(풋웍), 손목스냅과 악력을 키우기 위해 볼을 손에 쥐고 누르는 방법 등이 있다. 또한 테니스를 잘 하기 위해서는 테니스에 필요한 보조운동을 하라.

테니스를 위한 보조운동(줄넘기, 런닝, 고무줄 당기기, 계단 뛰기, 아령 등등)이 많지만 그중 으뜸은 달리기이다. 즉, 테니스는 뛰는 것이 생명이다.

외국인들은 조깅이니 뭐니 해서 뛰는 것이 이미 우리보다 먼저 생활화되어 있다. 최근 우리나라 사람들도 각종 성인병을 막고, 비만을 예방하기 위해서 마라톤 대회다, 조깅이다 해서 뛰는 운동을 확산 시키고 있는 추세이다. 예전에는 사실 학교만 졸업하면 뛰는 것과 멀어졌었다. 테니스는 발로 한다는 말이 있다.

차가 빨리 달리기 위해서는 바퀴(다리)가 잘 굴러야 한다. 물론 운전(손)도 잘해야 하고 엔진(심장, 폐)도 성능이 좋아야 된다. 마찬가지로 테니스는 볼을 손으로 치지만 발이 빨라야 되고 심폐 기능이 좋아야 잘 할 수 있다.

5) 게임 전에 유의할 점

충분한 준비운동은 최선의 부상 방지책이기도 하다. 준비운동의 중요성을 인식하지 못한 동호인이나 성미가 급한 사람은 코트에 들어가자마자 격렬한 스트로크나 게임에 들어간다. 이는 순조롭게 가동되어야 할 근육관절, 인대에 무리를 주어 부상을 당하기 쉽다. 코트에 들어가기 전에는 충분한 준비운동이 꼭 필요하다.

기본동작이 숙달되기 전에 의욕이 앞서 게임을 한다든가 강타위주의 볼을 친다든가 유명 톱 플레이어의 흉내를 낸다든가 하는 것은 자신의 기본자세를 흩트리는 결과를 초래할 뿐 아니라, 테니스에 대한 흥미를 잃고 몸에 이상을 가져올 수도 있다.

사람마다 차이가 있지만 보통 기본기 습득기간을 6~7개월로 잡을 수 있으며, 그 시기를 지나야 게임에 임할 수 있는 수준이 될 것이다. 기량이 완성되기도 전에 게임 맛을 알게 되면 기본기 습득에 소홀히 하기 쉽고 기본기를 다지기보다 게임을 원하는 속칭 게임 돌이가 되기 쉽다.

게으름을 피우지 말고 열심히 해야 하고 지나친 집착과 성급한 마음, 기대를 버리고 시간과 노력과 정열을 쏟는다면 자신이 어느 정도 만족할 수 있는 플레이를 할 수 있다. 흔히 테니스를 평생 스포츠라고 한다. 평생을 위해서는 초보자는 지도자를 잘 선택해야 한다. 무엇보다도 자격을 갖춘 유능한 지도자에게 강습 받는 것을 원칙으로 해야 한다. 왜냐하면 테니스는 처음부터 정확히 익히고 또 기초가 튼튼해야 기량을 향상시킬 수 있기 때문이다.

그림 3-2 훌륭한 선수가 되기 위해서는 멘토가 필요하다.

2. 강습자 프로그램

한 평생을 위한 것인 만큼 시간과 비용을 투자하라. 강습비가 비싸다는 이유로 일정기간의 교육 없이 임의대로 라켓을 휘두르면 좋은 폼이 형성되지 않아 발전이 없고 답보상태에 머물거나 부상을 입기 쉽다.

구력 4~5년의 중급자도 1년에 1~2개월 정도 정기적으로 레슨을 받을 필요가 있다. 엔지니어가 완숙되려면 새 기술, 새 지식을 배워야 하는 것처럼 부족한 기술을 보완해야 한다.

구분	개월	강습내용	비고
초보자	6~9	강습자의 운동능력이나 유전적인 요인, 운동신경, 노력여하에 따라 개인차가 있지만 일반적으로 테니스 테크닉을 대략 마스터하는 데 소요되는 기간은 반년 정도이다(포 · 백핸드스트로크, 발리, 스매싱, 서비스). 기간에 연연하지 않고 기초를 튼튼히 하도록 지도한다. 좋은 폼을 소유한 프로선수들의 사진이나 잘 쓰여 진 교재를 구입하여 참고하도록 한다. 한 가지 테크닉이 끝날 때마다 비디오 등으로 영상화하여 강습자와 지도자 간의 테크닉 향상을 모색한다.	테니스의 특성과 매너, 예절 등을 철저히 숙지하도록 하여 테니스가 심신을 건강하게 하고 인격형성에 보탬이 되도록 한다.
중급자	9~15	초보자 과정에서 배운 내용을 게임에 적용하기 위해 서비스 앤드 대시, 어프로치샷, 드롭발리, 리턴 등을 익혀서 실전에서 활용할 수 있도록 한다. 게임 하는 능력을 키워 나가도록 한다.	게임 전술을 지도한다. 약점이 드러나는 테크닉을 집중해서 보완한다.
상급자	15~24	비슷한 실력의 동호인들과 게임을 하면서 취약한 테크닉을 보강하고 각종기술을 보다 정확하고 강하게 다듬는다. 전문서적 등을 탐독하여 해박한 테니스 이론을 소유하며, 부족한 테크닉을 더 보완하고, 아름다운 폼을 연출하는 데 주력한다.	테니스를 즐기면서 거시적으로 평생 스포츠의 틀을 다져서 체력을 향상시키도록 한다.

표 3-1 강습 일정표의 예

3. 그립

1) 그립의 크기

(1) 라켓과 팔을 하나의 지렛대로 생각할 때, 그립 사이즈가 작으면

- 볼에서 라켓으로 전달된 힘이 손→손목→전완→엘보까지 크게 전달된다.
- 테니스엘보에 문제가 있다.
- 헤드의 중앙에 맞지 않으면 비틀림 현상이 나타난다.
- 라켓을 꼭 쥐어야 되므로 힘이 많이 들고 근육이 긴장된다.

(2) 그립 사이즈가 너무 크면

- 잡기에 불편하다.
- 큰 힘이 든다.
- 비틀림 현상이 나타난다.

그립의 적당한 사이즈는 쥐었을 때 손가락 하나의 여분이 남도록 한다.

그러나 과학자들은 볼이 라켓에 임팩트 될 때 비틀림이 일어나지 않는 상태에서 라켓 그립이 크면 클수록 좋다고 말하고 있다.

라켓 무게도 큰 운동량을 얻는 데 한 요소가 되므로 핸들링에 지장이 없다면 무거운 것이 좋다. 운동량=m(질량)×v(속도)

위의 공식에서처럼 같은 속도로 라켓을 휘두른다면 무거운 라켓이 가벼운 라켓보다 더 파워를 낼 수 있다.

2) 그립의 종류와 특징

(1) 그립의 종류

그립의 종류는 챔피언의 숫자처럼 무수하다는 말이 있듯이 이것이 절대적인 방법이라고는 말할 수 없으나 크게 이스턴, 컨티넨탈, 웨스턴 3가지로 나눌 수 있다.

구분	이스턴	웨스턴	컨티넨탈
포핸드 그립	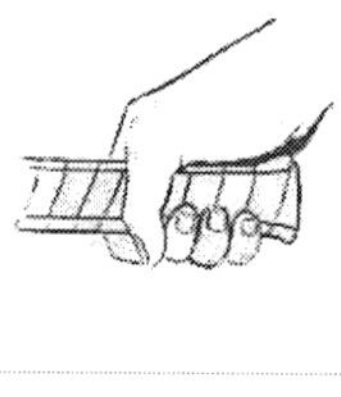	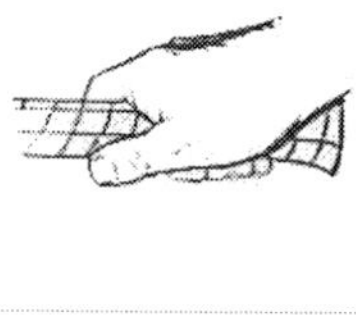	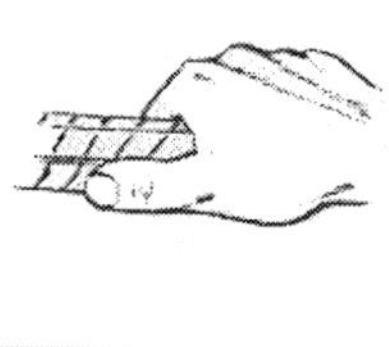
백핸드 그립	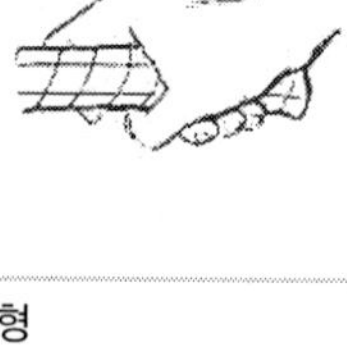	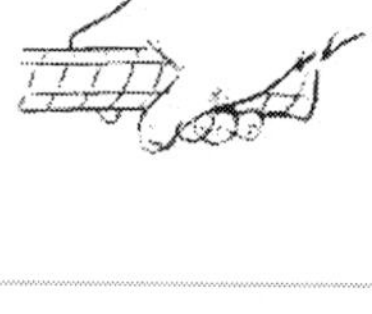	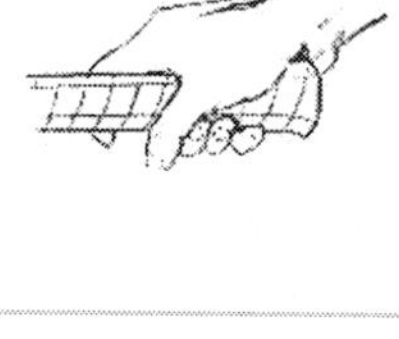

표 3-2 그립의 유형

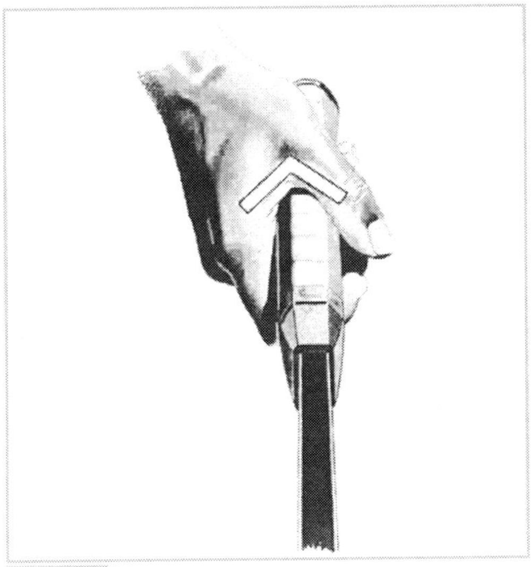

그림 3-3 이스턴 포핸드 그립

그림 3-4 이스턴 백핸드 그립

(2) 이스턴 그립

① 이스턴 포핸드 그립

라켓 면에 손바닥을 대고 자연스럽게 그립 쪽으로 쓸어내려 악수하듯 잡는다.

② 이스턴 백핸드 그립

이스턴 포핸드에서 화살표 방향으로 틀면 이스턴 백핸드 그립이 된다.

첫째손가락과 둘째손가락이 이루는 V자의 위치를 참고하기 바란다.

(3) 그립 잡는 법

① 그립

주먹을 꽉 쥐면 팔 전체가 경직되어 정확하고 강한 스윙을 할 수 없게 된다. 살아 있는 작은 새를 손안에 쥐고 있듯이 라켓손잡이는 늘 부드럽게 쥔다. 물론, 임팩트 순간에는 손목을 고정시킨다.

② 이스턴 그립 잡는 법

포핸드 그립은 엄지와 집게손가락이 갈라지는 V형 교차점(그림3-6)을 ① 또는 ①과 ②의 중간에 대면된다. 백핸드는 ③과 ②의 중간에 교차점을 대면되고 서비스 · 발리 · 스매

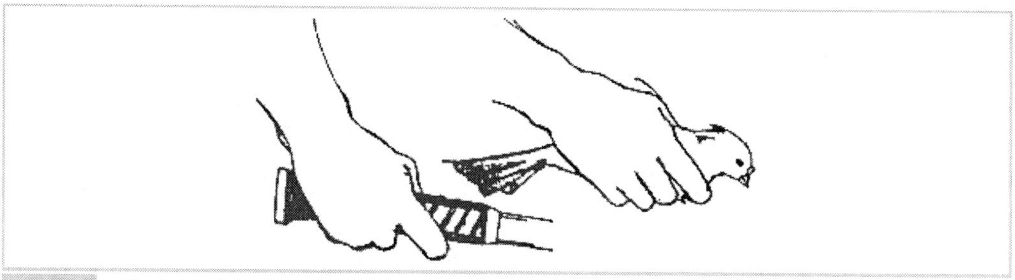

그림 3-5 이상적인 그립은 새를 쥐듯이 한다.

시는 ②에 대면된다. 이것은 대체로 기본적인 것이며 선수 각자의 개성에 따라 약간씩 다르게 잡을 수도 있다. 가령 포핸드의 경우 교차점이 ①보다는 ①과 ②의 중간지점을, 백핸드 경우는 ②와 ③의 중간지점 바로 위에 오도록 잡는 것이 더 효과적일 때도 있다. 또한 세미웨스턴, 웨스턴은 ①보다 더 우측으로 돌려 잡는다.

3) 이스턴 그립은 테니스의 기본

테니스 입문은 라켓을 잡으면서 시작된다. 적절하고 정확한 그립(Grip) 선택이 항상 강

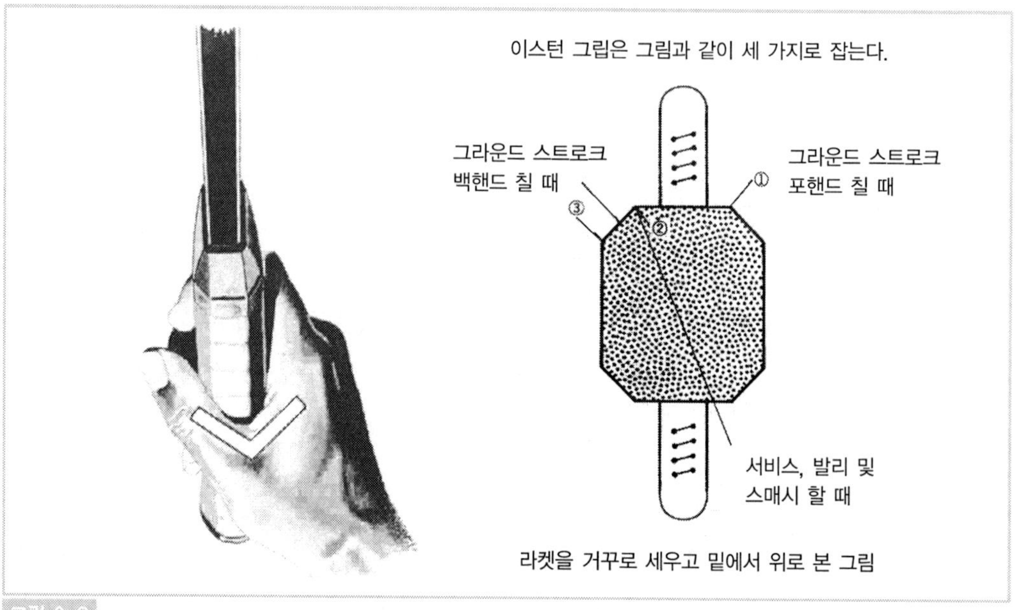

그림 3-6

조되는 이유는 여기에 있다.

그립에는 컨티넨탈(continental), 웨스턴(western), 이스턴(eastern) 세 가지 기본 그립이 있으며 기본에서 파생된 하프웨이(half way)와 세미 웨스턴(semi western)그립 등이 있다.

그러면 이러한 여러 가지 그립 중 어떤 그립을 선택해야 될 것인가? 모두 나름대로 장단점이 있지만 처음 배우는 주니어들에게는 이스턴 그립을 권하고 싶다.

이스턴 그립은 힘이 약한 우리나라 사람의 체격에 가장 알 맞는 그립일 뿐만 아니라 공격과 수비에 적합하고, 현재 세계 톱 플레이어들이 가장 많이 사용하고 있는 과학적이고 합리적인 그립이다.

이스턴 그립은 포핸드 스트로크, 백핸드 스트로크, 발리 등 치려는 목적에 따라 3가지로 바꿔 쥐어야 하기 때문에 복잡하지만 일단 익숙해지면 아주 과학적이고 합리적이라는 것을 인정하게 된다.

이스턴 그립이란 미국의 동부 사람들이 착안, 사용했기에 붙여진 이름이다.

원래 미국 동부에는 잔디 코트가 많았고 영국에서 테니스를 들여온 미국사람들은 그 당시 잉글리시(english) 또는 컨티넨탈 그립을 사용했다.

그러나 이 그립들은 타구 시 손목을 라켓과 V형으로 세워야 하고 모든 스트로크(서비스 · 그라운드 스트로크 · 발리 · 스매시 등)를 한 가지 그립으로 타구해야 하기 때문에 손목에 지나친 무리를 주었다.

이러한 불합리한 점으로 인해 잉글리시 그립보다 과학적이고 합리적인 그립을 고안해 낸 것은 바로 미국사람들의 개척정신 덕분이라고 생각한다.

웨스턴이란 서부라는 뜻이며 미국 서부에서 많이 사용했기 때문에 웨스턴 그립이라고 부른다.

미국 캘리포니아에는 콘크리트, 아스팔트 코트가 많은데 이런 하드 코트에서는 볼의 바운드가 대체로 높다.

따라서 볼을 위에서 내려치게 되므로 포핸드나 백핸드 모두를 같은 면으로 강타할 수 있는 웨스턴 그립이 생겨난 것이다.

일본이 테니스를 각색해 보급한 연식정구도 이 그립을 사용한다. 연식정구 볼이 말랑말

랑하고 가볍기 때문에 강하게 타구해야 하므로 강하게 칠 수 있는 웨스턴 그립을 사용하게 된 것이다.

4. 테니스 감각 익히기

테니스를 잘한다는 얘기는 볼을 잘 다룬다는 말과 같다고 할 수 있다. 볼을 잘 다루기 위해서는 소총수가 총의 제원에 대해서 잘 알아야 하듯이 볼의 크기(직경 6.35~6.67㎝), 무게(56.7~68.5g) 등을 잘 파악하여 볼의 특징을 알아야 된다.

팔에 힘을 주어 몽둥이처럼 빳빳하게 하지 말고 회초리처럼 부드럽게 하며 라켓(길이 81.28㎝, 너비 31.75㎝)을 짧게 잡고 하다가 익숙해지면 조금씩 길게 잡아간다. 이때 볼은 라켓 면의 중앙(sweet sport)에 맞히도록 한다.

5. 준비자세(ready position)

① 오른쪽으로 왼쪽으로, 볼이 날아오는 방향에 따라 어느 쪽으로든 재빨리 상체를 틀 수 있을 만한 마음의 준비가 필요하다.

② 어깨의 힘은 빼고 긴장을 푼다. 초보자는 흔히 긴장해서 잔뜩 힘을 주고 있기 쉬우므로 주의해야 한다.

③ 그 자리에서 리듬을 잡으면서, 가볍게 점프라도 하는 듯한 마음가짐이 필요하다.

④ 스탠스는 대략 어깨넓이 정도를 취한다. 스탠스를 너무 넓게 잡으면 다음 동작으로 옮기는 움직임이 늦어지기 쉽다. 반면에 좁게 잡아도 좋지 않다.

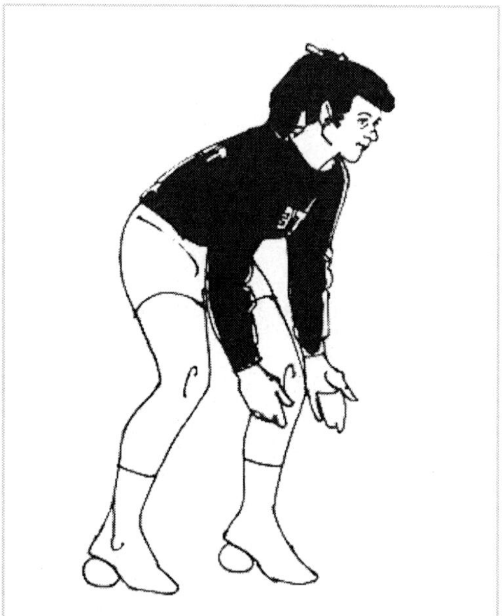

그림 3-7 준비자세는 뒤꿈치 아래 마치 달걀이 있는 것처럼 가볍게 움직이기 위한 자세이다.

제4장 포핸드 스트로크

1. 생활속의 연상훈련
2. '평행스윙' 의 중요성

1. 생활 속의 연상훈련

겨울철 집안에서 별다른 도구 없이 훈련할 수 있다면 그처럼 편리한 방법도 없다. 그것도 스트로크나 자세에 꼭 필요한 동일한 동작과 감각을 키워주는 운동이면 더없이 좋다. 마치 코트에서 볼을 치는 것처럼 연상을 해야 한다.

1) 포핸드의 타점 감지

포핸드는 손바닥으로 책상을 미는 동작과 같다. 여닫이문을 손바닥으로 여는 것과 같이 신장에 따라 미는 높이도 다를 것이다. 체중이동과 타점선택의 중요성을 피부로 느껴보면 포핸드에 도움이 된다.

2) 플랫 포핸드 이미지트레이닝

그라운드 스트로크 중에서도 플랫(Flat)볼은 가장 스피드가 빠르고 위력이 있는 구종이

그림 4-1 포핸드의 느낌은 손바닥으로 물체를 미는 것과 같다.

그림 4-2 마리아 사라포바의 포핸드 스트로크의 테이크 백

다. 죠코비치이나 나달의 포핸드에서 발사되는 강력한 플랫 볼은 그 좋은 예이다. 그러나 이 플랫 볼은 네트를 아슬아슬하게 통과하기 때문에 실수할 가능성이 크다.

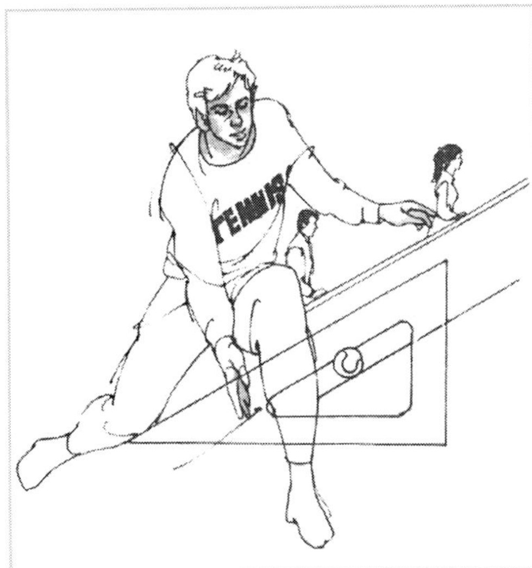

그림 4-3

플랫 볼에는 라켓 면의 정확한 컨트롤이 뒤따라야 한다. 볼에 톱스핀을 약간 걸면 그 회전에 의한 공기저항으로 네트 위를 훨씬 높게 넘어간 볼도 안전하게 코트에 떨어질 수 있다. 이 자연스런 톱스핀을 코트에 나가기 전에 익히기 위한 이미지트레이닝에선 에스컬레이터의 각도를 상상하면 좋다. 에스컬레이터를 탔다는 생각으로 스윙을 할 경우 얻어지는 포워드 스윙의 상향궤도와 임팩트 감각을 익히게 되어 자연스런 톱스핀을 만들어 내는 것이다.

3) 백스윙의 종류와 운동방향

그림 4-4 백스윙 때 왼발을 12시나 1시 방향으로 내딛고 몸을 틀어라. 때로는 포핸드에서 오픈 스탠스도 허락한다.

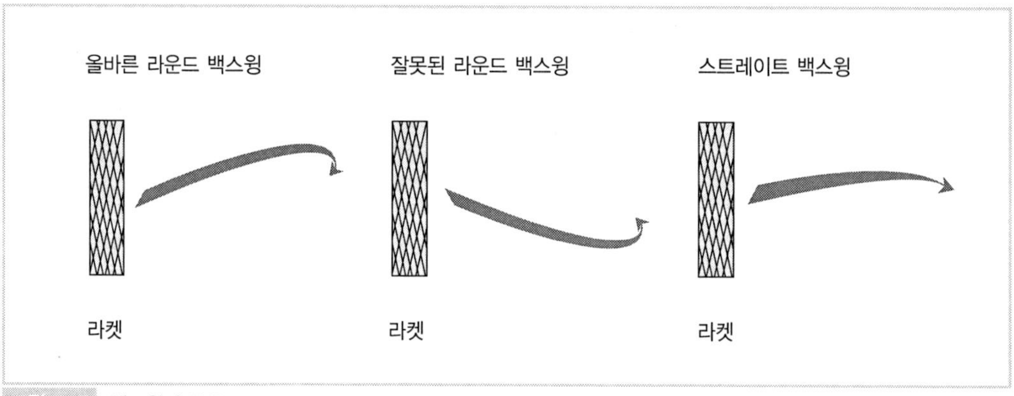

그림 4-5 백스윙의 종류

(1) 백스윙의 종류

- 올바른 라운드 백스윙

  준비자세에서 어깨 위로 타원을 그려 라켓을 뺀다. 라켓의 운동량이 크므로 타구에 파워를 실을 수 있다.

- 잘못된 라운드 백스윙

  초보자들이 흔히 범하는 잘못이다. 아래로 백스윙을 한 후 다시 들어올리는데 이러한 하향스윙은 좋은 방법이라 할 수 없다.

- 스트레이트 백스윙

  라켓의 운동량이 적어 힘을 증가시킬 수 없는 대신 빨리 백스윙을 할 수 있다. 수평에서 약간 위를 향하는 게 좋다.

4) 포핸드 스트로크 타점의 영상화

그림 4-6 포핸드 스트로크 테이크 백

그림 4-7 설계가 좋아야 좋은 집을 짓듯이 볼을 치기 전에 머릿속에 멋있는 샷을 그려야 나이스 샷을 칠 수 있다.

그림 4-8 노박 죠코비치의 백스윙, 당대 최고의 테니스 황제인 그는 세르비아의 유니세프 홍보대사이기도 하다.

5) shadow tennis

섀도우 테니스는 실제처럼 발을 움직이면서 각종 스트로크, 그라운드 스트로크, 발리, 로브, 오버헤드, 서비스 등을 조합해가면서 5 내지 10분간 흉내를 내는 것이다. 음악에 맞춰서 하면 더욱 재미있으며 또 잔디, 도로, 큰 방, 옥상, 실내, 어디에서나 할 수 있다. 게다가 섀도우 테니스는 비 오는 날에도 할 수 있는 좋은 훈련이다.

그림 4-9 기사가 바둑판을 마음속으로 그리듯이 또한 사수가 사격의 타깃을 겨냥하듯이 포핸드의 타점을 마음속으로 그리면서 자세를 취해본다.

6) 테니스 서적 · 잡지 · TV관전, 관련 사이트 검색

테니스 전문서적 · 잡지 · 테니스게임 중계 TV관전, 인터넷의 검색은 테니스 정보를 수

집하고 통찰력을 발달시키는 지름길로 테니스를 한 차원 높여 줄 것이다.

이 중에서도 인터넷에서의 홈페이지 검색은 시간과 공간을 초월한 테니스 공부이다. 샘프라스의 터치, 앤디 로딕, 마크 필리포시스, 이바니세비치의 강력한 서비스, 쿠에르텐의 그라운드 스트로크, 혹은 마이클 창과 이반 렌들의 집중력과 결단력이 알게 모르게 영향을 미칠 것이다.

7) 왼손(free hand)을 뻗어서 볼을 맞이하라

라켓을 쥔 손이 백스윙 할 때 왼손은 내밀어서 볼을 겨냥한다.

왼손을 올바로 사용하면 플레이어로 하여금 균형을 잘 유지하고, 체중을 앞으로 옮기고, 완벽한 팔로스루를 하도록 돕는다. 따라서 포핸드 스트로크를 준비할 때는 왼손을 놀리지

그림 4-10 포핸드 스트로크의 백스윙 자세

그림 4-11 백스윙 자세와 야구배팅의 유사성

말고 다가오는 볼을 맞이하듯 앞으로 뻗어 줘야 한다.

이 간단한 동작을 스윙이 속박되듯이 느끼게 하는 요소를 제거해 주고 스트로크 때 어깨를 옆으로 돌려 상체의 회전을 충분히 이용할 수 있도록 작용한다.

왼손이 강력한 포핸드를 구사하도록 돕는다는 사실을 명심하기 바란다.

그림4-12 포핸드는 뻑뻑한 미닫이 창문을 손바닥으로 여는 느낌이다.

8) 힘 있는 포핸드는 미닫이를 열 듯 쳐라.

미닫이를 열 때와 마찬가지로 손과 손목을 약간 뒤로 젖혀서 밀어보라. 이렇게 하면 포핸드의 정확성이 증가할 것이며, 코트에서 더 많은 승리의 문(미닫이)이 열릴 것이다.

9) 포핸드의 임팩트 자세는 야구 타자와 같다.

임팩트 존(zone)은 초보자의 경우 무릎~허리높이가 적당하다. 상급자나 프로선수는 가슴높이의 높은 라이징볼도 타구한다.

그림 4-13 안드레아 테메스바리의 파워풀한 포핸드 스트로크

10) 포핸드 스트로크의 임팩트

테니스를 잘하려면 상대의 움직임이나 볼을 보는 눈이 좋아야 한다.

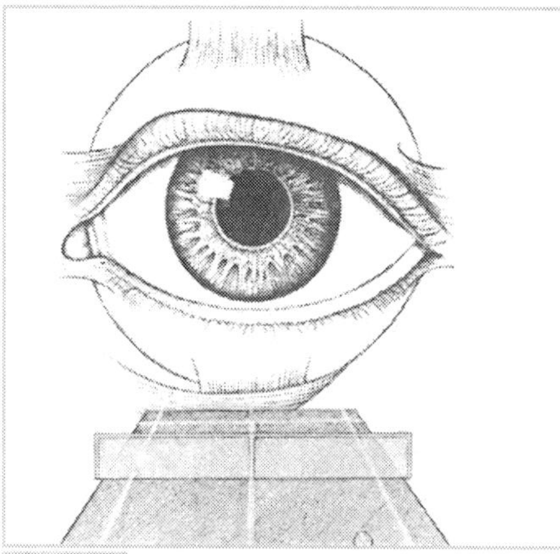

그림 4-14 테니스를 잘하려면 상대의 움직임이나 볼을 보는 눈이 좋아야 한다.

그림 4-15 로저 패더러, 금세기 세계에서 가장 테니스를 잘하는 선수로 한 시대를 풍미한 세계 테니스의 살아 있는 전설이다.

11) 볼에서 눈을 떼지 마라

일반적으로 훌륭한 그라운드 스트로크란 타구에 체중이 실려 쭉쭉 뻗어나가는 것을 가리킨다.

타구에 체중을 싣기 위한 첫째 조건은 타점을 몸 앞에 두는 것이다.

아무리 팔 힘이 좋고 재주가 많아도 타점이 뒷면 상대편 타구에 밀린다. 테니스 플레이어라면 백스윙을 해서 포워드 스윙을 할 때 상체를 회전(pivot)시켜야 된다는 것쯤은 알고 그것에만 신경을 쓸 것이다.

그러나 타점을 앞에 두면 상체의 회전은 자동적으로 이루어진다.

동호인은 물론 기성 선수 중에도 타점을 앞에 두지 못해 한계를 극복하지 못하는 경우가 많다.

구슬이 서 말이라도 꿰어야 보배이듯이 아무리 강한 샷을 치더라도 네트에 걸리거나 아웃이 되면 우선 받아넘긴 것만 못하기 때문이다.

준비자세, 풋웍, 백스윙이 좋고 타점도 왼발 앞에 잘 두고 있는데도 컨트롤이 나쁘다면 문제는 가장 기본적인 것을 지키지 않는 데 있다.

플랫은 물론 톱스핀이든 언더스핀이든 임팩트 순간 라켓 면은 수직이 돼야 한다. 샷을 하며 플레이어 자신은 임팩트 때 분명히 수직이 되도록 했다고 생각할지도 모른다. 그러나 계속 볼을 치다보면 임팩트 순간 라켓헤드는 저절로 약간 기울어지기 쉽다. 볼과 접촉시간을 길게 하고 스핀을 주려 할수록 더 그렇다.

임팩트 때 라켓 면이 수직이 되도록 하는 좋은 방법이 있다. 라켓 프레임 위에 그림처럼 동전을 올려놓고 스트로크를 한다고 생각하는 것이다. 물론 플레이어의 목표는 균형을 유지, 동전을 떨어뜨리지 않는 것이다.

만일 라켓헤드를 어느 쪽으로든지 조금이라도 기울인다면 동전과 포인트를 모두 잃는다. 그러나 동전을 계속 유지시키는 균형을 얻을 수 있다면 둘 다 갖게 될 것이다. 그리고 훌륭한 포핸드를 소유하게 된다.

2. '평행스윙'의 중요성

1) 평행스윙의 의미와 필요성

테니스를 배우는 데 있어 가장 중요한 한 가지 지침을 꼽자면, 임팩트 때 라켓 면은 수직 또는 거의 수직인 상태가 되어야 한다는 것이다.

초보자는 물론, 그랜드 슬래머에 이르기까지 반드시 지켜야 하는 철칙이다.

그것이 지켜지지 않고는 스트로크를 여하간 이뤄지지를 않는다. 반면에 그것을 잘 지키는 초보자는 확실하고 빠른 능률을 올릴 수 있다.

볼이 아웃되거나 네트에 걸려 고생하는 사람의 태반이 그것을 어기고 있는 것이다. 초보자의 스트로크 훈련에서 라켓 면이(거의) 수직상태로 볼을 맞추는지 본인은 물론 코치도 옆에서 지켜보기 전에는 알기 어렵다. 그러나 수시로 점검해봐야 할 안전수칙이다.

임팩트 순간 라켓 면이 눕거나 숙여지지 않게 하려면 전적으로 손의 감각에 의존하는 수밖에 없다. 바른 감각을 굳히고 유지하는 좋은 방법으로서 빅 브래든의 방식을 소개한다(그림4-16).

초보자, 또는 상급자라도 스윙을 고치려는 사람이 반드시 지켜야 할 것이 '평행스윙'이다. 임팩트 때 라켓 면의 수직상태는 평행스윙의 선행조건이 된다. '평행스윙'은 무엇을 뜻하는가?

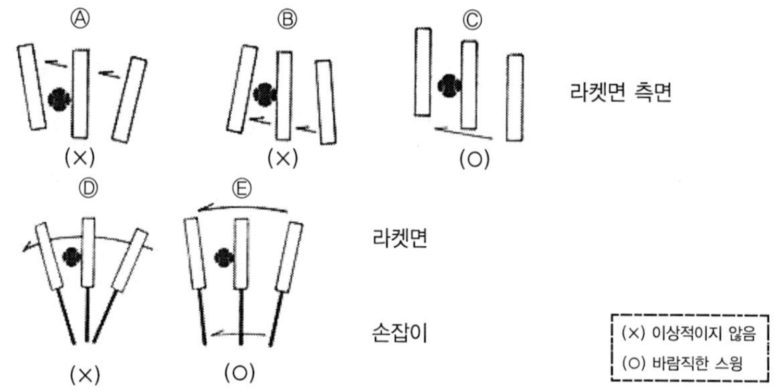

그림 4-16 이 그림은 위에서 본 라켓의 움직임이다. 임팩트 부근의 전(前), 후(後) 스윙 시 라켓 면을 평행스윙 시키려면 손잡이도 라켓머리와 함께 앞으로 움직여줘야 한다.

볼과 라켓의 만남은 늘 일정할 수가 없다. 초보자일수록 의도한 곳보다 앞이나 뒤의 지점에서 만나기 쉬운 것이다. 따라서 임팩트 전후 얼마간의 스윙 폭 사이에서, 라켓의 모양은 일정해야 된다는 것이다.

타구의 모든 성질은 타격 면, 볼의 구질, 궤도, 스피드에다 타격을 가한 라켓 면의 경사도, 무게, 스피드, 각도, 스윙 궤도 등 여러 요소가 덧붙여진다.

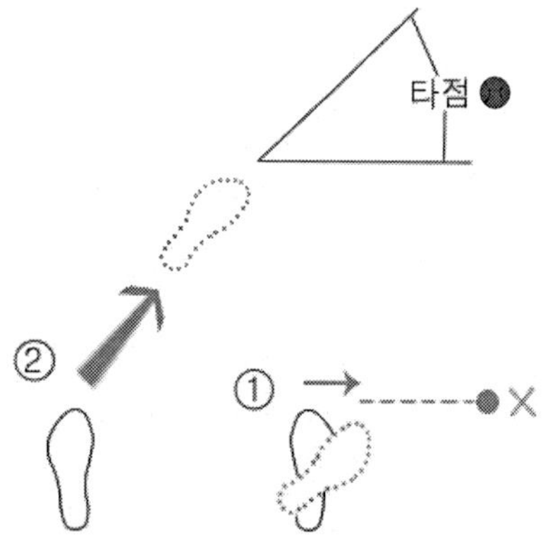

이상적인 타점은 왼발과 수평연장선 앞쪽에 있다. 체중이동을 못하는 플레이어들은 뒷발의 수평연장선상인 전, 후에 타점을 둔다.

그림 4-17 클로즈드 스탠스의 타점

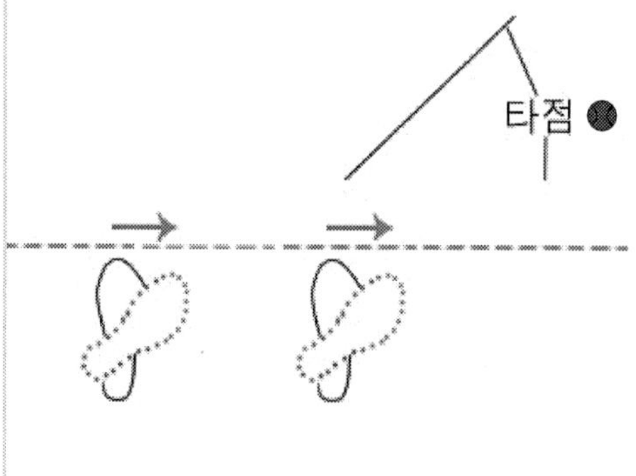

오픈 스탠스의 타점은 클로즈드 스탠스 때보다 약간 뒤에 있게 된다. 그러나 적어도 몸 앞에서 임팩트 해야 체중이동이 가능하다.

그림 4-18 오픈 스탠스의 타점

'평행스윙'의 첫 번째 요소는 임팩트 전후로 라켓 면은 수직상태가 유지되어야 한다는 것인데, Ⓐ의 경우 볼이 조금 앞에서 맞았더라면 네트에 걸리고 조금 뒤에서 맞았더라면 아웃이 되기 쉬운 것이다. Ⓑ의 경우는 정반대이다.

두 번째 요소는 라켓 면과 손잡이의 진행 비율에 관한 문제인데, 도리깨나 풍차 돌리듯 손잡이를 고정된 구심점으로 잡고 라켓을 휘두른다면 Ⓓ의 그림에서 보듯 앞에서 볼을 맞추면 왼쪽으로 크게 빗나가고 뒤에서 맞으면 오른쪽으로 크게 빗나가 컨트롤이 어렵다.

그림 4-19 임팩트는 라켓을 볼에 갖다대는 식으로만 해서는 안 된다. 라켓으로 5~10개의 볼을 밀어내듯이 라켓을 수직으로 유지하면서 볼과의 접촉을 유지 시킨다. 이때 볼의 힘에 밀리지 않도록 그립을 단단히 고정시킨다. 멋진 스윙에서 굿샷이 나온다.

한편, Ⓓ와 가까운 스윙으로 볼의 코스를 결정하여 상대방의 예측을 봉쇄하는 선수도 있다. 토마스 엔퀴비스트 같은 선수가 그 예, 그러나 그런 타법은 손목의 감각이 매우 예민해야 하며 고도의 경지에서나 가능하다. 또한 강력한 톱스핀 스트로커 중에 Ⓐ와 비슷한 타법을 보이기도 한다. 매그너스 노만, 피트 샘프라스처럼 헤비톱스핀 스트로커의 필수조건 중에 무서운 정신집중을 꼽는 이유는 바로 정확한 임팩트 타이밍 때문이다.

그러나 임팩트와 스윙 전체의 감각조차 충분히 체득하지 못한 사람이 많다. 초보자나 스트로크 교정 중에 있는 사람에게 손목을 고정하여 스윙하라고 흔히 지도하는 이유도 '평행스윙'의 두 가지 요소로 설명될 수 있다.

2) 타점을 앞에 두고 상체를 회전하라.

무릎을 굽히고 팔로스루를 충분히 해야 훌륭한 포핸드가 된다.

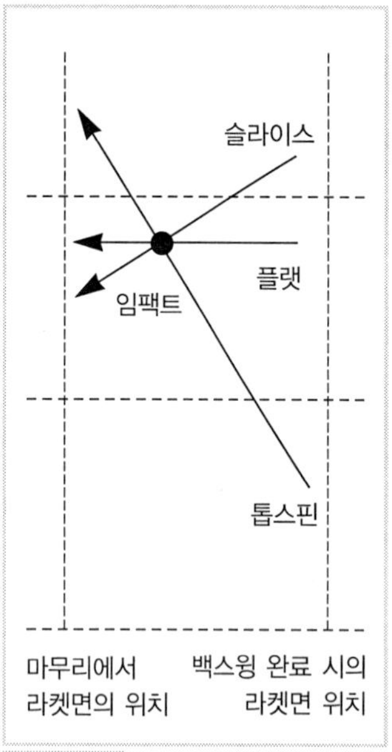

그림 4-20 구질의 종류에 따른 스윙의 궤도

타구에 체중을 싣는다는 것은 대단히 중요하다. 많은 테니스 동호인들이 위력적인 샷을 구사하려면 팔 힘이 세고 라켓을 힘껏 휘둘러야 가능한 줄 알고 있지만 이것은 착각이다.

타구에 체중을 싣기 위해서는 첫째, 타점을 앞에 두고 둘째, 상체회전을 하며 셋째, 슬관절(무릎)을 충분히 활용하고, 넷째 팔로스루를 끝까지 해야 된다.

3) 백스윙의 종류(선은 라켓 면의 움직임이다)

백스윙은 크게 라운드(round), 스트레이트(straight), 다운(down) 3종류로 구분되며 각각은 그립이 그렇듯이 고유의 특성을 갖고 있다.

스트레이트는 가장 빨리 뺄 수 있다는 장점이 있는 반면 손목에 힘을 줘야 하므로 힘의 낭비가 있고, 라운드는 스윙이 커서 자칫 늦을지도 모른다는 부담이 있지만 인체구조나 역학적인 면에서 가장 자연스러운 스윙이며 볼의 바운드에 따라 타점의 높낮이도 적절히 조절할 수 있어 유리하다.

다운 백스윙은 바람직하지 않다. 슬라이스 등을 구사할 수 없고 아래서 위로 올려치는 톱스핀이나 문(moon)볼밖에 칠 수 없다. 따라서 꼭 필요한 경우가 아니면 다운 백스윙은 삼가는 게 좋다.

특히 세미-웨스턴 그립을 사용하는 플레이어라면 가급적 라운드 백스윙을 하기 바란다. 백스윙에서 특히 중요한 것은 온몸의 회전이다. 많은 사람들이 팔로 라켓만 뒤로 빼는데 이러한 백스윙으로는 임팩트 후 타구에 체중을

그림 4-21 스테피 그라프의 높은 볼의 포핸드

신지 못한다. 바람직한 포핸드 백스윙은 발목 · 무릎 · 히프 · 어깨 등 온몸을 오른쪽으로 돌림과 동시에 이뤄져야 한다. 즉, 백스윙이 끝났을 때 왼쪽 히프와 어깨가 상대방을 향해 있어야 한다.

이때 눈은 볼을 맞힐 장소(예상타점)를 겨냥해야 된다. 몸을 틀어 백스윙을 하라고 해서 고개마저 상체를 따라 돌리고 시선만 볼 쪽에 남기려는 사람이 간혹 있는데 눈과 얼굴은 같은 방향을 향해야 자연스럽다.

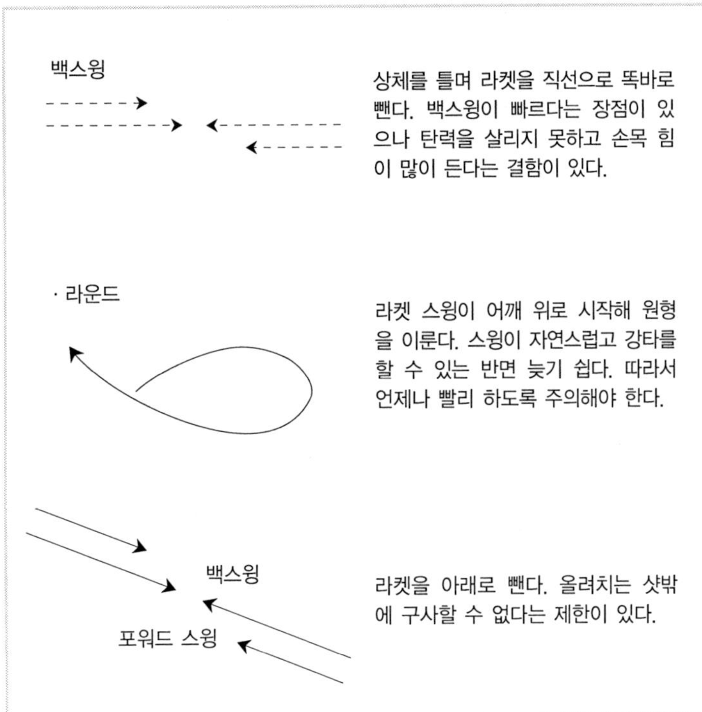

그림 4-22 백스윙의 종류

볼이 라켓과 접촉, 스트링을 떠날 때 팔로스루는 볼을 보내고자 하는 방향을 향해야 한다.

포워드 스윙을 중간에서 멈추는 등 팔로스루가 짧으면 컨트롤에 차질이 온다.

가능한 한 팔로스루를 크게 하면 여기서 생긴 운동량으로 인해 라켓은 몸통을 지나 반대편 하늘을 가리키면서 멈춘다. 그래서 팔로스루가 끝났을 때 오른팔 너머로 볼이 네트를 통과하는 것을 볼 수 있어야 한다. 이제 남은 것은 다음 샷을 위해 빨리 준비자세를 취하는 것이다.

4) 낮은 포핸드 자세

그림 4-23 낮은 볼에는 무릎을 충분히 굽혀서 자세를 낮게 하고 타구한다.

5) 팔로스루는 크고 시원하게 하라.

그림 4-24 팔로스루 할 때 팔은 몽둥이처럼 뻣뻣하게 펴지 말고 회초리처럼 유연하게 하고 라켓 목을 왼손으로 잡아줘도 좋다.

그림 4-25 마리아 사라포바의 포핸드 마무리 동작, 충분한 팔로스루가 돋보인다.

6) 좋은 풋웍은 편하게 움직이는 것이다.

좌우로 움직일 때는 항상 가고자 하는 쪽에 있는 발부터 움직인다. 전후로 움직일 때는 어떤 발부터 움직여야 된다는 법은 없으나 대부분의 선수들의 경우 라켓을 쥔 팔 쪽의 발을 먼저 움직인다. 임팩트 시엔 가능한 한 전후로 일자인 closed stance를 사용하라. 특히 초보자의 경우 open stance로 체중을 싣는 습관을 권하고 싶지는 않다.

그림 4-26 포핸드 스트로크의 마무리 동작(라켓의 스윙은 앞으로 왼쪽으로 진행시킨다)

그림 4-27 포핸드 스트로크의 팔로스루를 정면에서 바라본 장면(라켓을 잡은 팔은 마무리 동작에서 부드럽게 하고 왼손은 라켓 목을 받쳐서 마무리를 매끄럽게 해준다)

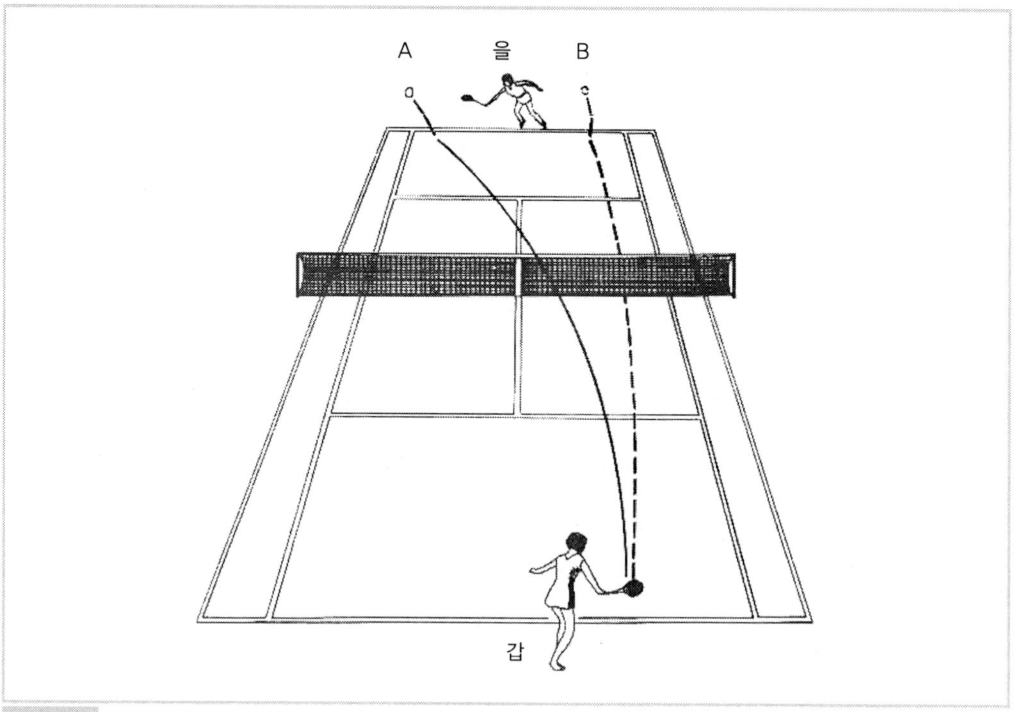

그림 4-28 갑은 을의 A나 B지점으로 포핸드 스트로크를 한다.

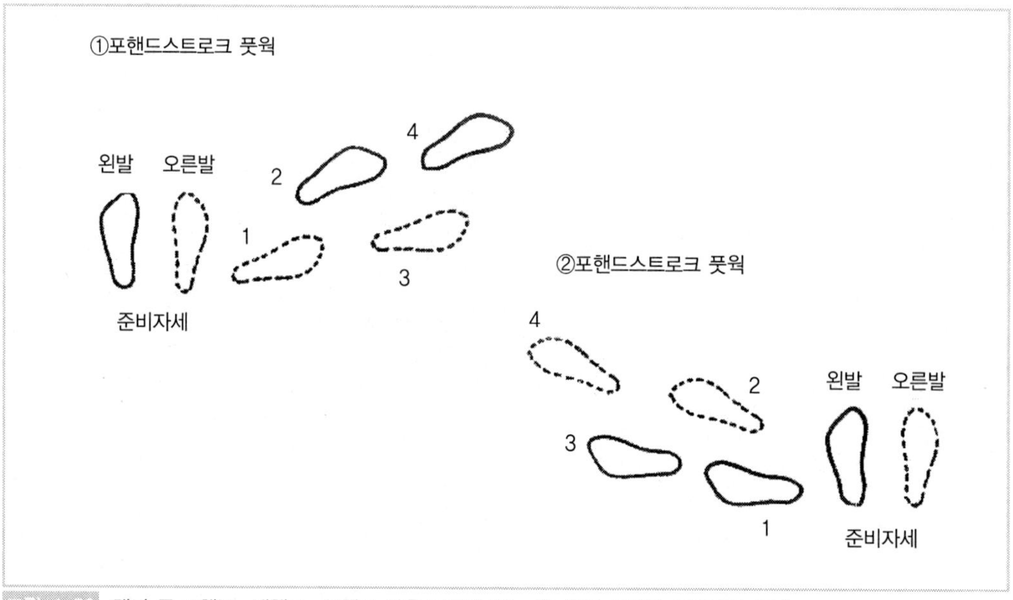

그림 4-29 랠리 중 포핸드→백핸드→포핸드 샷을 구사할 때는 ①, ②의 풋웍을 연결하면 된다.

그림 4-30 다니엘라 한투코바의 포핸드 스트로크의 연속 동작

많은 테니스 동호인들이 궁금하게 생각하는 것이 있는데, 앞발에 체중을 옮긴 후 포워드 스윙을 하느냐 아니면 뒷발에 체중을 두었다가 스윙을 하는 게 좋으냐고 묻는다. 오른손잡이 포핸드 경우를 예로 들어 설명한다면 왼발(앞발)에 체중을 옮긴 후 임팩트 하면 타구의 컨트롤에는 유리하나 먼저 체중을 앞발에 이동시켰기 때문에 위력은 떨어진다.

반면에 오른발(뒷발)에 체중을 두었다가 스윙과 동시에 임팩트 하면 체중이동이 잘되어 파워는 좋아지나 임팩트와 동시에 체중이동이라는 운동수행을 병행해야 되기 때문에 컨트롤이 어렵다고 할 수 있다. 따라서 자신의 기량과 신체적인 특징을 고려해서 선택 사용하는 것이 바람직하지만, 필자는 후자를 권장하는 바이다. 왜냐하면 테니스도 야구나, 골프 스윙처럼 체중이 뒤에서 앞으로 이동하는 여세로 임팩트 해야 체중이 실린 타구를 할 수 있기 때문이다.

7) 코치, 비디오카메라, 거울, 제3자에 의한 자신의 폼을 교정하라.

'실행자' 의 꾸밈없는 스윙, 다시 말해 실행자의 본래 모습을 추출하는 데에 성공했다면 그것을 수정하는 방법은 무엇일까? 그리고 '자아' , 즉 명령자의 역할은? 꾸밈없는 스윙 과정에는 첫째 '자아' 의 지시가 일체 없어야 한다. 그리고 있는 그대로의 스윙을 보다 정확

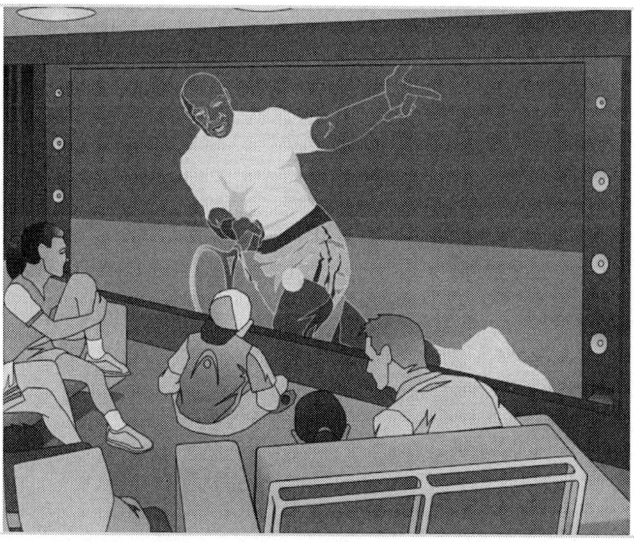

그림 4-31 영상을 통한 피드백은 테크닉을 향상시킨다.

히 파악하기 위해서 거울을 통한 자신의 동작 관찰이 필요하다. 아니면 토치나 제3자에게 자신의 동작 중 문제점을 발견하도록 부탁해도 된다.

마찬가지 방법으로 거울이나 제3자의 눈을 빌어 있는 그대로의 스윙 과정에서의 문제점을 찾아내 교정한 감각을 기억하기 위한 훈련과 노력을 기울인다. 물론 지금까지 제시한 복잡해 보이는 절차가 없어도 감각이 매우 뛰어난 사람은 쉽게 바른 자세를 배운다.

그것은 대개 흉내의 원리다. 아리스토텔레스도 지적했듯이 인간의 흉내 행위는 발전과 창조의 원동력이다.

어떤 사람이 춤을 배우러 댄스 교습소를 찾았다. 강사의 지시에 따라 그는 오른발 왼발의 정확한 위치와 움직임을 이행하고 기억에 남기려 무척 애를 썼으나 뜻대로 잘 되지 않았다. 왈츠, 폭스트로트, 블루스, 디스코 등 복잡스런 스텝이 헷갈리기만 했다. 그런데 어느 날 그는 파티에 초대되어 춤추는 사람들을 제3자 입장에서 관찰할 기회를 가질 수 있었다. 거기서 그는 폭스트로트보다 더 어려운 춤들도 쉽게 이해할 수 있었다.

그림 4-32 거울이나 제 3자를 통해 신체가 만들어 내는 자세와 실체를 파악한 후 자아Ⅰ, 즉 마음이 할 일은 자아Ⅱ(신체)의 스트로크 개발을 위한 계획을 설정하는 것이다.

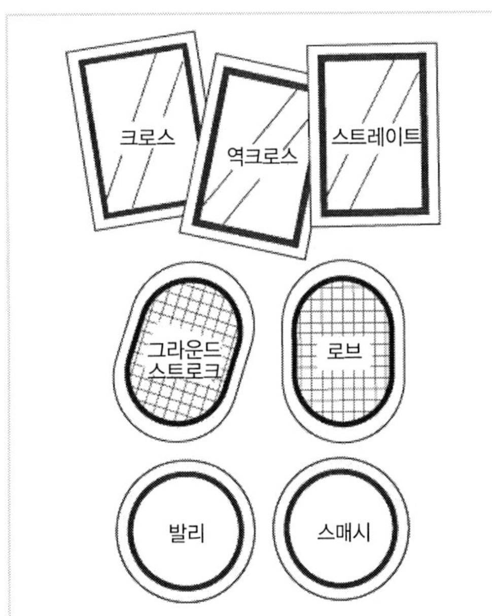

그림 4-33 테니스의 주요 테크닉

'백문불여일견' 이라는 우리 속담에 잘 들어맞는다.

한편 '자아Ⅰ'의 역할은 '자아Ⅱ' 라는 컴퓨터를 프로그래밍 하는 일이다. 지금까지 '자아Ⅱ'의 중요성만 강조하다 보니 자아의 존재가 무의미해진 듯하나 그렇지 않다. 자아는 자아의 능력 개발을 위해 이끌어 줘야 한다.

자아Ⅰ의 도움 없이 테니스를 배우는 일은 외딴 섬에서 혼자 테니스를 배우는 것과 같다. 테니스에 관한 일체의 사회적 경험과 여건 없이 배우는 것과 마찬가지이므로 어떤 그립, 어떤 스트로크가 좋은지는 온통 직접적 경험을 거쳐 얻을 수밖에 없다. 그러므로 얼마나 많은 시간과 노력이 소요될 것인가.

하지만 외딴 섬이 아닌 사회에서 자아Ⅰ는 자아Ⅱ에게 다양하고 수준 높은 테니스에 있어서의 모델을 제시하여 자아Ⅱ의 뛰어난 컴퓨터 기억 뱅크에 중요한 정보와 감각을 프로그래밍 해 줄 수 있는 것이다.

자아Ⅰ의 기본적 역할을 자아Ⅱ에게 목표를 설정해준 후 실행토록 하는 일이다. 이때 중요한 것은 양자(양자) 간의 긴밀한 커뮤니케이션 및 그에 필요한 적절한 언어다. 갑이란 사람이 외국인에게 뜻을 전달하기 위해 사용할 최선의 언어는 을의 모국어다. 자아의 모국어는 글보다는 말이고, 말보다는 시각적 이미지다. 따라서 자아Ⅰ이 자아Ⅱ를 위해 구상할 프로그래밍의 성격은 감각적이고 시각적이어야 한다.

제 5 장 백핸드 스트로크

1. 백핸드 스트로크 테이크 백
2. 동작연습

1. 백핸드 스트로크 테이크 백

그림 5-1 계단이나 에스컬레이터가 눈앞에 있을 때, 한 변이 더 긴 삼각자의 경사처럼 상향스윙의 각도를 연상, 팔을 한번 휘둘러 보라.

그림 5-2 여닫이문을 '백핸드'로 열 때 체중을 싣지 않으면 열기가 쉽지 않음을 쉽게 깨닫게 된다. 체중 이동은 이론대로 무릎 허리 상체의 순서를 따라 어깨 팔 라켓이 자연스럽게 체중의 힘을 받는 것을 말한다. 특히 컨티넨탈 그립에 이 연상운동이 효과적이다. 마음이 급해 몸이나 손만 먼저 나간다든지 라켓을 충분히 뒤로 빼지 않는 실수를 줄이게 된다.

그림 5-3 백핸드 스트로크의 테이크 백

2. 동작연습

1) 이스턴 백핸드 그립의 전환

그립전환은 열쇠를 돌리듯 하라.

상급 플레이어가 되려면 본능적으로 그립을 바꿀 수 있어야 한다. 즉, 포핸드에서 백핸드로 샷이 변할 때마다 손으로 라켓을 더듬지 않고도 올바른 그립으로 샷을 구사할 수 있어야 된다.

이와 같이 하기 위해서는 자신이 사용하는 라켓 핸들(손잡이)의 모양과 감각을 정확히 알고 있어야 한다. 이것은 특히 사용하던 라켓을 바꾸었을 때 중요한데 핸들모양이 라켓에 따라 다양하기 때문이다.

그러나 더욱 중요한 것은 코트에서건 텔레비전 앞에서건 부단히 그립을 바꿔 잡아 연습을 하는 것이다.

원만한 그립전환의 쉬운 방법은 문을 잠그기 위해 열쇠를 돌렸다고 생각하는 것이다. 그립전환에 필요한 사항은 왼손(오른손잡이)으로 라켓 목을 받치고 오른손목을 약간 돌리는 정도이다. 이상의 손목 동작은 그립교환을 보다 빨리, 효과적으로 하는 데 중요한 열쇠가 된다.

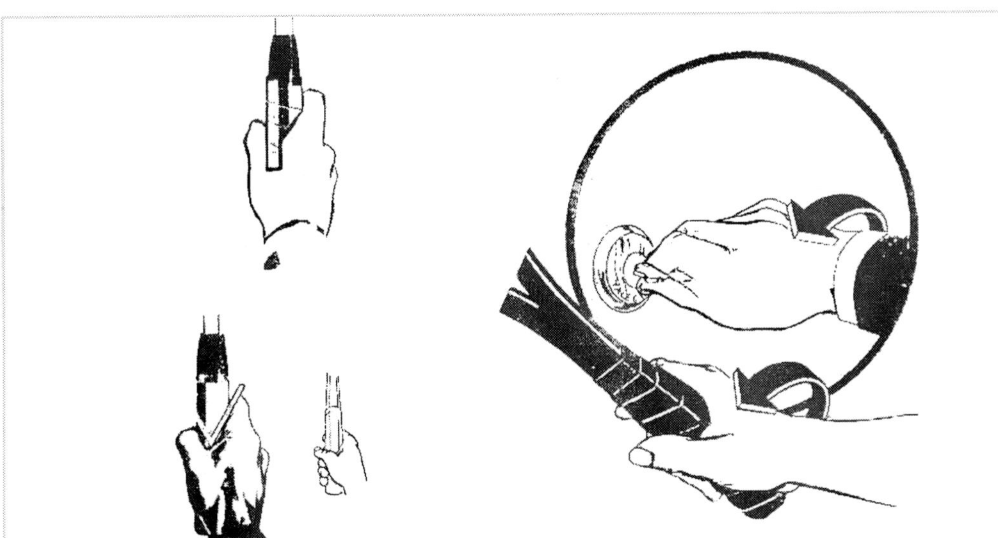

그림 5-4 백핸드로의 그립전환은 열쇠를 돌리는 느낌이다.

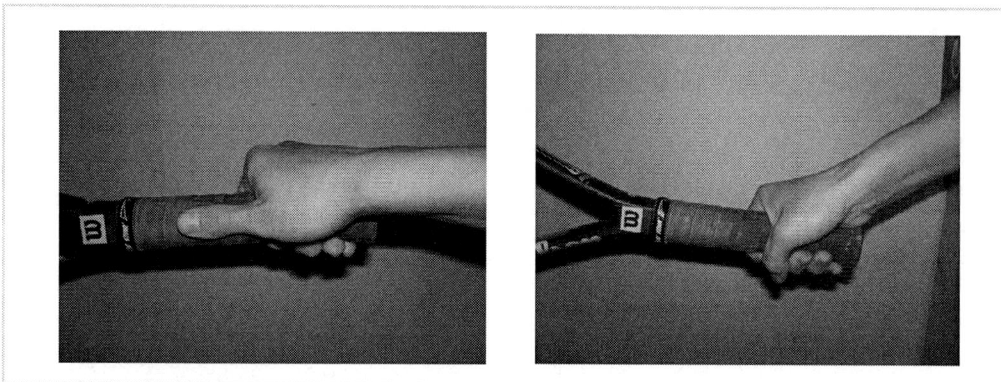

그림 5-5 백핸드 스트로크의 그립

2) 엄지손가락 사용

백핸드에서 엄지손가락 역할은 아주 중요하다. 특히 한 손 백핸드를 구사하는 플레이어는 엄지손가락을 잘 활용해야 그림처럼 볼의 압력을 앞으로 밀어내 자신감 있고 좋은 샷을 칠 수 있다. 엄지손가락에 힘이 없는 초보자나 여성에게는 밴드나 tape으로 엄지손가락을 감아주는 방법도 있다.

3) 백스윙을 빠르게 하라.

상대방이 볼을 친 다음에는 '스톱워치로 시간을 잰다' 생각하고 재빨리 어깨를 돌린다. 이런 식으로 반응 시간을 빨리 함으로써 백핸드 스트로크에 보다 집중하며 몸의 전방에서 볼을 맞출 수 있은 것이다.

그림 5-6 백스윙을 빨리하라.

4) 빠른 백스윙은 전시의 유비무환과 같다.

고속도로 상에서 멀리 다가오는 차는 느린 것 같지만 가까이 왔을 때는 눈 깜짝

그림 5-7 재빠른 백스윙은 빠른 타구에 대처할 수 있다.

할 사이에 스쳐 가는 현상을 경험했을 것이다.

똑같은 효과가 테니스 코트에서 똑바로 오는 볼(straight)에 나타난다. 스트레이트에는 각도 있는 볼(angle shot)을 칠 때와 같이 쉽게 스피드를 측정할 수 없다. 그 결과 종종 임팩트가 늦는다.

여기서 문제는 무엇일까? 십중팔구는 준비가 모자랐기 때문이다.

대각선으로 각도 있게 오는 볼과 달리 스트레이트를 칠 때 플레이어는 옆으로 움직이지 않는다.

즉, 시각보완장치가 없다면 고속도로에서 달려오는 차와 같이 스트레이트 타구의 속력은 플레이어의 눈을 극도로 현혹시키게 된다.

그러나 준비를 일찍 한다면 볼의 스피드가 일으키는 현혹을 극복할 수 있다. 빠른 백스윙은 볼을 몸 앞에서 임팩트, 견실한 타구를 네트 너머로 보낼 수 있게 하므로 볼이 상대방 라켓에 맞아 반구 되었을 때 코스와 파워, 그리고 구질을 예측해야 한다.

(1) 스텝인(step-in)하면서 임팩트 하라.

스텝인 해야 체중실린 위력적인 shot을 구사할 수 있다.

(2) 야구의 타자처럼 미리 준비하라.

homeplate에서 볼을 치려고 기다리는 야구 타자를 생각하라. 타자가 볼을 맞추기만 하면 되듯이 빠른 백스윙은 좋은 shot을 만든다.

그림 5-8 네트 쪽으로 오른발을 내딛으며 타구한다.

그림 5-9 백스윙은 야구의 타격자세와 같다.

그림 5-10 백핸드 스트로크는 담요의 먼지를 털듯 한다.

(3) 좋은 백핸드는 담요의 먼지 털 듯 쳐라.

좋은 백핸드의 느낌은 빨래 줄에 걸린 담요의 먼지를 턴다고 상상하면 된다. 이때 마음속으로 백핸드스윙을 상상하라. 몸을 움직여서 어깨, 팔, 손목 그리고 라켓이 볼을 맞힐 때 동시에 담요에 닿게 하라. 이렇게 연습하면 물 흐르는 듯한 완전한 백핸드를 구사할 수 있다.

그림 5-11 한투코바의 백스윙, 양손 백핸드의 테이크 백은 릴렉스하고 가능한 한 크게 하라.

(4) 백핸드의 연습

볼을 토스하는 코치는 스윙의 자세, 체중이동, 라켓면, 히트포인트 등을 체크한다.

(5) 백핸드 백스윙은 검객이 칼(刀)을 뽑듯이 하라.

그림 5-12 스테판 에드베리의 낮은 볼을 타구하기 위한 백핸드 자세

(6) 백핸드 스트로크

상체가 하나의 커다란 선인 고무줄이라 생각하라. 여기서는 고무가 풀리는 복원력으로, 허리를 틀면서 포워드 스윙으로 들어간다.

그림 5-13 죠코비치의 백핸드 스트로크 마무리 동작

5) 백핸드와 포핸드의 비교

①은 플레이어가 베이스라인에 섰다가 왼발을 회전축으로 돌아 오른발을 내딛고 백핸드를 구사한 것이다. 편의상 타점은 오른발과 동일선상에 잡았다. 스윙의 중심은 오른쪽 어깨이며 오른쪽 어깨위치는 오른발과 같다. 따라서 스윙의 축과 타점과의 거리는 AB이다.

②는 같은 사람이 동일 위치에서 포핸드를 구사한 것을 평면 이동한 것이다. 오른발을 축으로 상체를 틀고 왼발을 내밀었다. 스탠스와 왼발과 타점과의 거리는 편의상 백핸드 때와 같게 했다. 즉, ①, ②에서 AB의 거리는 같다. 포핸드도 스윙의 중심은 오른발이다. 따라서 중심과 타점과의 거리는 AC가 되는데 AB보다 훨씬 길다. 따라서 포와 백의 임팩트를 비교하면 백핸드가 신체의 중심에서 훨씬 가까워 역학적으로 쉽다고 할 수 있다.

백핸드가 약한 것은 크게 다음 3가지 원인 탓이라고 할 수 있다.

첫째, 백핸드는 우리가 일상생활에서 별로 사용하지 않는 운동방향이다. 걸음걸이에서부터 미운 사람을 때리는 팔의 움직임까지 모두 포핸드 동작이다. 백핸드는 평소 사용하지 않던 동작이므로 근육발달이 제대로 되지 않았고 몸의 모양새나 균형이 어색할 수밖에 없다.

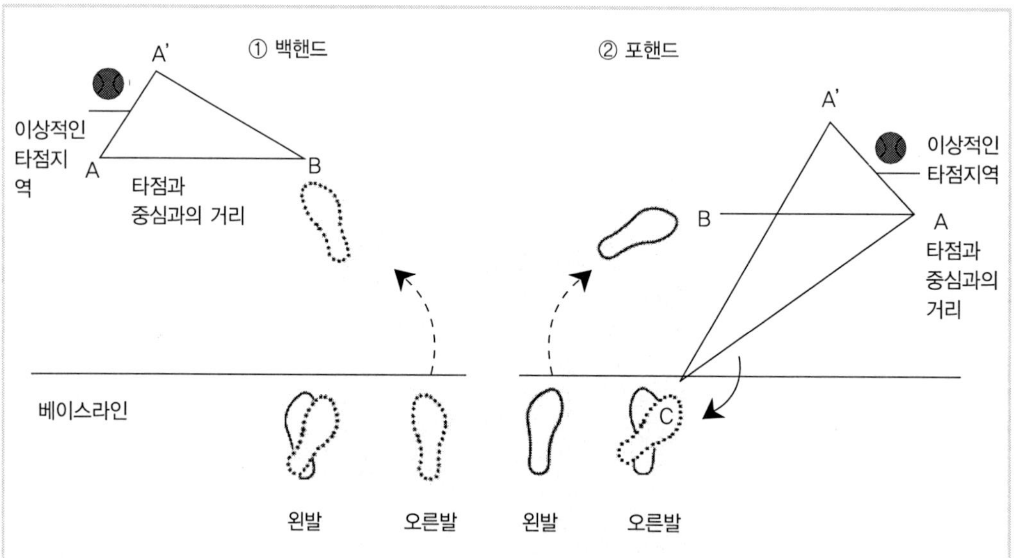

그림 5-14

둘째, 대부분의 사람들은 테니스를 처음 시작할 때 포핸드부터 배워 포핸드만으로 랠리를 하는데, 이때 백 쪽으로 오는 느린 볼조차 포로 돌아서서 받게 된다. 이 하찮은 습관이 백을 약하게 만드는 결정적 역할을 한다. 백핸드를 회피, 포핸드에 의존할수록 백핸드는 약해지기 때문이다.

셋째, 이상의 원인이 누적된 '백핸드는 나의 골칫거리' 라는 피해망상증은 백핸드 보강의 장애물이 된다. 자신감이 없으므로 백을 자꾸 회피하고 사용하더라도 자신 있게 쓰지 못하므로 상대방의 공격목표가 되는 것이다. 따라서 훌륭한 백핸드로 무장하려면 우선 자신감을 갖고 백핸드 스윙과 이 동작에 필요한 근육단련을 꾸준히 하고 가능한 한 백핸드를 많이 구사해야 한다.

(1) 인체 역학적으로는 백핸드가 포핸드보다 쉽다.

인체 역학적 측면에서 포핸드보다 백핸드가 쉬울 수밖에 없고 실제로 백이 더 쉽다는 것을 이해하면 백핸드 공포감을 씻는 데 큰 도움이 된다. '나도 잘 할 수 있다' 는 자신감이야말로 백핸드 정복의 열쇠다.

포와 백의 임팩트 순간을 비교하면 스윙을 하는 신체의 중심과 타점과의 거리는 백핸드 쪽이 훨씬 가깝다. 스윙의 중심과 타점이 가깝다는 것은 볼을 정확히 치기에 좋은 조건이 된다. 스윙을 하는 몸의 중심은 오른쪽 어깨(이하 오른손잡이)로써 스윙의 회전축이다. 즉, 포핸드는 왼쪽 어깨가 스윙의 중심이며 백핸드는 오른쪽 어깨가 스윙의 중심이다(이하 오른손잡이).

또한 백핸드는 포핸드보다 손목을 강하게 고정시킬 수 있다. 포핸드는 구조상 임팩트 전후 손목이 젖혀지기 쉽다. 임팩트 시 손목고정은 볼 컨트롤의 요인이 된다.

(2) 머리 위에 책을 올려놓은 것처럼 머리고정으로 몸의 균형을 유지하라.

"무릎을 구부리고, 백스윙을 빨리 해, 타점을 앞에 두고, 팔로스루를 충분히 하라"

이는 코치가 항상 강조하고 초보자들도 명심해서 지키려는 기본 폼일 것이다. 사실 이 말만 정확히 지키면 누구나 훌륭한 샷을 구사할 수 있다. 그런데 문제는 연습 때는 잘 되다가 게임에 들어가면 이제까지 배운 대로 쳐도 볼이 엉망으로 날아가는데 있다.

여기에는 여러 가지 원인이 있겠지만 가장 보편적이면서도 중요한 원인은 탁구 시 신체균형이 깨지기 때문이 아닐까 생각한다. 초보자들이 게임을 하게 될 경우 상대방 움직임을 살펴야 하고, '잘해야 된다'는 심리적 부담이 크고, 연습 때 코치가 주는 볼을 받던 것과는 달리 상대방이 의도적으로 못 받을 곳에 보내는 볼을 쳐야 하므로 신체 균형을 유지하기 어려운 것은 사실이다.

그림 5-15 신체의 중심이 균형을 유지해야 좋은 타구가 나온다.

(3) 샷을 구사할 때 어깨 위에 수평자가 얹혀 있다고 상상하라.

라켓을 쥐지 않은 팔의 어깨가 가격하는 팔의 어깨 높이보다 낮으면 타구 시 라켓을 코트 면과 수직으로 유지하는 데 어려움이 있고 그 결과 샷을 구사하는 데 있어서도 컨트롤이 떨어지게 마련이다. 즉, 양어깨의 균형이 맞지 않으면 라켓면이 너무 열리게 되고 따라서 백핸드스윙도 의도한 대로 시도하기가 어렵게 된다. 샷을 구사할 때 자신의 양어깨 위에 목수의 수평자가 얹혀있다고 상상해 보라. 이 같은 연상은 백핸드 스윙 시 의도적으로라도 양어깨의 높이를 수평으로 유지하게 해 컨트롤을 크게 향상시킬 수 있다. 이러한 자세로 백핸드를 반복 연습한다면 보다

그림 5-16 양 어깨를 평행하게 해라.

예리하면서도 강력한 백핸드스윙을 구사할 수 있을 것이다.

이 밖에 초보자들이 염두에 두어야 할 것은 백스윙 때 팔꿈치는 자연스럽게 몸통에 붙여 움직이도록 하는 것이다. 그래야 라켓이 균형을 유지, 안정된 스윙을 할 수 있다.

그리고 백핸드 임팩트 때 라켓 면이 지면과 수직을 이루도록 하고 임팩트 순간 손목을 고정시키는 것도 잊지 말아야 한다. 또한 볼을 몸 앞쪽이나 바깥쪽에서 맞추도록 신경을 써라. 몸 앞쪽에서 볼을 치는 것은 체중을 실어 파워를 내기 위해서이며 몸 바깥쪽에서 볼을 치는 이유는 팔의 리치를 이용, 몸을 되도록 덜 움직여 컨트롤을 높이기 위함이다.

임팩트 후의 스윙, 즉 팔로스루는 높고 길게 해주어야 무리가 없고 체중은 거의 전부가 앞발에 실리도록 몸을 자연스럽게 움직여줘야 한다.

(4) 백핸드는 접시 던지듯 하라.

백핸드에 자신이 없는 사람은 프리스비(프라스틱 원반)나, 원반던지기 연습을 자주 하도록 하라. 이 연습을 자주 하다보면 백핸드에 힘이 붙게 되고 컨트롤도 좋아진다.

원반 던질 때 어느 거리까지 보내려면 얼마만큼의 힘이 필요한가를 미리 가늠해보아야 한다. 그래서 일정한 목표에 떨어질 때까지 반복 연습한 다음, 다시 목표를 바꾸어(짧게 혹은 길게) 다시 되풀이 연습한다. 이 연습으로 백핸드에 힘이 붙게 되고 팔로스루도 몰라보게 좋아진다.

쥬스틴 에넹

그림 5-17 앞에서 타구하라.

(5) 포핸드, 백핸드 타점의 비교

아래 그림은 한 사람이 같은 지점에서 포

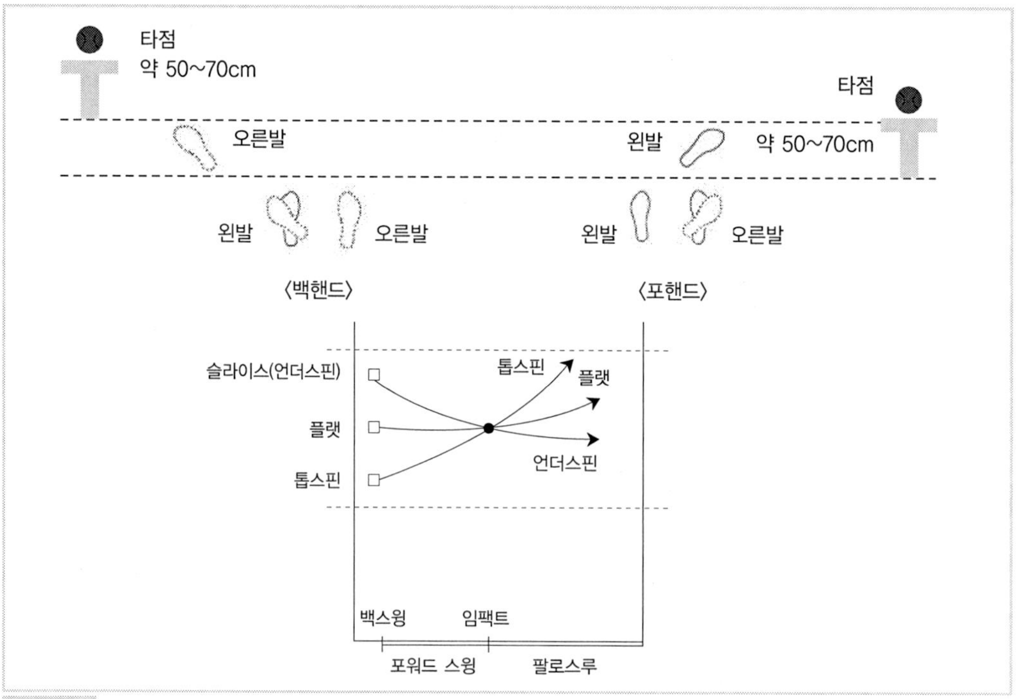

그림 5-18 타법의 종류에 따른 스윙의 흐름

핸드와 백핸드 톱스핀을 구사했을 때의 타점과 발의 위치를 평면으로 나타낸 것이다. 그림을 보면 백핸드의 타점은 포핸드의 타점보다 약 50~70㎝ 앞에 있다. 이 차이는 어깨의 위치 때문에 생긴다. 즉, 오른손잡이의 경우 라켓 스윙의 축인 오른쪽 어깨는 언제나 오른발 위에 있으므로 포핸드는 왼발 앞에서 치면 몸 앞 50~70㎝ 앞에서 임팩트 하게 된다. 그러나 백핸드는 오른발을 내디뎠으므로 오른발 50~70㎝ 앞에다 타점을 둬야 포핸드와 같은 효과가 난다.

	볼의 성질	스윙의 성질
슬라이스	· 어려운 볼 네트를 살짝 넘어 네트에 걸릴 위험성이 많고 체공시간이 길어 상대가 충분히 태세를 가다듬어 칠 수 있다.	· 안전한 스윙 스윙에 힘이 많이 들어가지 않고 정확하게 임팩트 하면 실수율이 적은 훌륭한 리턴이 가능하다.
플랫	슬라이스와 톱스핀의 중간	슬라이스와 톱스핀의 중간
톱스핀	· 안전한 볼 네트 높게 날아 뚝 떨어지기 때문에 안정성이 높고 강타가 가능해서 위력 있는 볼을 칠 수 있다.	· 어려운 스윙 볼을 아래서 위로 비벼 올리므로 타점의 폭이 좁고 어렵기 때문에 실수도 많고 강력한 스윙이 요구되어 위험하다.

표 5-1 슬라이스와 톱스핀을 난이도와 안전성

특성	한 손 백핸드	양손 백핸드
사용 신체부위 수	5-엉덩이, 상체, 상박, 팔뚝 그리고 라켓	2-엉덩이, 상체와 양팔
스핀	언더스핀은 쉬우나 톱스핀 구사는 어렵다.	톱스핀은 쉬우나 언더스핀 구사엔 문제가 있다.
위장 효과	비슷	비슷
필요한 힘	한 손이므로 더 많이 든다.	두 손이므로 적게 든다.
그립 체인지	절대로 필요한 것은 아니지만 변화시키는 것이 좋다.	약간의 변화불변을 선택할 수 있다.
리치	적절히 준비, 위치를 잡으면 비슷하다.	빠르게 준비, 위치를 확보할 경우 비슷하다.
낮 은 리 턴 (발목 높이)	쉽다.	반드시 한 손을 써야 한다.
높은 볼 처리 (머리높이 또는 그보다 약간 위)	쉬운 대신 반드시 언더스핀을 구사해야 한다.	플랫 또는 톱스핀으로 치기 쉽다.
부상 위험	충격을 받기 쉽고 손목과 팔꿈치를 다치기 쉽다.	팔꿈치와 손목이 잘 보호된다.

표 5-2 한 손 · 양 손 백핸드 특성 비교

백핸드의 핵심은 타점을 앞에 두는 것이다. 포핸드는 약간 뒤에서 맞아도 손목이 받쳐주므로 그런 대로 괜찮지만 백핸드는 엄지손가락에만 의지해야 되므로 늦으면 밀리게 된다.

타점을 앞에 두기 위해서는 백스윙을 빨리 해야 한다. 백스윙 할 때는 어깨를 틀어주면 자연스럽다. 이때 라켓을 예상 타점보다 너무 높게 하지 말라. 라켓을 가슴높이로 높게 백스윙 하면 볼을 때리지 못하고 깎게 되기 때문이다.

백스윙→포워드→스윙 때 팔이 너무 몸에서 떨어지지 않게 주의하라. 너무 몸에서 볼이 멀면 타구에 체중을 싣지 못하고 팔만 쓰게 된다.

그림 5-19 한투코바의 양손 백핸드, 양손은 우측 발보다 20~30cm, 한 손은 50~70cm 앞에서 타구하라.

6) 거울을 이용한 이미지트레이닝

자신의 실제 타구모습을 보지 못한 사람이 의외로 많다. 디지털카메라나 비디오카메라를 활용해서 자신의 자세를 볼 수 있을 것이다. 만약 그것이 없다면 거울을 이용해도 좋다. 자신의 타구 모습을 거울에 비춰보고 결점을 교정할 수 있을 것이다.

우선 스윙을 가볍게 해보고 전체 이미지를 머리에 그린다. 다음에 스윙도중에 라켓을 멈추고 라켓 면이나 신체와 라켓과의 위치관계 등을 확인한다. 이 시점에서 지금까지 자신이 머리에 그리고 있던 자세와의 차이가 확실하게 나타나게 된다. 테이크백(take-back), 임팩트, 팔로스루(follow-through) 등을 천천히 하면서 체중이동도 점검해 본다. 모든 것이 잘 되고 머릿속에 좋은 이미지가 그려지면 코트에 나가 직접 볼을 친다.

그림 5-20 백핸드 스트로크의 심상훈련

그림 5-21 백핸드 슬라이스, 1983년 프랑스오픈 우승자 야닉노아　　호주의 전사 레이튼 휴잇

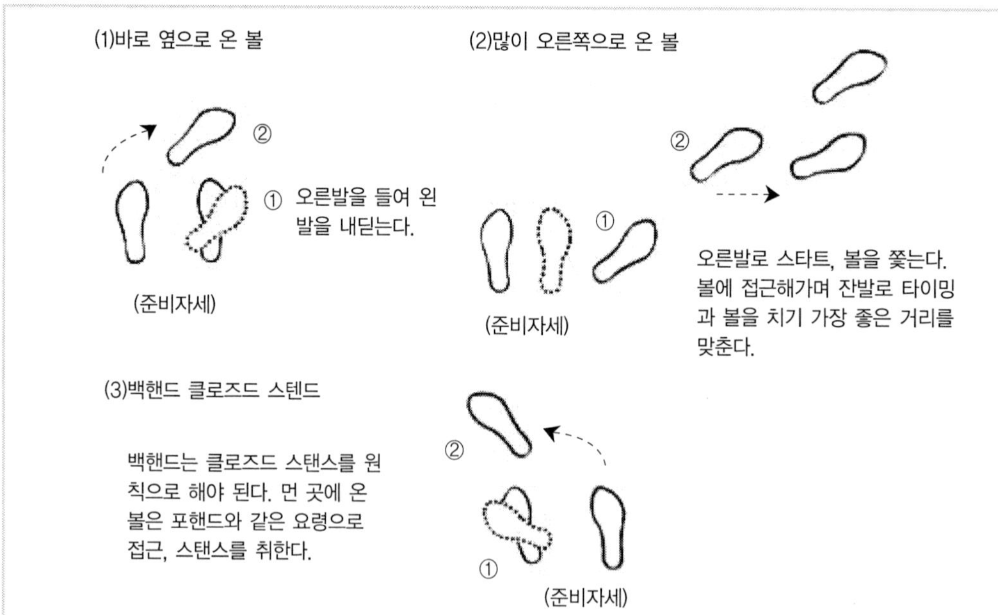

그림 5-22 포핸드 · 백핸드 클로즈드 스탠스

7) 양손 백핸드의 테이크백은 힘을 빼고 부드럽게 해라.

그림 5-23 다니엘라 한투코바의 백핸드 스트로크의 백스윙 동작

마리아 사라포바의 백핸드 스트로크의 백스윙 동작

한 손 백핸드는 테니스가 시작된 1870년대 이래로 계속 사용되어 왔다. 반면 양손타법은 1930년대 비비안 맥그라드가 그것을 무기로 세계 톱랭커가 되기까지 사실상 거의 알려지지 않았다. 이후 비욘 보그, 크리스 에버트, 지미 코너스, 트레이시 오스틴, 안드레 애거시, 짐 쿠리어, 모니카 셀레스, 안나 쿠르니코바, 매그너스 노만, 데이븐 포트 레이튼 휴잇, 앤디 로딕, 로저 페더러 등 많은 세계 톱 선수들이 과거에 썼으며 또한 현재 사용하고 있다.

(1) 그립

많은 선수들이 양손 백핸드의 그립을 혼동하고 있다. 즉, 이스턴 포핸드 그립을 그대로 잡은 채 왼손(이하 오른손잡이)으로 함께 잡아 스윙하면 되는 줄 안다. 양손이건 한 손이건 효과적인 백핸드를 구사하려면 사용하는 손의 그립은 이스턴 백핸드여야 한다.

또 왼손은 왼손잡이가 이스턴 포핸드 그립을 잡듯 해야 한다. 이때 왼손과 오른손은 틈이 없이 바짝 붙여야 한다.

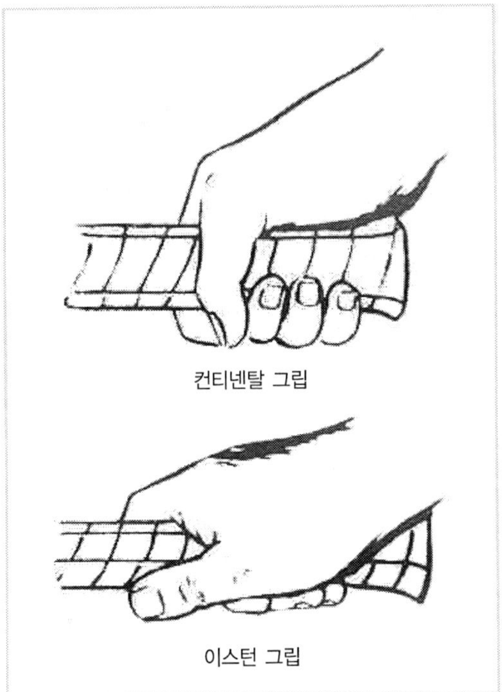

그림 5-24 그립의 종류

그림 5-25 구스타보 쿠에르텐의 백핸드 이스턴 그립

그림 5-26 모니카 셀레스의 양손 백핸드

그림 5-27 안드레 애거시의 양손 백핸드 팔로스루

(2) 임팩트

타점은 몸 앞에 둬야 한다. 양손 백핸드의 목적은 강타를 하는데 있다. 강타를 위한 필수 조건은 체중이동이며 이는 타점을 앞에 둬야 가능하다.

(3) 팔로스루

훌륭한 샷은 마무리가 중요하다. 임팩트 후에 스윙을 계속하여 오른쪽 어깨 위에서 라켓을 멈추도록 해야지 중간에서 멈추면 전체 스윙의 균형이 깨진다.

8) 백핸드의 크로스샷과 다운 더 라인의 비교

똑같은 상황에서 백핸드를 구사한다고 가정할 경우 크로스샷의 타점은 다운 더 라인 때보다 20~30㎝ 앞쪽이어야 한다.

오른손이 라켓이라고 가정하고 백핸드 스윙을 해보면 타구가 똑바로 나가는 다운 더 라인은 팔과 몸이 평행을 이루는 옆구리 부근에서 맞아도 관계가 없다.

그러나 대각선으로 쳐야 하는 크로스샷은 이 지점에서는 불가능하다. 손등을 20~30㎝ 앞쪽으로 내밀어 팔이 비스듬한 상태라야 대각선 쪽으로 각도가 난다.

스탠스는 크게 신경을 쓰지 않아도 된다. 별 차이가 없으므로 자연스러우면 그만이다. 다만 크로스샷이든 다운 더 라인이든 백핸드는 반드시 클로즈드 스탠스를 취해야 된다.

또한 팔로스루는 타구방향을 향해 그대로 충분히 해주면 된다. 즉, 크로스샷일 경우 라켓을 그쪽으로 던지는 기분으로 휘두르면 된다.

초 · 중급자들은 대부분 백핸드가 약하고 특히 크로스샷을 구사하지 못하는데, 이는 타점을 뒤에 두어 밀리기 때문이다.

크로스샷을 잘 치는 사람은 타이밍만 약간 늦춰 타점만 조절하면 다운 더 라인도 잘 칠 수 있다.

그림 5-28 백핸드 마무리 때엔 양손을 벌려서 균형을 유지해야 좋은 폼이 된다.

그림 5-29 서울 올림픽에 세구소(남편)와 함께 출전했던 카나다 테니스요정 칼링 바세트의 백핸드

제6장 발리

1. 포핸드 발리(forehand volley)
2. 드롭 발리(drop volley)
3. 백핸드 발리(backhand volley)

1. 포핸드 발리(forehand volley)

1) 발리의 그립

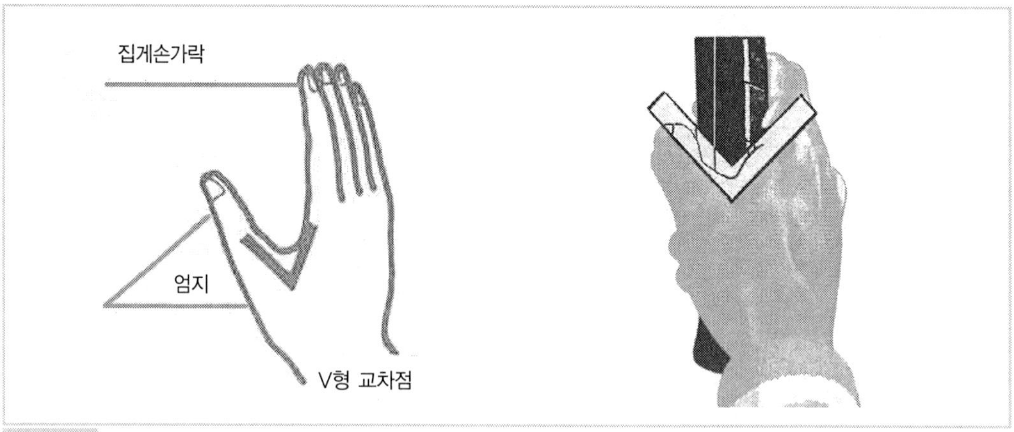

그림 6-1 발리의 그립은 컨티넨탈이 이상적이다.

2) 벽 앞에서 발리의 백스윙

발리의 백스윙은 항상 짧아야 한다. 초보자들은 힘이 모자랄 것을 염려, 라켓을 뒤로 많이 빼다가 볼을 제대로 맞추지 못한다. 체중을 실으며 타점을 적절한 앞쪽지점으로 잡아 파워를 싣는 것이 요령이다. 벽 앞 30㎝지점에 서서 볼이 온다고 연상하고 발리를 시도하라. 손등이 벽에 닿는 감각은 실제 백스윙 때 도움이 된다.

그림 6-2 맨손으로 백스윙없이 볼잡기는 발리기술의 원천이다.

(1) 몸에서 먼 볼의 발리 풋웍

발리의 풋웍은 포나 백이나 클로즈드 스탠스가 바람직하다. 그러나 클로즈드 스탠스만 고집할 필요는 없다. 포발리 풋웍을 나타낸 그림에서 왼발이

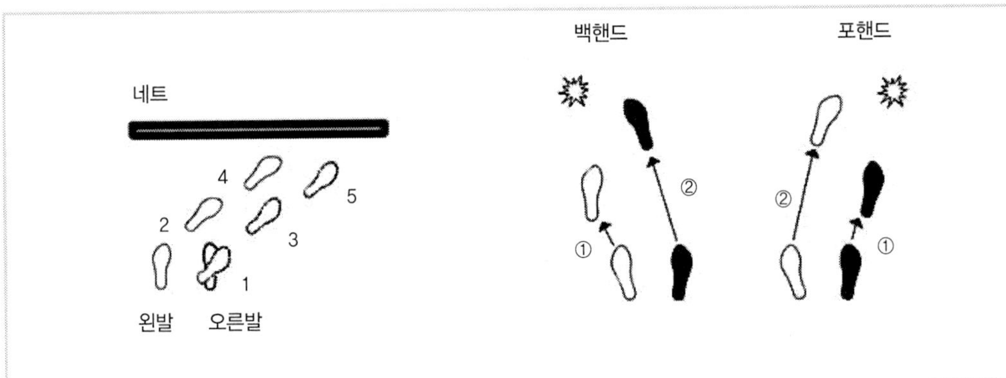

그림 6-3 발리의 스텝

2 · 4를 스텝 인하며 발리를 하는 게 좋지만 경우에 따라서는 3 · 5에서 발리를 해도 괜찮다. 중요한 것은 자연스러움과 타이밍이다.

(2) 발리의 풋웍

제자리에 꼿꼿이 서서 발리를 하는 것보다는 한발 앞으로 스텝 인하며 임팩트 하는 것이

그림 6-4 같은 방향에서의 코칭은 최고의 지름길이다.

그림 6-5 서브 앤드 발리의 대명사 보리스 베커의 낮은 볼의 이상적인 발리 자세.
한 발을 내딛으며 체중을 싣는 동시에 타점은 앞에 둔다.

위력과 각도를 더 낼 수 있다.

3) 발리의 일반 지침

(1) 갖다 맞추기만 한다는 생각으로 하라.

발리의 절대적 요건은 타점을 몸 앞에 두는 일. 그러기 위해서는 특히 초보자들은 신속한 대응과 짧은(거의 없음) 백스윙을 몸에 익혀야 한다.

(2) 임팩트 순간 손목을 고정시켜라.

어깨를 비롯한 전신은 부드러운 상태로 준비하고 스윙해야 하지만 임팩트 순간에는 손목에 힘을 주어 단단히 한 채로 볼을 맞춰야 한다.

(3) 뛰어들며 치는 버릇을 들여라.

처음부터 초보자들은 한발 앞으로 내딛으며 네트 쪽으로 뛰어들면서 발리를 해야 보다 큰 파워와 보다 넓은 각도를 낼 수가 있다.

(4) 볼에서 시선을 떼지 말라.

톱플레이어들의 발리 자세는 위의 연속그림에서처럼, 볼이 라켓에 맞는 순간까지 볼을 주시하고 있다.

(5) 임팩트 때 볼의 밑을 치는 기분으로 하라.

볼과 라켓을 맞출 때 라켓머리를 눕혀서 볼을 멀리 띄우는 기분으로 하면 볼에 무게가 실리고 네트에 걸리기 쉬운 폐단을 줄일 수 있다.

(6) 네트와 먼 위치에서부터 연습을 실시하라.

서비스라인에서부터 시작, 점차 전진하여 연습을 하면 발리의 감각과 깊이를 보다 효과적으로 키울 수 있고 네트에 걸리는 염려도 줄일 수 있다.

(7) 몸통 쪽 볼은 백핸드로 처리하라.

몸통 정면 쪽으로 오는 볼은 기본적으로는 백핸드로 처리하는 것이 훨씬 자연스럽다. 의도적으로 몸통 쪽 볼을 연습할 필요가 있다.

4) 손과 눈의 조화

발리는 넘어오는 볼이 바닥에 닿기 전에 치는 스트로크다. 그 점에서 그라운드 스트로크와는 2가지 차이점이 있다.

첫째, 상대방이 친 볼의 비행거리가 짧아 충분히 받아칠 여유가 적어진다. 〈그림6-6〉에서 A지점에서 보낸 상대방 타구는 B지점에서 발리로 차단될 경우 A, B 거리는 그라운드 스트로크인 A, C 거리보다 훨씬 짧아 대비할 여유가 대폭 줄어든다.

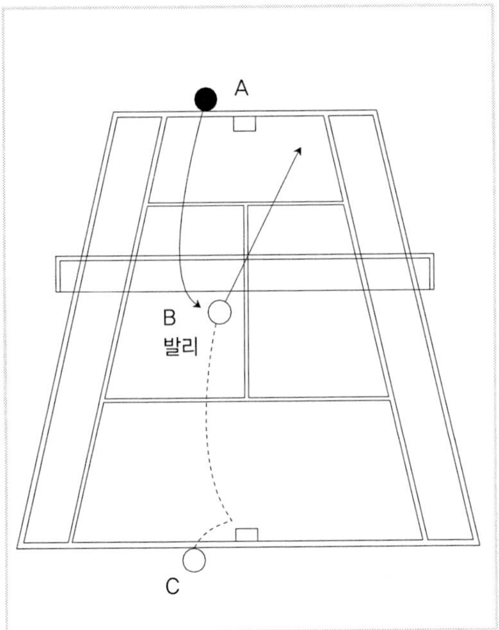

그림 6-6 그라운드 스트로크와 발리의 비교
발리는 상대방 볼에 대응키 위한 거리와 시간이 짧아 급박하다.

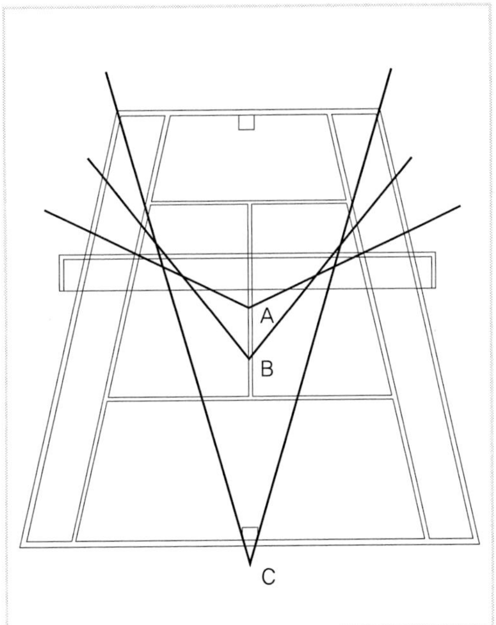

그림 6-7 네트로 가까이 갈수록 상대방 코트를 공략할 면적과 각도가 커진다.

여유가 없다함은 오는 타구에 발이 쫓아가기 힘들다는 것도 있으나 그보다는 볼을 정확히 라켓 중앙에 맞추기 어려운 측면을 말한다. 초보자가 발리를 두려워하는 가장 큰 이유가 그것이다.

야구에서 투수 · 포수 간의 거리가 2/3로 짧아진다면 포수가 투수 볼을 잡기 어려워지는 이치와 같다. 포수는 글러브가 손 위치나 다름없어 투수의 볼을 갖다대기만 하면 되나, 테니스 라켓은 손끝의 30~40㎝의 연장인 데다가 임팩트 때 손목을 견고히 해야 하므로 볼을 포착하기가 훨씬 어렵다.

손과 눈의 조화 능력은 개인에 따라 크게 차이가 난다. 야구방망이를 휘두르는 어린이들 중 어떤 아이는 헛스윙이 잦고 어떤 아이는 볼과 배트를 잘 맞춘다. 야구의 캐칭, 탁구의 스트로크, 배구의 스파이크 동작이 요구하는 손-눈의 조화 능력은 야구의 배팅, 테니스 · 배드민턴의 스트로크보다 덜 절실하다.

손과 연장(도구)의 거리, 즉 손과 볼의 타점 사이가 멀수록 이 능력이 더 요구된다고 할 수 있다. 몸 밖의 의도한 지점(타점)을 향해 감각 체계가 얼마나 정확히 움직여 주느냐의 능력인 것이다.

미국 등 서구지역은 바로 그런 능력의 개발을 위해 'eye-hand coordination' 이란 용어를 탄생시켰고 주니어선수의 커리큘럼에 꼭 포함시키고 있다.

◦ 눈과 손의 조화능력을 위한 이미지트레이닝

이 조용한 훈련은 네트와 서비스라인 사이에서 실시한다. 연습한 후에는 곧 바로 실습에 들어가는 것이 좋다. 초보자는 백스윙 없이, 날아오는 볼에 라켓을 정확히 맞추기만 하는 발리훈련을 시도한다.

① 고요한 마음으로 전신, 특히 어깨에 힘이 들어가지 않도록 하고 마음을 평온히 가라앉힌다.

② 중립자세에서, 포핸드발리 볼이 날아온다고 가상하고 시선은 임팩트 지점(마음대로 정하라)까지 따라가, 손에 든 라켓의 머리(그중에서도 sweet spot)에 맞춘다.

③ 임팩트 지점까지 다다른 볼의 궤도와, 라켓을 쥔 손의 전후좌우 각도(감각)를 뚜렷이 의식한다. 즉, 눈과 손의 연결 의식이다. 연결은 신체 각 부위의 협조를 뜻하므로 손

과의 협조만은 아니다. 손은 전신과 연결된다고 생각한다.

④ 이번엔 같은 포발리로 다른 타점을 다양하게 택해 위와 같은 순서로 시도한다.

⑤ 임팩트 때, 볼의 궤도와 손목감각을 꼭 기억하여 연습에 임하고 게임에 활용하도록 한다.

5) 왜 발리는 언더스핀 이어야 하는가?

발리는 에스컬레이터를 타고 올라가는 느낌으로 볼의 약간 밑 부분을 타구해야 한다.

이론상 발리의 구질은 언더스핀, 플랫, 톱스핀 등이 있다. 발리의 기본적이고 압도적인 구질은 이중 언더스핀이다. 실제로, 어떤 연속동작을 지켜보아도 99%가 언더스핀이 기반이다.

발리의 언더스핀 원칙은 다음과 같은 신체 움직임의 원리에 근거한다.

- 온갖 신체작용은 힘의 최종전달 부위(테니스에선 손)가 몸의 중심에 가까운 위치일수록 큰 힘을 낸다. 무게 중심은 대개 배꼽이나 그보다 한 치 아래인 아랫배 부근인데, 동양의 신체 중심 개념인 단전이 바로 그 높이이다.

야구의 스트라이크 존(zone), 테니스에서 아랫배 높이의 볼이 강타하기 최적위치임은 결코 우연이 아니다. 검술, 총검술, 펜싱, 하키 등 도구를 사용하는 온갖 운동의 손의 위치는 몸의 무게 중심 높이에서 최대의 파워를 낸다.

- 위의 정리를 발전시키면, 신체운동은 손(힘의 최종 전달부위)이 아랫배 높이에서 출발하거나 아랫배 높이를 향한 움직임일 때 최대의 파워를 낸다.

그림 6-8 발리의 타구는 언더스핀이 기본이다.

테니스의 경우, 라켓머리의 스윙은 다음 2가지가 큰 파워를 낸다.

① 무릎에서 아랫배(무게 중심) 높이로 올라가는 상향스윙

② 가슴에서 아랫배(무게 중심)로 향하는 하향스윙 등이다.

호랑이 앞발의 일격, 말의 뒤 발길질 등 동물의 세계에서도 위력 있는 움직임의 방향은 자연스럽게 관찰된다.

여기서, 상향스윙의 경우는 충분한 예비동작, 또는 예비스윙이 없을 때를 전제로 한다. 백스윙(예비스윙)이 거의 없는 발리는, 힘의 모멘트가 되는 손이 스윙의 진행에 따라 점차 아랫배로 내려가는 언더스핀이 '필요충분조건'이 되는 것이다.

또 한 가지 근거는 어떤 그립이건, 언더스핀 발리의 임팩트 순간에 라켓 면을 뒤로 기울임으로써 손목 상태가 두꺼운 그립(세미웨스턴, 이스턴)을 잡은 결과가 되어 임팩트의 하중을 잘 견딜 수 있는 것이다.

그러므로 발리 위력을 더하기 위해 언더스핀을 플랫으로 바꾸라는 코칭이 있다면 그것은 잘못이다. 그러나 언더스핀의 경사를 줄이는 노력은 타당하다.

6) 몸 앞에서 타격해야 하는 이유

그라운드 스트로크, 서비스 등 거의 모든 스트로크와 함께 발리도 타점은 몸 앞쪽에서 잡으라고 되풀이하여 강조되고 있다.

발리는 그 필요성이 더 절실하다. 그 이유를 납득하게 되면 맹목적인 주입식 훈련의 맹점을 극복할 수가 있다.

그것은 스트로크로서의 발리의 특수성 때문이다. 즉, 그라운드 스트로크는 충분한 백스윙에 이은 충분한 스윙 폭과 체중 이동이 스트로크 파워의 2대 요소이나 발리는 백스윙의 여유가 없다.

그림 6-9 트레이시 오스틴의 이상적인 포핸드 발리의 임팩트

상대방 라켓을 떠난 타구로부터 라켓까지의 거리가 짧아서, 오는 볼에 대비하기가 촉박하다. 반면에 발리는 네트 근처에 위치해서 바운드 되지 않은 볼을 상대방 코트로 치므로 상대를 패싱 시킬 범위가 넓다. 그라운드 스트로크는 백스윙 시 몸을 직각으로 틀어 치지만 발리 시의 몸을 트는 각도는 스트로크의 반 정도면 된다.

따라서, 발리는 타구의 스피드보다는 각도와 정확도가 더 요구되는 스트로크이므로 큰 폭의 백스윙이 필요치 않은 점도 있는 것이다. 그래서 짧은 백스윙에 체중을 전방에 싣는 요령 있는 타법이 필요한데, 몸 앞에 타점을 잡는 이유는 바로 체중을 싣기 위함이다.

전신은 부드럽게 하고 임팩트 때 손목을 고정시키면서 체중을 앞으로 내 쏟듯이 볼에 힘차게 전달시키면 된다.

7) 포발리의 자세

(1) 발리의 자세는 허리에 눈이 있는 느낌

발리의 자세에서 가장 중요한 것은, 기민한 움직임에 대비하는 것이다. 그라운드 스트로크의 경우에서는, 그래도 눈으로 보며 친다는 여유가 있지만, 네트 앞에서 스피드가 있는 볼을 치지 않으면 안 되는 발리에서는, 도저히 그럴 겨를이 없다.

'발리는 눈으로 보지 말고 허리로 보고 쳐라' 라는 말이 어울린다.

오른쪽이냐, 왼쪽이냐-볼이 날아온다고 느낀 순간, 먼저 허리가 회전하여 포나 백의 자세로 들어가 있어야 한다. 이 재빠른 반사 운동이 발리의 성공실패의 열쇠가 된다. 축구에서의 골키퍼처럼, 우측 또는 좌측으로 날아오는 볼을 향하여 몸을 던지는, 그런 민첩성이 필요한 것이다. 게다가 좌우뿐만 아니라 머리 위로 볼이 날아올 경우를 생각해서, 뒤로 물러날 태세도 갖추고 있지 않으면 안 된다.

준비 자세의 스타일은 그라운드 스트로크 때와 거의 같다고 생각해도 된다. 스탠스는 어깨 넓이 또는 그보다 약간 넓은 듯하게 상체를 앞으로 숙이고, 무릎을 유연하게 구부리고 허리를 내린다. 다만, 라켓의 위치는 그라운드 스트로크의 경우보다 약간 높게, 라켓 헤드가 눈높이 정도로 오는 것이 이상적이다. 체중은 양 무릎과 양 발 끝에 둔다.

포, 백 어느 쪽으로도 즉시 테이크백 할 수 있도록 허리에 눈을 두는 기분이 중요하다.

로브(높은 타구)가 왔을 때의 후퇴도 고려해 두지 않으면 안 된다. 양다리로 가볍게 리듬을 잡는 정도의 여유를 갖는 것이 바람직하다.

그림 6-10

(2) 아이스하키의 골키퍼처럼 네트를 지켜라.

네트로 나가면 그만큼 공격적 능력이 증가한다. 그렇지만 잘 생각해 보면 네트에서의 주요 임무는 근본적으로 방어적인 것이다. 상대의 패싱샷에 대비해야 하며 깊은 로브에도 주의해야 한다.

실제로 네트에서의 역할은 어떤 점에서는 골문을 지켜야 하는 아이스하키의 GK의 역할과 유사하다. 그는 상대팀의 각도 있는 공격을 차단해야 하며 스케이트의 날 위에 서서 약간 구부린 자세로 날아오는 퍽(puck)을 차단하기 위해 어느 방향으로도 점프할 준비가 되어 있어야 한다.

테니스 게임에서도 네트를 지킬 때 같은 원칙이 적용된다. 항상 상대방의 각도 있는 공격을 차단할 위치에 있어야 한다. 물론 몸무게를 앞쪽에 두고 패싱샷을 가로챌 자세를 취해야 하고 로브를 따라가 잡을 준비도 해야 한다. 그렇게만 한다면 하키의 GK보다 한 수 위에서 점수를 딸 수도 있을 것이다(하키의 GK처럼 방어는 물론 잘 할 것이고 점수도 가산될 것이다).

(3) 네트에서 권투 선수같이 하라.

인내심은 baseline player(안드레 애거시와 같이 베이스라인에서 게임 하는 선수)의 주무기이지만 발리를 하는 선수들도 개발해야 할 무기이다. 네트에서 빨리 점수를 따고 싶은 욕망을 억제해야 한다.

네트 게임이 대체로 좋지만 잘못해서 성급하게 굴다 점수를 잃는 일이 있다면 차라리 아

그림 6-11 네트 앞에서의 복싱선수와 같은 기민한 자세를 취해야 발리를 잘 할 수 있다.

니함만 못할 것이다. 자신이 복서라고 생각을 해 보라. 훌륭한 권투 선수는 아주 좋은 기회가 아니면 녹아웃 펀치를 넣으려고 하지 않는다.

그는 빠른 펀치를 한두 개 넣고는 카운터 펀치에 대비한다.

그런 식으로 네트 게임을 해야 한다. 짧은 발리를 넣고 역습에 대비하라. 이렇게 하면 곧 결정타를 먹일 기회가 올 것이다. 처음부터 결정타를 치려고 휘두르다가는 결정타를 맞게 된다.

네트 앞에서는 농구선수가 드리블하는 것처럼 풋웍을 경쾌하게 하고 어느 쪽으로든 움직일 태세를 갖춰라.

그림 6-12 발리의 풋웍은 수비수를 뚫고 나가려는 농구선수가 드리블하는 동작처럼 하라.

(4) 펜싱선수가 몸 앞에서 검을 예리하게 사용하듯 절제된 동작을 하라.

그림 6-13 네트 앞에서 발리는 펜싱선수와 같은 반사신경이 필요하다.

초보자들은 일단 네트 플레이의 생명이 공격적인 자세에 있다고 생각하기 때문에 처음부터 네트 앞에서 힘이 실린 샷을 치기 쉽다. 그러다 보니 샷의 컨트롤이 떨어져 의도한 대로 타구할 수 없게 된다.

네트 플레이가 공격적인 플레이인 것은 사실이지만 무조건 강력하게 타구해야만 하는 것은 아니다. 네트를 넘어오는 볼을 유효적절하게 처리, 득점찬스를 만들 수 있어야 네트 플레이는 공격무기로서 효과가 있는 것이다.

플레이어가 네트 플레이에서의 성공률을 높이기 위해서는 무엇보다 정교한 샷을 구사, 컨트롤을 높이는 것이 급선무다. 즉, 모든 샷 구사에 있어 짧고 간결한 자세를 취해야 한다.

일반클럽 동호인들은 네트 앞에서 너무 서두르기 때문에 특히 샷의 스윙동작이 크고 간결하지 못한 게 결정적인 흠으로 지적되고 있다. 대체로 라켓을 주체하지 못할 정도로 강하게 휘두르는 경향이 있기 때문이다.

네트 앞에서의 공격적인 자세는 상당히 바람직한 것이지만, 그러기 위해서는 먼저 라켓을 쉽게 컨트롤할 수 있는 자세가 돼 있어야 한다. 무모하게 네트 플레이를 하기보다도 민첩한 준비자세로 상대의 예봉을 피할 수 있는 태세를 갖추는 게 필요하다.

이런 자세가 뜻대로 안 될 때는 자신이 펜싱선수라고 상상해 보라. 펜싱선수는 칼끝을 몸 앞에서 자유자재로 움직이면서 가능하면 상체를 상대에게 적게 노출시키기 위해 절제

그림 6-14 비너스 윌리암스의 포핸드 발리

된 동작을 취하게 마련이다. 그리고 네트 앞에 있을 때 검객이 상대와 마주해 검을 위로 세우고 준비자세를 취하듯 몸 앞에 라켓머리를 위로 치켜세우도록 하라.

그러면 상대방의 패싱샷을 무력화시킬 수 있는 발리동작도 보다 빠르고 완벽하게 시도할 수 있을 것이다.

8) 포발리의 풋웍과 그립

상체를 틀고 왼발을 스텝 인하며 임팩트 한다. 발리 시 그립은 컨티넨탈 그립(단일 그립)을 잡고 포 · 백을 병행하라.

9) 스윙은 간결하게 하고 펀치 해야 된다

포핸드 발리의 범실이 잦은 것은 몇 가지 사항에 유의하면 고칠 수 있다.

첫째, 자신을 가져라. 발리든 스매시든 '나는 잘 못한다' 는 부정적 관념이 지나치면 될 것도 안 된다. 그렇다고 무모한 네트 대시나 포칭(복식의 경우)을 권하는 것은 아니다. 발리와 같이 고도의 감각과 기술이 필요한 샷을 익힐 때는 '잘 할 수 있다' 는 긍정적 사고방식이 대단히 중요하다는 뜻이다.

둘째, 백스윙 크기를 줄여라. 발리의 실수 중 70~80%는 백스윙이 큰 데서 비롯된다고 해도 과언이 아니다. 대부분의 플레이어들은 포핸드 발리 기회가 오면 일타에 결정하려고 팔과 라켓을 크게 휘두른다. 팔에 힘이 들어가므로 상체가

그림 6-15 백스윙 없는 발리의 연습

그림 6-16 패트릭 라프터의 포핸드 발리

뻣뻣해지고 크게 백스윙 하므로 타이밍이 늦을 수밖에 없다. 발리의 동작은 먹이를 향해 덮치는 표범처럼 날렵하고, 타점을 몸 앞에 두어야 한다는 것은 모든 테니스 교본이 강조하는 원칙이다.

그러나 포발리의 백스윙을 줄이는 것은 쉽지 않은 것이다. 무의식적으로 커지기 때문이다. 따라서 백스윙을 최대한 짧게 빨리하는 연습을 몸에 밸 때까지 해야 된다. 이 연습은 벽을 등지고 실시하면 좋다. 특히 문을 열어 놓고 문지방에 해당하는 지점에서서 백스윙을 반복하면 아주 효과적이다. 백스윙이 조금만 크면 라켓은 벽에 부딪치기 때문에 원칙적으로 백스윙을 했을 때 라켓은 어깨의 연장선을 벗어나면 안 된다.

그림 6-17 고무줄을 이용한 발리 연습.

(1) 포발리의 테이크 백

테이크 백은 작게 한다. 손목이 양어깨를 연결한 선보다 뒤로 나가서는 안 된다. 의식적으로 라켓을 뒤로 당긴다기보다는, 상체를 옆으로 트는 데에 따라 저절로 당겨져 오는 기분이면 족한 것이다.

(2) 백스윙 없이 몸 앞에서 타구하라.

네트 앞에서 발리를 할 때 스윙이 크면 십중팔구 실수하게 된다. 베이스라인에서 그라운드 스트로크를 할 때는 거리가 먼 만큼 체공시간이 길어 비교적 시간적 여유가 있으나 네트 앞에서는 그렇지 않다.

그림 6-18 뒤에 벽이 있는 것처럼 백스윙을 짧게 하라.

우선 '큰 백스윙으로 파워 있는 발리를 하겠다'는 생각을 버려라. 백스윙이 큰 상태에서는 라켓 헤드 컨트롤을 원만히 할 수 없을뿐더러 타이밍을 맞출 수가 없다.

초중급자 중에는 '누구는 백스윙을 크게 하고 싶어서 그렇게 하느냐, 무의식중에 커지는 것이다'며 '아무리 해도 포핸드 발리는 안 된다'고 말하는 사람이 있을지도 모르겠다.

과도한 백스윙을 줄이는 좋은 방법은, 부드러운 밴드로 양손을 붙잡아 매고 있다고 가정하는 것이다.

백스윙이 커지면 왼손(이하 오른손잡이)이 저지, 양손이 몸 앞에 있게 하라. 발리는 백스윙이 거의 없어도 된다. 양손을 앞에 둔 상태에서 손목으로 라켓 헤드만 약간 젖혔다가 몸 앞에서 라켓 면과 볼이 만나도록 하는 것, 이것이 가장 초보적 단계이다.

셋째, 발리는 펀치라는 점을 잊지 마라.

발리의 백스윙→임팩트→팔로스루는 그라운드 스트로크와 근본적으로 다르다.

그라운드 스트로크는 백스윙에서 팔로스루까지가 클수록 좋지만 발리는 앞에

그림 6-19 포발리는 벽에 못을 박는 느낌이다.

그림 6-20 테니스의 종갓집 영국의 희망주였던 팀 헨만의 낮은 발리자세

서 말했듯이 백스윙이 작아야 할 뿐 아니라 팔로스루도 간결해야 된다. 즉, 발리의 임팩트는 풀 스윙이 아닌 펀치여야 한다.

펀치의 감각을 이해 못하는 사람을 위해 한 가지 보충설명을 하겠다. 벽에 못을 잘못 박으면 못이 튀거나 못이 구부러질 것이다. 실수 없이 못을 박으려면 망치질의 힘과 크기를 억제해야 한다. 망치로 못을 내려침과 동시에 힘을 빼며 반동을 이용해야 된다. 정확한 발리를 하려면 바로 이 감각을 익혀야 된다.

넷째, 낮은 발리의 타점은 가능한 한 눈높이에 두라. 낮은 발리는 처리하기가 대단히 어렵고 낮은 발리의 잦은 범실은 심리적으로 평범한 발리도 실수하게 만든다.

따라서 발리에 자신감을 가지려면 어려운 발리를 정복해야 되는데, 그 대표적인 게 낮은 발리(하프발리 포함)이다.

낮은 발리의 타점을 눈높이에 두려면 어떻게 해야 할까? 이 문제는 무릎을 굽히면 간단히 해결할 수 있다.

낮은 발리의 타점을 왜 눈높이에 둬야 하는지를 설명한다면, 권총사격을 할 때 타켓을 명중시키려면 총을 눈에 대고 겨냥해야 된다. 가슴이나 배 높이에서 쏘면 정조준이 어렵다. 따라서 눈높이가 가장 이상적인 겨냥 높이이다. 사진촬영 시 카메라를 항상 눈높이에 두고 찍는 원리와도 같다.

네트 플레이 때도 마찬가지이다. 발리의 타구를 목표지점에 정확히 보내려면 가능한 한 눈과 가까운 높이에서 라켓과 볼이 만나도록 해야 된다.

낮은 볼이 오는데 꼿꼿이 선 채로 라켓헤드만 내려 발리를 해서는 발리를 정확히 컨트롤할 수 없다. 무릎을 굽혀 자세를 낮추면 눈은 볼의 높이에 훨씬 가까워진다.

끝으로, 정확한 동작을 취하는데도 유독 포핸드 발리에 실수가 많다면 그립을 확인해 보라. 이상적인 발리의 그립은 포와 백의 그립을 바꾸지 않아도 되는 컨티넨탈이다. 그러나 이 그립은 높은 포발리 때 자연히 면이 열려 컨트롤이 어렵다. 따라서 컨티넨탈 그립을 사용하고 있다면 포발리는 이스턴 포핸드 그립으로 하는 것도 포발리의 확률을 높이는 한 방법이다. 네트 앞에서는 시간적 여유가 없지만 숙달 여하에 따라 포와 백의 그립을 신속히 바꿀 수 있기 때문이다. 그러나 테니스를 레크레이션으로 할 경우나 컨티넨탈 그립이 어려울 경우에만 권장하고 싶다. 당신이 진정한 테니스 플레이어가 되기를 원한다면 컨티넨탈 그립을 마스터해야 한다.

(3) 라켓 면을 글러브처럼 여겨라.

야구의 외야수가 볼을 받듯이 발리 하라. 글러브를 몸 앞으로 바르게 하고 몸의 균형을 잡아 타이밍을 맞추는 것이 핵심이다. 복서의 잽과 같다고 할 수 있다.

발리의 스윙감각을 익힐 때는 라켓과 볼을 고무줄로 연결해 반복해서 볼을 치고 있다고 상상하라. 라켓에 매달린 볼을 칠 때 라켓을 수직으로 세워 스윙을 똑바로 짧게 하면서 재빨리 볼을 쳐내지 않으면 계속해서 볼을 맞추지 못할 것이다.

그림 6-21 포발리의 느낌은 야구에서 타자가 짧게 끊어 치거나 번트하는 것과 같다.

그림 6-22 따닥볼을 치는 듯한 발리 연습

그림 6-23 수영장의 물을 끼 얹듯이 하라.

(4) 수영장에서 물 끼얹듯이 짧고 경쾌하게 하라.

평범한 발리인데 계속 실수하는 까닭은 아마 백스윙을 지나치게 크게 하기 때문일 것이다.

이 잘못을 교정하려면 백스윙 때 라켓헤드가 가능한 한 어깨 뒤로 나가지 않도록 억제해야 한다. 그리고 얼른 앞으로 나가 풀에서 친구와 장난할 때 손바닥으로 수면을 쳐 물을 튀기듯이 발리를 하라. 물을 재빨리 계속 끼얹으려면 동작을 작게 해 짧고 경쾌한 동작으로 수면을 쳐야 한다는 것을 경험한 바 있을 것이다.

이때 동작이 크면 물을 많이 끼얹을 수 있을는지 몰라도 상대방보다 늦어 얼굴에 물벼락을 맞게 된다. 발리도 마찬가지이다. 스윙이 크면 힘은 낼 수 있지만 발리의 생명인 타이밍과 컨트롤을 잃게 된다.

단, 임팩트 순간 손목은 견고하게 유지해야 한다. 한 가지 덧붙여 설명한다면 발리를 할 때와 물을 끼얹을 때, 라켓 면과 손바닥은 같은 구실을 한다.

이 원리를 깨닫고 게임을 할 때 그대로 적용한다면 코트에서 아름다운 발리로 물보라를 일으키게 될 것이다. 물론 인기도 독차지하리라고 믿는다.

(5) 로 발리(low volley)는 야구에서 잠수함 투구법과 같은 요령으로 하라.

야구에 submarine(잠수함) 투법이라는 것이 있다. 밑으로 던지는 피칭을 말한다. 미 프로야구 김병현 선수의 피칭모션과 유사하다. 두 무릎을 깊이 구부리고 몸을 낮추는 이 폼은 발리의 스윙과 매우 비슷하다. 이 방식으로 피칭을 하는 투수의 오른쪽 무릎에 흙이 묻어 있는 것을 본 적이 있을 것이다. 그만큼 몸을 가라앉히고 있다는 증거인데 테니스의 로 발리에서도 오른쪽 무릎이 코트에 닿을 정도로 허리를 낮게 가라앉혀야 한다.

무릎에 마치 용수철이 있는 것처럼 탄력 있게 하라.

10) 로 발리의 임팩트

양 무릎을 깊게 굽히고 허리를 내려뜨리며, 볼 밑으로 파고 들어가는 기분으로 임팩트한다. 이때의 라켓 면은 약간 위를 향하고, 가볍게 슬라이스 하는 것처럼 하는 것이 좋다.

• 낮은 발리는 무릎을 굽혀서 타점을 조절하라.

발리는 네트보다 높은 곳에서 할수록 유리하다. 낮은 볼을 발리 할 때는 무릎을 구부려야 허리높이에서 타구할 수 있다. 백핸드 발리도 같은 원칙이다.

그림 6-24 스테판 에드베리의 로 발리 모습은 메이저 리거 김병현의 잠수투구 모습과 유사하다.

그림 6-25 하프발리는 볼이 바운드 되자마자 임팩트를 해야 효율적이다. 축구경기에서 골키퍼가 바운드되자마자 킥하는 원리나, 야구의 외야수가 노바운드에 볼을 잡기 어려운 상황에 있을 때 원바운드된 후 즉시 처리하는 것과 같은 동작이다.

2. 드롭 발리(drop volley)

1) 네트에서의 드롭 발리(drop volley)는 깃털로 터치하는 것처럼 가볍게 하라.

드롭 발리를 성공적으로 하려면 고도의 터치감각과 정교성이 있어야 한다. 네트에서 강하게 오는 패싱샷을 드롭 발리 하기란 참으로 어렵다. 손목에다 힘을 주고 볼을 받으면 볼은 퉁 하고 튕겨 나가서 상대방의 공격을 받게 될 것이다.

상대방의 강한 볼의 페이스를 떨어뜨리기 위해서는 볼이 라켓에 맞는 순간 팔과 손목에 힘을 빼야 한다. 라켓이 커다란 깃털이라 생각하고 볼을 어루만지듯 가볍게 네트로 넘겨라. 볼이 맞을 때 팔과 라켓을 순간적으로 약간 밀리게 하여야 볼이 상대방 네트 너머로 사뿐히 떨어진다. 깃털로 볼을 밀어 넣는 듯한 기분으로 드롭 발리를 연습하면 가벼운 터치로 상대방에게 무거운 손실을 입힐 수 있다.

그림 6-26 드롭 발리는 깃털로 터치하는 듯한 느낌이다.

2) 드롭 발리에 자신을 붙이려면 팔과 라켓을 가능한 한 유연하게 사용해야 한다.

그림 6-27 네트플레이의 달인 마르티나 나브라틸로바의 드롭 발리

일명 스톱발리(stop volley)라고도 불리는 드롭 발리는 볼에 역회전을 거는 샷으로 여러 발리 가운데 타법이 가장 까다롭고, 정확하고 신중한 컨트롤을 요구한다.

역회전을 이용, 타구의 힘을 줄여 볼이 바운드 된 후 튕기는 거리를 짧게 함으로써 상대방의 리턴을 어렵게 하는 섬세한 샷 인만큼 함부로 구사하다간 상대방에게 역습의 기회를 줄 수도 있다. 하지만 경험이 많지 않은 플레이어라 할지라도 드롭 발리를 구사할 수밖에 없는 상황에 처하게 되는 경우가 있을 것이다.

하드코트의 경기보다는 윔블던 같은 잔디 코트의 경기에서 많이 볼 수 있는 샷이다. 피트 샘프라스의 정교하고 숙달된 드롭 발리는 마치 솜이불 위에 볼을 떨어뜨리는 듯한 느낌을 갖게 된다.

볼을 네트 위로 살짝 넘겨 상대방 코트의 네트 밑에 떨어지도록 치는 드롭 발리 타법에서 가장 중요한 것은 라켓을 되도록 부드럽게 주고 손목의 움직임이 빠르고 유연해야 한다는 점이다. 또 볼을 손으로 잡듯이 라켓으로 가볍게 받은 후 커트 하는 기분으로 볼의 밑 부분에 역회전을 걸어야 볼이 상대편 코트에 바운드 된 후 그대로 튀지 않고 역스핀이 걸리게 된다.

결국 드롭 발리의 성공여부는 얼마만큼 팔과 라켓을 작은 동작으로 유연하게 사용하느냐에 달려 있다고 하겠다. 이 같은 동작이 제대로 나오지 않을 때는 라켓을 가볍게 쥐고 팔목 위에 커다란 스펀지가 있다고 가정하여 스펀지의 탄력으로 볼을 넘긴다는 감으로 타구해 보라.

이런 식으로 연습을 계속한다면 드롭 발리의 컨트롤을 높일 수 있을 것이다. 이 밖에 드롭 발리에서 주의해야 할 점으로는

① 백스윙을 거의 하지 않고 라켓 면이 어깨와 나란히 될 정도의 자세를 취하고

② 임팩트 시 가능한 한 많은 스핀을 걸어 네트 위를 스칠 듯 말듯 살짝 넘어가게 해야 한다는 것 등을 꼽을 수 있다.

③ 상대의 타구가 너무 높거나, 낮은 볼은 드롭 발리 하기가 어렵다.

④ 상대의 타구의 스피드가 너무 약할 경우 드롭 발리를 처리하면 되치기 당하기 쉽다.

3. 백핸드 발리(backhand volley)

1) 네트 플레이는 무술(태권도의 옆 막기)처럼 하라.

공격적이고 위협적인 네트 플레이에 필요한 것은 순발력이다. 이런 동작은 동양무술에서 가장 잘 볼 수 있다. 영화나 TV에서 그들을 보고는 그들이 어떻게 그처럼 재빠르게 움직여서 공격을 하는가 하고 놀라움을 금치 못했을 것이다. 그들은 항상 균형(balance)을 유지

그림 6-28 백 발리와 태권도 옆막기의 유사성

하며 공격자세를 하고 있다.

네트에서 발리를 할 위치에 있을 때는 그런 자세를 취해야 한다.

파트너나 코치가 패싱샷을 치는 것을 네트에서 막는 연습을 정기적으로 함으로써 재빠르고 거의 본능적이라 할 수 있는 순발력을 길러야 한다. 발리를 재빠르게 치는 것을 익혀라.

그림 6-29 야구심판의 세이프모션과 같은 백핸드 발리 동작

(1) 야구심판의 'safe' 동작을 연상하라.

일반적으로 동호인들에게는 포발리에 비해 백 발리가 어렵게 느껴지기 마련이다. 그러다 보니 연습할 때도 몸이 굳어 올바른 자세가 나오지 않아 좀처럼 기량향상이 되지 않는 경우가 많다.

동호인들의 백핸드 발리에서 지적되는 공통적인 결함은 볼을 지나치게 깍아 치고 라켓헤드를 손목높이 아래로 떨어뜨리는 것이다. 그 결과 보통 스피드와 컨트롤이 부족한, 균형을 잃은 발리를 구사하게 돼 타구가 네트에 걸리게 된다.

보다 위력적인 발리를 구사하려면 볼을 아래로 깍아 치는 대신 손목을 단단히 고정시키고 발리 동작을 수평으로 유지시켜야 한다.

그림 6-30 쇠붙이가 자석에 끌리는 듯한 느낌으로 하라.

(2) 발리 때는 자석에 끌려가듯이 하라.

발리의 펀치력이 없는 이유는 체중이 볼에

실려 있지 않다는 얘기다. 골프 볼을 칠 때와 마찬가지로 라켓에 체중이 실리지 않으면 파워는 기대할 수가 없다.

발리 때는 마치 온몸이 거대한 자석에 끌려 들어가듯 목표방향을 향해 끌려 나가야 한다.

이렇게 몸이 목표 쪽으로 쏠리게 되면 자연히 라켓에 체중이 실리게 되고 발리는 보다 펀치력 있고 날카로워진다.

2) 백 발리의 풋웍

네트 앞 2m 정도에서 느린 볼을 그림처럼 라켓을 짧게 잡고 친다기보다는 갖다대는 감촉으로 시작해서 발리를 터득한다. 특히 백 발리는 자기 손등으로 볼을 치듯이 연습하면 효과적이다.

(1) 백핸드 발리는 몸의 균형만 잘 잡으면 백스윙이 거의 없이 갖다 맞추는 스윙으로도 족하므로 포발리 보다 쉽다.

그림 6-31 쥬스틴 에넴의 백발리 자세.

그림 6-32 1940년대 영국의 테니스 스타 크리스틴 투르만의 백핸드 발리

그림 6-33 네트에 고무줄을 매달고 하는 짧은 백스윙 연습

(2) 백스윙을 짧게 하라.

스윙이 크면 절대로 안 된다. 발리의 백스윙은 짧게 위로 라켓을 든다는 느낌이다(하프발리, 로발리 제외). 스윙이 크면 타점이 늦어 발리를 실수하거나 라켓을 빼는 동안 볼은 이미 지나가고 만다.

큰 스윙 폼을 작게 줄이기란 대단히 어렵다. 본인이 스윙연습을 통해 폼을 줄이고자 아무리 애써도 정작 발리를 할 때는 습관상 커지기 마련이다.

스윙 폭을 줄이는 좋은 방법이 있다. 고무줄로 라켓헤드를 네트에 묶고 발리를 해 보라. 백스윙이 커지면 고무줄이 잡아 당겨지므로 폼을 작게 할 수 있다.

발리는 권투선수의 잽과 같다. 스윙이 크지 않고 짧고 간결하게 앞으로 내미는 잽 동작을 연상하라.

(3) 야수가 볼을 받듯이 몸 앞에서 발리 하도록 하라.

백핸드 발리를 할 때 상대방 타구에 밀려 범실이 잦은 근본 원인은 타점을 뒤에 두기 때문이다.

포핸드는 임팩트 순간 손등과 손목이 라켓을 받쳐 주는 것과 달리 백핸드는 타구 때 엄지손가락만으로 라켓을 지탱해야 되므로 조금만 늦어도 밀리게 된다. 백핸드 발리 때 타점을 뒤에 두게 되는 결함 때문에 교정은 백스윙을 최대한 억제하는 것으로 시작해야 된다. 백핸드 발리가 약한 사람일수록 세게 치려고 무의식중에 백스윙이 커지게 된다.

쉽게 말해 백핸드 발리의 백스윙은 전혀 안 해도 좋다. 타점을 앞에 두고 임팩트 순간 손목을 고정시키기만 하면 위력적인 발리를 할 수 있기 때문이다.

야구에서 1루수는 유격수로부터 송구를 받을 때 한 발은 베이스에 대고 가랑이를 최대한

그림 6-34 야수가 몸 정면의 볼을 처리하는 동작과 유사하다.

그림 6-35 피트 샘프러스의 몸 앞에 오는 발리처리

그림 6-36

벌려 가능한 한 앞쪽에서 볼을 받는다. 이는 주자보다 다만 0.1초라도 빨리 볼을 잡기 위해서이다. 백핸드 발리의 자세는 1루수가 볼을 받는 것 같이 하면 만점이라 할 수 있다.

(4) 라켓은 방패와 같다. 몸 정면의 볼은 백 발리로 하라.

네트 앞에 있을 때 정면으로 오는 빠른 볼을 발리하기란 사실 쉽지 않다. 순발력이 뛰어난 플레이어라도 초·중급자라면 겁을 먹고 돌아서 상대방에게 등을 보이기 십상이다.

그러나 처리 불가능한 볼은 결코 아니다. 상급 플레이어들의 경우 정면으로 오는 강한 볼(발리 · 패싱샷)도 척척 받아 내거나 득점으로 연결한다.

정면으로 오는 빠른 볼을 발리 할 때 실패를 하게 되는 원인은 두려움 또는 백스윙 때문이라고 본다. 강한 볼이 온다고 무서워할 필요는 없다. 라켓은 무엇이든지 막아낼 수 있는 훌륭한 방패이다. 발리를 하겠다는 생각을 버리고 방패로 막는다고 가정하라.

라켓을 방패로 신뢰할 수 있다면 아무리 강한 볼이 와도 두렵지 않을 것이다. 이 단계가 첫걸음이다. 그러나 일단 볼이 무섭지 않게 됐다 하더라도 여전히 범실이 많을 것이다.

이는 무의식중에 백스윙을 하기 때문이다. 빠른 볼이 올수록 이쪽에서도 세게 받아내려고 백스윙이 커지기 마련이다. 백스윙을 절대 하지 말고 라켓을 방패삼아 볼을 막기만 하라. 단, 임팩트 순간에는 손목을 단단하게 고정시켜야 한다. 끝으로 또 한 가지 명심할 것은, 정면 발리는 백핸드 발리로 해야 자연스럽다는 사실이다. 라켓을 방패라고 가정, 정면으로 오는 볼을 막아 보라.

(5) 상대방이 자신을 향해 볼을 치도록 하라.

진정으로 훌륭한 발리어(volleyer)는 그가 원하는 곳으로 상대방이 볼을 치도록 함으로써 스스로 자신을 도울 수 있다.

예를 들면 상대에게 스트레이트 볼을 칠 여유를 주어 스트레이트 볼이 오게 되기를 원할 것이다.

상대에게 틈을 주었다가 그 틈을 이용해 오는 볼을 쳐 봉쇄해 버리면 그것은 본인을 크게 돕게 될 것이다.

네트 플레이가 바로 그렇다. 상대방이

그림 6-37 상대가 원하는 곳으로 볼을 치게 하라.

볼을 칠 때까지 기다렸다가 그 다음에 그곳으로 가는 것이다. 피트 샘프라스는 네트에서 경쟁하기 위해 노력하는 모든 플레이어들을 위한 훌륭한 본보기이다.

그의 모든 네트 플레이는 보기에 너무 쉬워 대부분의 사람들은 그가 네트에서 어떻게 매번 효과적으로 플레이를 컨트롤하고 있는지 이해하지 못한다.

그러나 그의 네트 플레이를 유심히 본다면 상대방들이 보통 샘프라스가 원하는 곳으로 볼을 쳐 보낸다는 사실을 발견할 것이다.

4) 임팩트는 눈높이에서 하라.

카메라로 사진을 찍거나 사격을 할 때처럼 눈높이가 이상적이나 눈보다 높을 경우 백스윙은 뒤가 아니라 위로 든다는 느낌으로 해서 타구 시에는 빗변으로 내리쳐야 유효타구가 된다. 반면에 낮은 볼의 경우 허리를 굽히지 말고, 무릎을 낮춰서 짧은 스윙으로 타구해야 한다.

(1) 임팩트는 눈높이에서 하라.

그림 6-38 로저 페더러의 눈높이에서의 백핸드 발리. 사격이나 촬영에서도 눈높이가 가장 이상적이듯이 발리 시에도 가능한 한 눈과 타점의 높이가 같아야 좋은 발리를 할 수 있다. 낮은 볼의 경우 허리를 구부리지 말고, 무릎을 낮추도록 해야 한다.

(2) 오른발을 스텝 인 하면서 타구하라.

그림 6-39 발리의 달인 호주의 패트릭 라프터의 백핸드 발리

(3) 장 · 단점을 입력시켜라.

언제나 강렬한 스트로크로 경기를 끝내는 것은 아니다. 자신의 장점을 상대의 약점에 이용할 때 이기게 되어 있다.

이래서 경기 중 머리는 500GA의 듀얼 코어 컴퓨터처럼 빨리 움직여야 한다. 발리 성공률은 몇 %이고 톱스핀 성공률은? 또 상대의 로브와 슬라이스 실패율은?

이기는 선수들은 자신이 왜 이겼는지, 상대가 왜 졌는지를 안다. 이를 위해서는 경기가 끝난 뒤 그 경기의 진행과정을 바둑 끝난 뒤 복기 하듯 되살펴 보아야 한다.

그림 6-40 자신의 경기 내용을 컴퓨터에 입력해라.

5) 하프 발리(half volley)

(1) 하프 발리의 백스윙

하프 발리에서의 스윙은 라켓 면으로 휙 하고 땅바닥을 쓸어 올리듯이 하라. 스탠스는 넓게(스텝 인을 약간 크게 한다) 양 무릎을 구부리고, 허리를 낮게 가라앉힌다. 라켓 면은 약간 위를 향하게 하고, 슬라이스에 가깝게 임팩트하라.

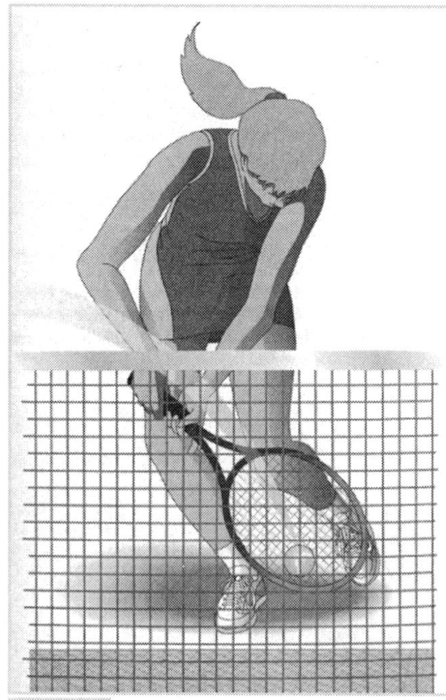

그림 6-41 양손 하프 발리는 간혹 마치 물고기를 망에 쓸어 담는 느낌으로 할 수 있다.

(2) 하프 발리는 오르는 순간에 재빨리 친다.

하프 발리의 스윙은 기본적으로는 로 발리와 같은데, 가장 어려운 것은 타이밍을 잡는 일이다. 왜냐하면, 하프 발리는 바운드 한 볼의 라이징(떠오르는 순간)을 재빨리 치는 것으로, 다시 말해서 축구의 골키퍼가 멀리 킥을 할 때 원 바운드 킥을 하거나, 야구의 외야수가 노 바운드에 잡기 어려운 상황에서 원 바운드 후 타구를 처리하는 것과 같은 원리이다.

6) 첫째도 연습, 둘째도 연습

(1) 풋워크

풋워이란 본능적으로 잘 작동되도록 몸에 배어 있어야 한다. 그렇게 하지 않는 한 몸에 밴 것이라고는 볼 수 없다. 그러나 이 풋워이 테니스의 모든 동작에 상관관계를 지니고 있음을 항상 염두에 두고서 행동을 취하는데 신경을 쓰는 것을 명심하고 있다면 유사 시(필요로 할 때)에 머리에 떠오르는 것보다 더 빨리 자연적으로 발이 움직여 줄 것이다.

한 예를 든다면 신장이 작은 마이클 창은 헤비급 왕자였던 무하마드 알리를 능가하는 발움직임을 하는 플레이어였다.

그의 움직임을 잘 보고 있으면 하나하나 머리로 생각하면서 행동하고 있음을 알 수 있다. 그림에서 보는 것처럼 「로 발리」로 받아 쳐 넘겨야 할 어려운 순간에도 강조한 것처럼 「눈, 손, 발, 다리」의 4요소가 한데 상응되면서 정확한 폿웜, 정확한 라켓의 위치에서 볼을 반구하고 있음을 알아야 한다. 이와 같은 요소를 개발하여서 자신의 폿웜을 숙달시키도록 노력하라.

(2) 효과적인 공격법

네트 가까이 에서 발리를 하는 것이 얼마나 효과적인 공격법인지, 그림을 보면 잘 알 수가 있다. 그라운드 스트로크에서는 좁은 각도로밖에 칠 수 없지만, 네트에 가까이 갈수록 칠 수 있는 각도가 넓어져 간다.

그림 6-42 현역시절 여자 서브 앤 발리의 대명사 마르티나 나브라틸로바. 그림 같은 환상의 발리를 구사했던 그녀는 한국에 다녀간 이력이 있다.

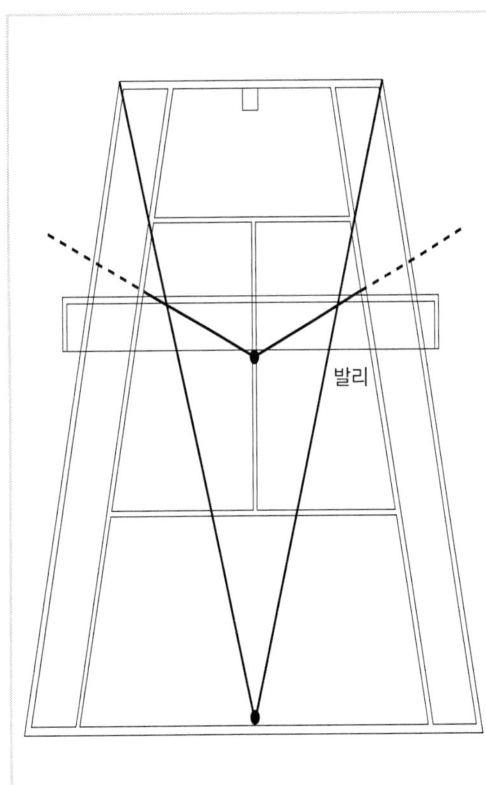

그림 6-43 위치에 따른 효율적인 발리의 각도

제 7 장 스매시

1. 스매시 연습
2. 스매시의 기본자세

1. 스매시 연습

그림 7-1 볼과 라켓이 없이 실시하는 스매시 연습

1) 오버헤드

그림 7-2 스매시의 준비자세

(1) 상대방에게 가슴을 감춰라.

로브를 포착하기 위해 후퇴할 때는 네트를 향해 모로 돌아서서 상대방이 가슴을 보지 못하게 해야 된다. 그림처럼 어깨를 틀고 백스텝을 해야 라켓 백스윙이 자연스럽고 임팩트 때 체중 이동이 저절로 이루어진다.

네트와 거의 정면으로 서서, 즉 가슴을 연 상태에서 오버헤드를 한다면 몸의 균형을 잃기 쉽고 임팩트가 늦기 쉽다. 이런 자세에서는 정타보다는 빗맞은 타구가 많다.

또한 앞발(왼발)이 허공에 뜨는 것은 좋지 않다. 점프 스매시가 아닌 한 발은 땅에 붙어 있어야 한다.

그림 7-3 오버헤드의 준비는 마치 적에게 항복하는 자세와 같다.

(2) 왼손을 레이더로 활용하라.

테니스를 제법 잘 하는 사람도 오버헤드에 두려움을 갖는 것은 볼의 낙하지점 포착이 정확하지 못하기 때문이다. 이 두려움은 왼손으로 제거할 수 있다. 로브를 쫓아 후진하면서 왼손으로 볼의 이동을 추적하면 정확한 타구 지점을 찾을 수 있을 뿐만 아니라 볼에 신경을 집중시킬 수 있다.

(3) 오버헤드의 준비는 마치 적에게 항복하는 자세와 같다.

상대방의 로브볼을 보는 순간 마치 적에게 항복을 표시하는 것처럼 양팔을 가볍게 위를 향해 들고 재빨리 네트를 향해 비스듬히 돌아서라. 이때, 당황하지 말고 침착하게 자신감을 갖고 대처하라. 이런 자세는 팔의 움직임을 부드럽게 해주며 스윙 시 리듬을 탈 수 있게 한다. 다음에 라켓을 쥐지 않은 손으로는 날아오는 볼을 가리키면서 라켓을 뒤로 메고 볼을 칠 준비에 들어간다. 이렇게 하면 볼이 타격 거리에 들어와 임팩트 될 때까지 볼을 주시하게 되어 타이밍을 맞추기 쉽다. 타구 시에는 상체를 뒤로 젖히고 손목의 스냅을 충분히 이용해 볼을 치되 반드시 어깨를 중심으로 팔, 어깨, 허리 등 몸 전체의 탄력을 이용하도록 하라. 강한 타구도 중요하지만 예리한 각도를 만들어 가능한 한 사이드로 때려라.

(4) 오버헤드를 잘 치려면 볼을 기다려라.

상대가 로브를 하는 순간 라켓을 등 뒤로 재빨리 둘러메라. 빨리 준비하는 것만으로도 볼을 기다려서 자연스럽고 탄력 있는 오버헤드를 할 수 있을 것이다.

그림 7-4 어깨 위에 쟁반을 옮기는 듯한 스매싱 준비자세

그림 7-5 야구의 좌칭 와인드 업과 같은 스매시 준비자세

(5) 오버헤드는 쿼터백처럼 하라.

오버헤드 샷일 때는 마치 미식축구의 쿼터백이 볼을 패스하듯, 그런 기분, 그런 자세로 때려야 한다.

쿼터백이 패스할 순간에는 온몸을 옆으로 돌리며 팔꿈치를 들어올린다. 테니스의 오버헤드도 똑같은 몸짓, 똑같은 요령이다.

비 오는 날, 눈 오는 날, 코트에 나갈 수 없을 때에 친구들과 어울려 미식축구 등 던지기를 하는 것도 좋은 방법이다.

(6) 왼손을 파라솔로 활용하며 햇빛을 가리도록 하라.

왼손을 파라솔로 활용하라. 즉, 몸을 비키며 왼손으로 햇빛을 가리면 그런 대로 볼을 정확히 볼 수 있게 된다.

스매시를 할 때 왼손은 3가지 중요한 구실을 한다.

첫째는 레이더 기능이다. 테니스에서 왼손은 더듬이다. 왼손을 뻗어 볼의 낙하지점과 타이밍을 포착해 보라.

왼손을 내리고 스매시를 할 때보다 훨씬 정확해질 것이다.

그림 7-6 해를 파라솔로 가리듯이 스매싱하라.

둘째는 해가 정면에 있을 경우 손바닥을 펴 햇빛을 가리는 것이다. '손바닥으로 어떻게 햇빛을 막느냐' 고 나무랄 사람이 혹시 있을지 모르지만 햇빛이 안 비칠 때와 같지는 않아도 스매시를 하는 데 지장이 없을 것이다.

셋째 임팩트 후 팔로스루 때 라켓을 쥔 오른팔과 왼팔을 엇갈리게 하면 파워를 증강시킬 수 있다.

2) 스매시(smash)

로브를 포착하기 위해 뒷걸음을 칠 때는 상체를 사이드라인 쪽으로 틀어 상대방에게 가슴을 보이지 않는 것이 중요하다. 가슴이 네트를 정면으로 향한 채 그대로 뒷걸음질하는 것은 아주 좋지 않다.

즉, 모로 돌아서서 높고 느린 로브에는 큰 걸음으로 천천히 후퇴하고, 낮고 빠른 로브에는 잔걸음으로 빨리 물러나야 한다.

효과적인 스텝을 손쉽게 익히는 방법으로 코트에서 차례를 기다릴 때나 평상 시 실내에서 볼이 전후좌우로 온다고 가상해 정확한 스텝을 밟아주는 것이 좋다. 이 연습을 많이 해 볼이 어디로 오든 자연스럽게 발이 나가야 한다. 풋웍을 생각한 다음 움직이면 늦다.

그림 7-7 피트 샘프러스의 전매특허처럼 여겨지는 호쾌한 점프 스매시

(1) 스매시 때의 풋웍

스매시에서 제일 중요한 것이 풋웍이다. 이렇게 말하는 이유는 그다지 잘 알려져 있지 않은 것 같으나 스매시 미스를 내는 원인이 거의 발의

위치가 나쁘기 때문에, 내려오는 볼에 너무 접근했다던가, 너무 떨어져 있던 탓이라고 하겠다. 스매시 타구를 하려면 날아오는 볼의 코스에 대하여 몸을 가로로 향하게 하여 아주 작은 스킵(Skip)을 하면서 후퇴하라. 볼이 떨어질 곳에 접근했으면 또 다시 보폭을 좁게 하면서 발의 위치 조정을 끝내라. 옥외코트에선 돌연 바람이 불기도 하여 최후 순간(동작은 구사하려는…) 흘러가버리고 마는 일도 있으므로 위에서 말한 것과 같은 풋워의 마음가짐이 필요하다. 그러므로 다가오는 볼의 코스를 잘 관찰하면서 반구할 수 있게 하기 위하여 빈손을 펴서 볼을 쫓는 움직임을 하는 것을 잊지 마라.

(2) 머리 위쪽에 있는 못을 박는 동작과 같다.

오버헤드의 타점은 앞발의 수직선상 또는 그보다 약간 앞쪽에 두어야 한다. 라켓은 최대한 길게 뻗어 타점을 높일수록 좋다.

그림 7-8 오버헤드의 타점은 앞발의 수직선상 또는 그보다 약간 앞쪽에 두어야 한다. 라켓은 최대한 길게 뻗어 타점을 높일수록 좋다.

목수가 망치로 못을 박듯 손목과 어깨를 유연하게 하라. 오버헤드 샷에 있어서 팔, 손, 라켓의 움직임은 쉽게 말해 망치로 머리 위쪽에 있는 못을 박는 동작과 유사하다. 높게 로브 된 볼을 오버헤드하기 위해서는 우선 팔과 허리의 긴장을 의도적으로 풀면서 라켓을 재빨리 등 뒤로 빼도록 하라. 이때 이상적인 그림은 손가락을 약간 핀 상태에서 이스턴 포핸드그립과 백핸드그립의 중간쯤으로 돌려 잡아라. 그리고 볼이 임팩트 존에 도달했을 때 목수가 벽에 못을 박듯이 손목에 스냅을 주고 팔을 완전히 펴서 라켓을 부드럽게 들어 올려 볼을 주시하고 가격해 보라.

위력적이고 정확한 스매시를 구사하기 위해서는 라켓을 등 위로 와인드업, 빨리 준비자세를 취하여 빠르고 힘 있게 가격해야 하므로 스윙 시 라켓을 느슨하게 잡고 손목과 어깨는 되도록 힘을 뺀 상태로 움직여야 한다. 강타를 의식하면 팔과 어깨에 불필요한 힘이 들어가 경직되기 쉬운데, 이것은 대단히 나쁘다.

또 스매시 준비자세에서 왼발이 반드시 앞에 위치해야 한다는 점도 기억해 두라. 그러나 뒤로 물러설 여유 없이 빠르게 머리 위로 넘어가는 볼은 바운드 시켜 그라운드 스트로크를 처리하는 것이 유리하다. 점프 스매시가 있지만 이는 초보자들이 구사하기에 쉽지 않다.

스매시의 동작은 서비스와 유사하다. 다른 점이 있다면 서비스는 본인이 토스한 볼을 치는 것이므로 타점과 타이밍을 조절하기 쉬우나, 스매시는 상대방이 띄운 로브를 쫓아가 처리하는 것이므로 볼의 낙하지점 포착, 풋웍, 타이밍 조절 등이 어렵다는 것이다.

그러나 이 어려움은 이치 터득과 연습으로 극복할 수 있다. 스매시의 이상적인 그립은 서비스처럼 컨티넨탈이다(네트 플레이의 그립은 컨티넨탈이다).

스매시에서 가장 중요한 것은 볼의 낙하지점 예측이다. 야구의 외야수들이 플라이를 잡는 연습을 하듯이 연습을 하라. 파트너와 함께 하면 더욱 좋고 아쉬운 대로 혼자 볼을 던지고 뒷걸음질치며 잡는 연습을 해도 좋다.

볼이 깊어 베이스라인으로 후퇴할 때는 가슴을 네트로 향하게 하지 말고 상체를 틀어 모로 돌아 백스텝을 밟아라. 정면을 보며 그냥 뒷걸음질하는 것은 나쁘다.

로브를 쫓아가, 볼의 정확한 낙하지점을 포착할 때는 왼손(오른손잡이)을 레이더로 사용하라. 즉, 왼손을 들어 볼을 가리키면 타점과 타이밍을 맞추기 쉬워진다. 타점은 몸 앞에 두라. 많은 사람들이 머리 바로 위에 타점을 놓고 세게 치려고 하기 때문에 범실이 많다.

타구요령은 처음엔 라켓을 미리 어깨 위에 놓고 기다렸다가 임팩트 하는 것이 바람직하다. 이 폼으로 자신 있게 스매시 할 수 있게 되면 타이밍을 맞춰서 와인드업을 하라.

임팩트 때 어깨, 팔에 힘이 들어가는 것은 아주 나쁘다. 부드럽게 해서 라켓을 던지듯 스윙하라. 그리고 최종 순간 손목 스냅의 활용을 잊지 마라.

스윙 연습으로 이 동작을 익히고 실제로 스매시를 하라. 네트 앞에 서 있다가 로브를 쫓아 후퇴, 낙하지점을 포착해 스매시를 하기란 쉽지 않을 것이다. 그러나 처음에는 세게 친다는 생각을 버리고 라켓으로 맞춘다는 기분으로 임한다면 점차 자신감이 생길 것이다. 스매시를 연습할 때 우선 코스는 대각선으로 잡아라. 대각선에서 직선으로 가는 것이 원칙이다.

① 임팩트와 팔로스루

임팩트의 방법은 볼의 위치나 방향에 따라 조금씩 다르지만 기본적으로 서비스와 비슷한 형태로 이루어진다.

임팩트 순간 손목은 강하게 고정시켜야 하며 스윙은 가능한 한 앞쪽으로 내뻗고 손목 스냅을 이용, 강하게 후려쳐야 한다.

② 자신감

스매시의 자신감은 많은 연습을 통해서 얻을 수 있는 것이지만 이에 앞서 상대방의 로브를 자신이 득점하기에 좋은 기회로 생각하는 것이 매우 중요하다.

'실수하면 어떻게 하나' 라는 두려움은 진짜 실수로 연결되거나 약한 스매시 밖에 못해 역습 당하기 쉽고 결국 자신감을 잃게 만든다. 따라서 처음에는 기본기를 정확히 지키되 '실수해도 좋다' 는 기분으로 과감하게 스매시를 하는 것이 좋다.

2. 스매시의 기본자세

1) 기본자세

(1) 스매시의 임팩트

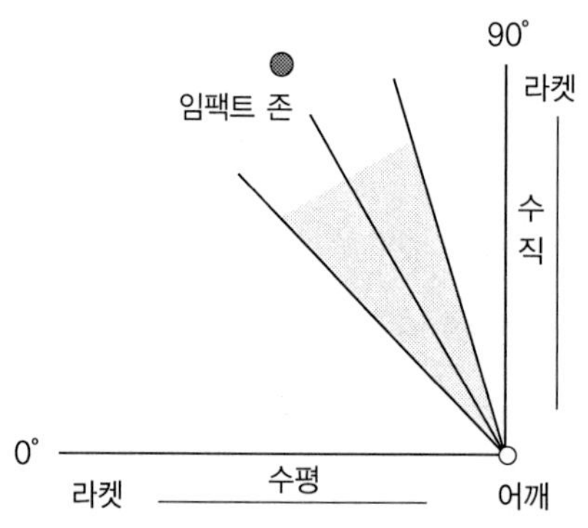

초보자들은 머리 바로 위에서 임팩트를 해야 되는 줄로 믿고 있는데, 사실과 다르다. 오른팔을 어깨와 수평이 되게 들었을 때를 0°, 수직이 되도록 머리 위로 들었을 때는 90°로 한다면 스매시의 임팩트 지점은 45°~70°의 지점에 있다. 어떠한 경우에도 어깨 수직선상은 아니다. 45°~75°의 각도 조절은 스매시를 하는 위치에 따라 해야 된다. 스매시를 하는 위치가 네트에서 멀수록 수직에 가까워진다.

그림 7-9 스매시의 임팩트 지점

(2) 팔로스루

스매시의 팔로스루는 야구에서 투수의 오버드로와 같다. 임팩트 한 볼을 라켓으로 땅바닥에 내려치는 기분으로 쳐 내린다. 상체로 덮치듯이 하면서 볼을 밀어 내릴 수 있다면 더 바랄 것이 없다. 마무리에서는 몸 앞에서 양손으로 교차시키는 것 같은 모습이 된다. 마무리 후에는 즉시 자세를 고쳐 잡아 준비 자세를 취한다.

그림 7-10 스매싱의 팔로스루는 동작이 야구피칭의 마무리 동작과 흡사하다.

(3) 백보드

스매시 연습에 아주 좋다. 스매시는 백보드를 향해 직접 하지 말고 백보드 아래 지면에 해야 된다. 지면을 맞고 백보드에 부딪혔다가 튀도록 하라. 라켓, 지면, 벽을 잇는 당구의 쓰리쿠션의 원리다. 그러면 볼은 로브와 같이 튄다. 전후좌우로 움직이며 같은 이치로 계속 스매시 할 수 있다.

① 백보드에서 하는 스매시 연습

백보드 아래 지면에다 때려 볼이 백보드에 부딪힌 다음 튀게 한다. 스매시가 정확하면 계속할 수 있다.

② 멀리 보고 깊숙이 때려라.

스매시는 먼 곳을 향해 깊이 때려야 안전하고 위력도 높다. 네트 앞에 강타하여 상대방의 키와 펜스를 아예 넘겨버리는 수도 있으나 이는 예외이다. 길게 보고 크로스 코스로 때리는 것이 좋다.

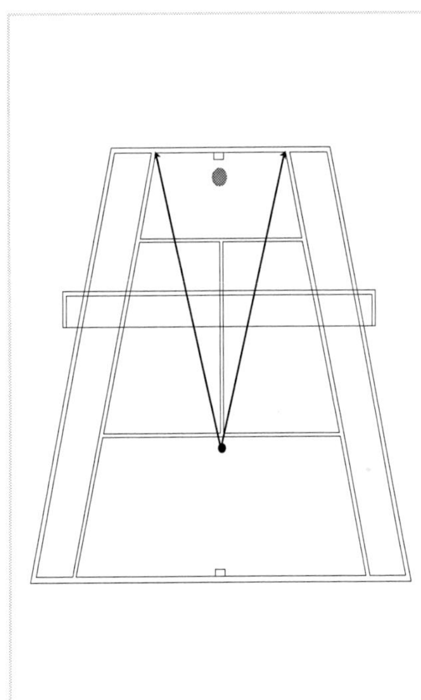

그림 7-11 스매시의 크로스 코스

2) 점핑 스매시의 스윙

점핑스매시라고는 하지만 기본적으로는 보통의 스매시와 방법은 다른 것이 없다. 다만, 주의해야 할 것은 테이크 백에 있어서의 오른쪽 무릎이다. 낙하점으로 들어가면 먼저 이 오른쪽 무릎을 한껏 구부려, 여기에 체중을 모아 놓도록 한다. 보통의 스매시 때보다도 더 오른쪽 무릎의 스프링 역할이 중요해지게 된다.

점핑 스매시에서 가장 중요한 포인트는, 공중에서 임팩트 할 때의 몸의 균형이다. 이것이 허물어지면 아무리 높이 점프했더라도 좋은 볼을 칠 수가 없다. 그래서 도움이 되는 것이, 공중에서 양발 사용이다. 땅을 박차고 올라간 오른발을 그대로 차올리는 것처럼 앞으로 가져가, 왼발과 교차시킨다. 마치 흔들이 운동과도 같은 이 양발의 스윙이 공중에서 볼을 칠 때 상체의 힘을 만들어 내는 열쇠가 된다.

여자 경기의 비너스 자매, 남자의 피트 샘프러스의 경기에서 그들의 스매싱은 언제나 시원스럽게 느껴진다.

(1) 점핑 스매시의 연습

라켓으로 네트를 치는 것을 신호로, 파트너가 볼을 높이 던져 올린다. 치는 사람은 물러서서 점프, 볼을 스매시하고 나면 다시 네트로 돌아와서 똑같이 반복한다.

3) 스매시의 나쁜 예 · 좋은 예

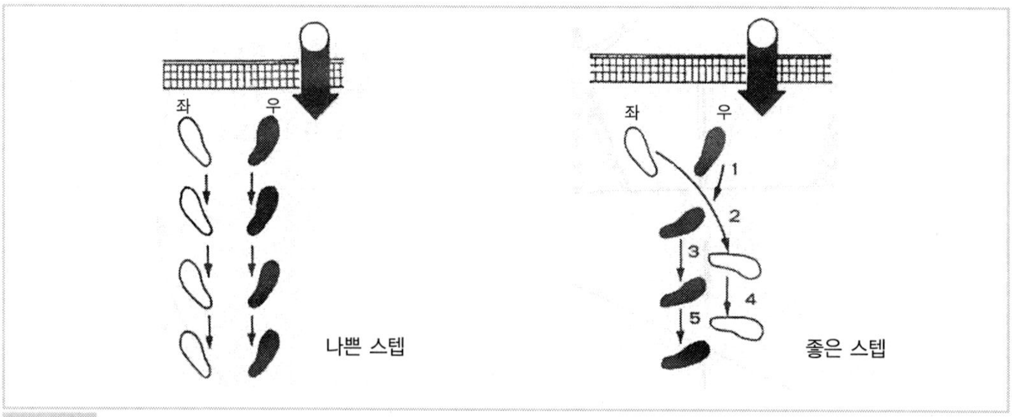

그림 7-12

그림 7-13 야수가 높이 뜬 볼을 잡을 때처럼 고개를 들고 히트 포인트를 잡아야 한다.

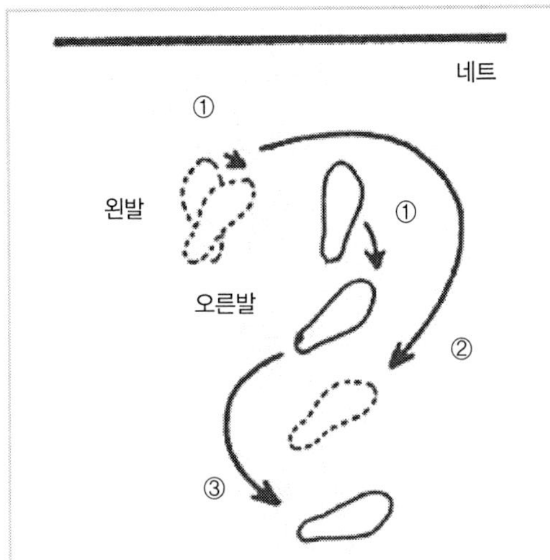

그림 7-14 오버헤드를 위한 백스텝의 풋웍

스매시 기회라고 생각한 순간 오른발을 뒤로 빼며 왼발을 틀어 몸을 모로 돌린다.

로브가 깊어 뒤로 물러날 때는 왼발이 오른발 앞을 가로질러 딛고 오른발에 스매시를 한다.

로브가 아주 깊을 때는 ②, ③을 반복해서 계속 물러나면 되는데, 선수들은 대부분이 점프 스매시를 한다(왼발로 착지). ③에서 점프해도 안 닿는 로브는 대부분 아웃이거나 절묘한 로브다.

4) 그라운드 스매싱

스매시라는 것은, 원래가 낙하해 오는 볼을 다이렉트로 치는 것인데, 예외도 있다. 상대방의 로브가 너무나도 높게 떴다든지, 깊을 경우, 마치 수직으로 낙하해 오는 볼을 치는 느낌으로 되어버리는 수가 있다. 이런 것은 히트 포인트도 잡기가 어려운데다가, 가속도도 붙어 있어서 매우 치기가 거북하다.

이런 때에는 원 바운드 시켜서 치면 보통의 스매시와 같은 자세로 임팩트가 가능해진다. 그밖에도 네트 바로 앞으로 로브가 올라가서 스윙하기가 거북하다든지, 바람이 강한 날 등은 이 원 바운드 시킨 그라운드 스매시가 위력을 발휘한다.

그림 7-15 깊은 로브의 경우 다이렉트보다는 원 바운드 후 스매싱을 하도록 한다.

5) 스매시의 팔로스루

힘껏 내리쳐도 타구에 파워가 나지 않는 것은 팔로스루를 하지 않기 때문이다. 대부분의 플레이어들은 그라운드 스트로크만 팔로스루를 충분히 해야 되는 줄 알고 있는데, 이는 잘못된 생각이다.

스매시를 할 때는 임팩트 후 공손한 인사를 하듯 허리를 굽혀야 타구에 체중이 실린다. 팔로스루는 라켓을 잡은 팔이 몸 앞을 가로지르게 하고, 허리를 살짝 굽혀라. 이러한 자세는 스매시의 훌륭한 마무리일 뿐 아니라 다음 샷의 준비에도 유리하다.

제 8 장 서비스

1. 서비스

1. 서비스

1) 실내에서의 서비스 훈련

서비스는 그라운드 스트로크와 더불어 테니스의 기본이 되는 동작 중의 하나이다. 서비스가 잘 되지 않으면 게임도 잘 풀리지 않는다. 그만큼 중요한 스트로크라는 뜻이다. 그 때문에 똑같은 동작을 몇 번이고 반복하여 서비스를 자기 것으로 만들 필요가 있다. 그러나 실내에서는 라켓을 들고 훈련하기가 위험하다.

여기서 라켓을 긴 목욕수건으로 바꿔 들고 서비스의 이미지트레이닝을 해보자. 그림에서와 같이 목욕수건의 한쪽 끝을 묶어 추의 역할을 수행하게 한다. 이것을 라켓이라 생각하고 마음껏 스윙을 한다. 이때 수건이 느슨해져선 안 된다. 팔꿈치의 사용방법이나 스윙리듬이 나쁘면 수건이 쳐지게 된다. 또 서비스 이미지를 머리에 새기는 것이 목적이므로 연속해서 몇 번이고 반복할 필요가 있다.

그림 8-1 수건을 묶어 서비스 자세와 비슷한 스윙을 한다.

2) 서비스의 연습

그림 8-2 맨손으로 던지기부터 하라. 서비스 동작은 던지기 동작과 유사하다.

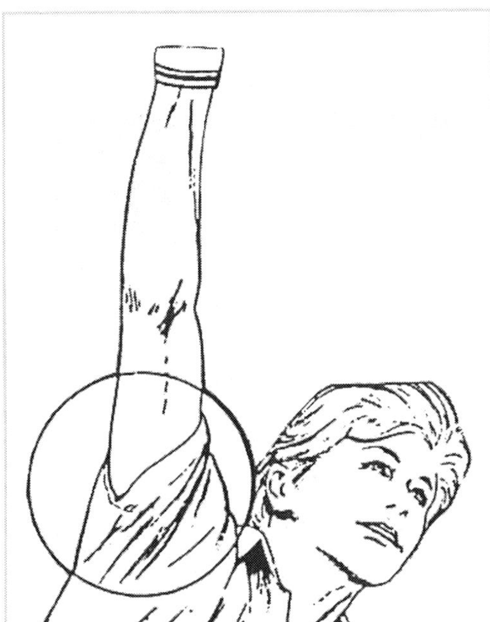

그림 8-3 어깨를 항상 부드럽게 워밍업하라.

그림 8-4 훌륭한 서비스의 첫 걸음은 이상적인 토스에서 시작된다.

(1) 서비스의 자세는 동(動)으로 들어가기 전의 정(靜)이다.

잔잔하게 겨냥해서 실시하라.

배터 박스에 들어간 타자와도 같은 기분으로, 피처(상대방 코트)를 단단히 노려보며 호흡을 가다듬는 것이다.

그림 8-5 스탠스는 어깨 넓이나 약간 넓은 듯한 것이 좋다. 하반신은 단단히 안정시킬 것. 무릎은 자동차의 완충장치(absorber)처럼 탄력성을 유지하도록 하라.

그림 8-6

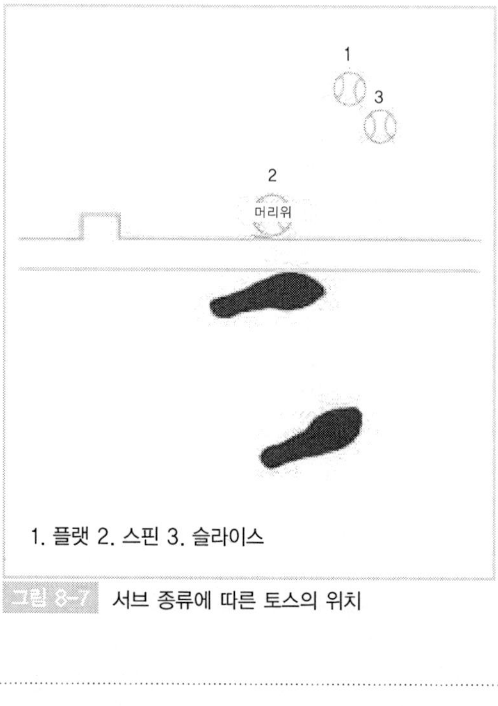

그림 8-7 서브 종류에 따른 토스의 위치

(2) 훌륭한 서비스 기본 요소

① 플랫서비스의 경우 토스는 몸 앞에서 해야 된다. 대부분이 머리 위로 하는데 이런 토스는 서비스에 체중을 실을 수 없다. 임팩트하지 않았을 경우 토스된 볼은 전방 50~60㎝ 지점에 떨어져야 한다.

② 타점은 몸과 라켓을 최대한 펼친 곳, 높은 곳에 둘수록 이롭다. 점프를 하는 동호인은 토스를 낮게 하고 뛰게 하기 때문에 라켓을 쭉 펴지 못한 상태에서 임팩트하는 것이 보통이다.

③ 팔꿈치를 올려라.

서비스 때 상체를 젖혀 지렛대처럼 사용하기란 쉽지 않다. 이 효과를 대신하는 것이 라켓의 운동량을 크게 하는 것이다. 즉, 라켓 헤드를 등에 닿도록 떨어뜨렸다가 임팩트하면 되는데, 팔꿈치를 최대한 들어올리면 라켓은 자연히 등에 닿는다. 이 상태에서 라켓을 던지는 기분으로 스윙, 몸 앞에서 임팩트하면 좋은 서비스를 구사할 수 있다.

(3) 서비스 때는 흑 잡고 바둑 두듯 하라.

서비스 때는 마치 바둑 둘 때 흑 선으로 두듯이 공격적이어야 한다. 흑을 잡은 사람은 선수의 이를 십분 활용, 공격적이어야 하며 백을 쥔 사람은 방어적, 피동적일 수밖에 없다.

테니스도 마찬가지다. 서비스는 선수에 해당하므로 공격적이어야 하고 상대는 수비적으로 만들어야 한다.

상대의 허술한 곳을 노려 자기의 장기를 폭발시켜라.

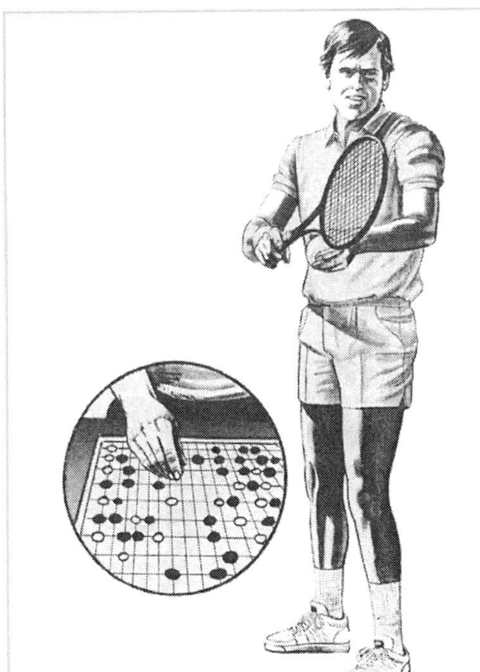

그림 8-8 서비스는 선제공격과 같다.

(4) 달걀을 토스하듯이 부드럽게 하라.

그림 8-9 토스는 날달걀을 띄우는 느낌으로 하라.

만일 서비스 토스에서 볼을 일관성 있게, 그리고 정확히 띄우는 데 어려움을 겪고 있다면, 손가락으로 볼을 너무 꽉 쥐고 있기 때문인지도 모른다.

볼을 꽉 쥐는 것은 손과 팔을 경직시켜 토스의 배구(placement)를 방해한다. 이 문제를 시정하기 위해서는 토스를 시작할 때 깨지기 쉬운 달걀을 띄워 올린다고 상상하면 된다.

달걀을 너무 꽉 쥐고 토스한다면 얼굴은 달걀 투성이가 되고 말 것이다.

그러므로 토스를 할 때는 그림에서와 같이, 볼을 손가락 끝 부분에 올려놓고 위를 향하여 서서히 들어올린다. 그리고 손이 머리 높이에 도달했을 때 볼이 손을 자연스럽게 떠나도록 띄워 준다.

토스는 보다 더 일관성 있고 정확해질 것이며 나아가서 상대방을 위협하는 서비스를 구사하게 될 것이 명백하다.

(5) 헌 라켓이나 볼을 멀리 던진다.

좋은 서비스는 토스와 라켓 와인드업이 조화를 이룰 때 가능하다. 서비스의 타점은 전방 높은 곳일수록 좋다. 이 지점에 정확히 볼을 띄울 수 있는 능력이 우선 필요한 것이다.

매일 토스연습을 하라. 이때 주의할 것은 토스는 볼을 던지는 것이 아니라 사뿐히 띄우는 것이다. 이때 손가락 · 손목 · 팔꿈치가 굽는 방향이 토스할 때 볼에 영향을 준다는 것을 참고하라.

라켓의 와인드업은 스윙 폭이 클수록, 즉 라켓의 운동량이 많을수록 파워를 낸다. 그러나 스윙이 크면 토스와의 타이밍을 맞추기 어렵게 된다.

서비스가 강한 플레이어는 서비스 때 라켓이 등 뒤에서 8자를 그리며 회전하는데, 서비스가 약한 사람이 라켓을 어깨 위로 올렸다가 그냥 치는 까닭은 바로 이 타이밍 때문이다.

서비스 와인드업을 연습하는 좋은 방법이 몇 있다. 서비스 동작 연습은 야구의 정통파 피처처럼 over throw로 볼을 던지듯 던져봐라.

또 헌 라켓이 있으면 상대 코트너머로 라켓을 던져라. 라켓을 던지려고 와인드업할 때 라켓 헤드가 등을 스치도록 하면 더욱 효과적이다. 이 동작이 잘 되지 않으면 헌 스타킹에 볼을 넣어 묶고, 계속 서비스 스윙 동작을 하라. 스타킹이 등 뒤에서 8자로 회전하도록 하라. 이것은 곤봉 돌리기와 같다.

그림 8-10 서비스 연습은 라켓을 던지듯이 해라.

이제 문제는 토스와 라켓 스윙의 타이밍을 맞추는 것이다. 처음에는 타이밍이 잘 맞지 않겠지만 토스의 스피드와 높이를 조절하면 이루어질 것이다. 처음 타이밍을 익힐 때는 세게 치려고 하지 마라.

(6) 토스는 창문 가리개를 열듯이 하라.

서비스 동작을 할 때 힘들이지 않은 상태에서 부드럽고 유연하게 해야 한다. 이 같은 권고는 볼을 가격(hit)하는 쪽의 팔만이 아니라 볼을 던져 올리는(toss) 다른 한쪽 팔에도 적용되는 것이다.

마치 용수철이 분출하듯이 갑자기 튀어 오르듯 토스하는 볼은 정확히 히트시킬 수 있는 볼의 위치를 포착하지 못하게 할 뿐 아니라 히트할 순간(timming)마저도 놓치게 한다.

이런 습관이 있는 사람은 볼을 손에서 던져 올릴 때, 마치 창문에 드리워 있는 가리개를 연다고 상상하는 가운데 팔을 동작하면 올바른 토스 동작을 할 수 있게 될 것이다. 창문 가

그림 8-11 토스를 할 때는 롤블라인더를 올리듯이 한다.

그림 8-12 토스는 서비스를 좌우한다.

리개는 스프링이 장치되어 있어 조금만 들어올려도 드르르 말리면서 열리게 마련인데 이때, 손잡이를 놓아버리면 순식간에 손의 조정에서 벗어나 롤러에 세차게 부딪히면서 감기게 된다. 이처럼 난폭하게 여닫으면 가리개는 곧 파손되고 만다. 가리개가 스프링의 힘에 따라 감겨 올라가는 것은 가볍게 제어하면서 속도가 고르고 부드럽게 되어 롤러에 완전히 감길 때까지 손잡이를 놓지 말고 조정해야 한다.

볼을 토스하는 요령도 바로 이와 똑같다. 갑자기 손이나 팔의 동작을 정지시키는 감을 느끼면서 볼을 공중에 내던지면 안 된다. 부드럽게 앞쪽으로 볼을 들어올려 마치 유리창 가리개를 열 듯 해야 한다. 그런 다음에 볼을 잡고 있는 손가락의 조정으로부터 볼이 떠나가게 해야 한다.

(7) 보다 강한 서비스를 위해 무릎을 구부려 보라.

프로테니스 선수 중에서도 강 서버가 서비스하는 순간을 보게 될 때, 그들의 다리를 관찰해 보라. 프로선수들의 한 가지 공통점을 지니고 있음을 알게 될 것이다. 즉, 볼을 향해 팔을 뻗어 올려치기 전 무릎을 구부려 접는다.

이와 반대로 테니스 동호인들은 오랫동안 뻣뻣이 서 있다가 서비스를 넣는 경향이 많다. 모든 힘이 팔과 어깨에 가중될 수밖에 없어 결국 힘의 낭비만 초래한다. 라켓 머리를 등(back) 뒤로 돌린 자세에서 다리를 굽힌 뒤 서비스를 실시해 보라. 몸을 위쪽으로 뻗어 젖혀 라켓을 볼에 맞출 순간까지 힘을 가속시키는 데 수월한 것이다.

서비스 동작은 훨씬 유연하고 힘이 넘치게 된다. 이와 같은 무릎의 활용은 골프에서도 마찬가지이다. 타이거 우즈나, 미셸 위, 박세리, 존 델리가 괴력의 장타를 뿜어내는 것도 바로 이 슬관절을 잘 활용하기 때문이다. 보다 강한 서비스를 진정으로 원한다면 무릎 굽히는 것을 잊지 말라.

그림 8-13 서비스 자세는 물 흐르듯이 부드럽게 하라.

(8) 덤벨로 근육을 단련시키자.

훌륭한 폼과 좋은 토스를 갖고 있으면서도 위력적인 서비스를 구사하지 못하는 플레이어들이 의외로 많다. 이들은 여러 가지 원인이 있겠으나 대체로 힘을 효과적으로 발산하지 못하거나 서비스를 넣는 데 필요한 근육이 발달하지 않은 데 이유가 있다. 이 결함은 라켓 대신 덤벨을 들고 서비스 연습을 함으로써 보완할 수 있다. 힘과 연령에 따라 2~5파운드의 덤벨 중 적당한 것을 골라 스윙 연습을 하는 것이다.

그림 8-14 부드러운 회초리 같은 스윙으로 강하게 임팩트하라.

덤벨이 등에 바짝 닿도록 하고 어깨와 팔의

근육을 발달시킨다. 단 이 연습은 무리하지 않도록 주의할 필요가 있다. 이 연습이 벅차면 헌 라켓을 던지는 것도 좋다.

(9) 스윙은 리듬과 조화가 중요하다.

스윙은 준비자세에서 토스와 동시에 실시하는데, 하체와 상체, 라켓을 잡은 팔이 리드미컬한 조화를 이루도록 하는 것이 중요하다.

① 토스와 동시에 라켓을 내려 백스트레치를 시작한다. 체중은 오른발로 옮긴다.

② 라켓 잡은 팔을 올리며 왼쪽 다리를 앞으로 내민다(발은 떼지 않는다). 이 동작은 무릎을 굽힘으로써 자연스럽게 이뤄진다. 몸을 활처럼 휘어 라켓을 등 뒤에서 회전시킬 준비를 한다.

③ 오른 팔과 라켓이 수평에 가까워질 때 오른쪽 팔꿈치를 최대한 들어 올려 라켓헤드가 등에 닿도록 떨어뜨린다.

④ 볼을 향한 전방 위쪽으로의 체중 이동은 라켓의 백스트레치를 완전하게 돕는다.

⑤ 임팩트 타이밍은 백스트레치 상태에서 볼을 향해 라켓을 스윙하기 전에 조절한다.

그림 8-15 마뉴엘라 말리바의 아름다운 서비스 자세

그림 8-16 구부렸던 팔꿈치를 힘차게 뻗으면서 스핀을 걸어라.

그림 8-17 서비스 동작은 피칭과 유사하다.

그림 8-18 투창의 릴리스와 서비스 임팩트의 유사성

(10) 야구 피처처럼 어깨를 돌려라.

야구 피처가 빠른 볼을 던지기 위해 와인드업하는 것을 보았을 것이다. 그는 어깨를 뒤로 돌림으로써 상체를 뒤틀게 되고 스프링처럼 탄력 있는 힘을 얻게 된다. 이와 똑같은 방법으로 테니스 코트에서 서비스할 때 더 큰 힘을 얻을 수 있다. 서비스 동작으로 라켓을 등 뒤로 돌리면 어깨는 네트에서 먼 쪽으로 돌아가게 된다. 코트 쪽으로 몸을 기울이면서 위쪽으로 스윙하여 볼을 때리면 어깨가 앞으로 돌아가면서 증가된 힘을 얻게 된다.

(11) 서비스는 투창 선수처럼 팔을 뻗어서 치라.

투창 선수의 경기를 보았다면, 그가 창을 던지는 순간 팔을 쭉 내밀면서 몸을 길게 뻗는 것을 보았을 것이다. 이렇게 몸을 뻗으며 앞으로 나가면 몸의 근육은 펴졌다가 움츠러들면서 그가 낼 수 있는 모든 힘을 창 던지는 데 효과적으로 집중할 수 있게 된다. 서비스를 넣을 때는 이 폼(form)을 기억하라. 투창 선수처럼 내밀면서 뻗어라. 선수들처럼 앞으로 달려 나오면서 하는 서비스는 못한다 하더라도, 몸을 몇 센티미터만이라도 뻗어서 볼을 치면 서비스를 더 강하고 깊이 있고 정확하게 할 수 있게 될 것이다.

(12) 훌륭한 서비스의 첫째 조건은 정확하며 일관성 있는 토스이다.

훌륭한 서비스의 첫째 조건은 정확한 토스라고 생각한다. 열 번이면 열 번 모두 동일 목표 지점에 토스할 수 있어야 한다. 그러나 대부분의 초보자들은 토스의 높이와 코스가 제멋대로이다. 따라서 자신에게 적합한 서비스 타점을 선정, 그곳에 정확히 볼을 토스하는 연습을 하는 게 좋은 서비스를 위해 우선해야 할 일이다. 이상적인 서비스 타점은 몸과 팔, 라켓을 최대로 뻗은 지점으로서 몸 앞이어야 한다. 많은 클럽 동호인들이 자신의 머리 위에서 임팩트하고 있으나 플랫서브의 경우 이곳에 타점을 두면 체중이 실리지 않는다. 또한 토스한 볼은 가능한 한 수직으로 올라가야 한다. 그러나 간단한 것 같아도 볼을 수직으로 띄우기란 쉽지 않다. 몸 앞에서 수직으로 띄우려 해도 볼은 아마 흐르듯 머리 뒤쪽으로 넘어갈 것이다. 이는 새털을 날리듯 볼을 띄우지 않고 던짐으로써 은연 중 관절(손가락, 손목, 팔꿈치)이 사용되기 때문이다. 볼을 이상적인 타점에 똑바로 띄우려면 굴뚝 벽면에 닿지 않게 해서 굴뚝 밖으로 내보내는 기분으로 토스해야 된다. 볼을 정확히 토스할 수 있게 되면 라켓으로 맞추는 연습을 하라. 이때 라켓의 와인드업과 토스한 볼의 타이밍을 맞추는 것이 중요하다. 처음에는 세게 치려 하지 말고 라켓 면 중앙에 정확히 맞추는데 중점을 두라. 다음은 타구에 체중을 실어 서비스의 위력을 높일 차례이다. 서비스의 파워를 높이려면 투수(야구)의 피칭 폼을 응용하라. 라켓 잡은 팔을 최대한 뻗어 라켓 면과 볼이 접촉하도록 하라. 투수처럼 실제로 볼을 던져 보면 서비스를 넣는데 많은 도움이 될 것이다. 볼을 던지면서 어깨, 팔, 손목을 어떻게 움직이나 점검

그림 8-19 정통파 투수의 투구모습과 유사하다.

해 보라. 볼을 세게 던지기 위해 상체를 오른쪽으로 틀어 팔의 운동량을 가능한 한 크게 해 볼을 놓는 순간 손목 스냅을 활용하라. 또한 팔을 최대한 뻗은 몸 앞 지점에서 볼을 손안에서 놓아 보라. 서비스 폼은 투수가 피칭하는 동작과 똑같다.

그림 8-20 보리스 베커의 붐붐 캐넌 서비스

(13) 안전 · 위력을 겸한 제2서비스 연습을 하라.

폴트를 해도 어떤 폴트를 하는지 리스트를 작성하라. 병을 고치려면 병인을 알아야 한다.

가령 아웃이 많다면, 토스를 머리 위로하거나, 타이밍을 못 맞춰 늦게 임팩트하거나, 임팩트 순간 손목스냅을 활용하지 못하거나 토스가 낮기 때문이라는 나름대로의 이유가 있다. 따라서 왜 폴트가 됐나를 자각한다면 좋은 서비스를 갖고서도 실전에 들어가면 더블 폴트를 자주 하는 플레이어도 있는데, 이는 일종의 심리적 원인 때문이 아닌가 생각된다.

대부분의 동호인이 제1서비스에 비해 제2서비스는 약하다. 제2서비스는 상대방에게 공략 당한다. 그러므로 첫 서비스에 실패하면 마음이 흔들리고, 그 영향으로 토스가 불안정해지는 등 더블 폴트를 자초하게 된다.

따라서 첫 서비스의 확률을 높이고, 안전하면서도 상대방이 쉽게 공격하지 못할 정도의 제2서비스 연습을 별도로 해야 한다. 대부분 첫 서비스 연습에만 주력하는데, 제2서비스 연습도 반드시 필요하다.

그림 8-21 목표를 세우고 연습하라.

서비스는 파워, 스핀도 중요하지만 플레이스먼트가 중요하다. 보내고 싶은 곳에 정확히 보낼 수 있는 능력을 소유해야 한다. 이 능력은 부단한 연습으로 생긴다. 서비스 연습을 할 때 테니스 불통 등으로 목표물을 설치, 그곳을 겨냥해 서비스를 넣어 보라. 머지않아 효과가 나타날 것이다.

(14) 서비스 착점과 자기 사이에 터널이 있다고 생각하라.

강력한 힘보다는 정확한 착점이 효과적인 서비스의 열쇠이다. 불행하게도 많은 동호인들이 서비스 위치에 서서 상대방 코트를 한 번 슬쩍 보고는 정확한 착 점을 잘 생각하지 않고, 그냥 강력한 서비스를 넣으려 한다.

이런 부류의 선수라고 생각되는 템포를 조금 늦추고 착 점에 신경을 써라. 그리고 서비스 동작을 연결하는 터널이 있다고 생각하라.

이 터널은 목표지점 이외의 모든 것을 보이지 않게 막아서 보다 쉽게 조준할 수 있도록 할 것이며, 서비스를 목표지점에 곧바로 갈 수 있게 해줄 것이다. 가상의 터널을 사용하여 성공적인 서비스를 하는 방법을 찾아라.

그림 8-22

(15) 담 앞에서 서비스 연습

서비스에서 범하기 쉬운 잘못 중 하나는 토스 장점에서 타점을 맞추지 못하는 것이다.

대부분의 플레이어가 기다리다 볼이 너무 많아 낙하한 다음 스윙을 하여, 정확하고 시원한 서비스를 구사하지 못한다(토스가 낮아도 같은 경우가 된다).

서비스에서 최대의 파워를 내기 위해서는 몸과 팔과 라켓을 펼칠 대로 펼쳐 가장 높은 지점에서 타구해야 한다.

서비스 타점을 높이기 위한 한 가지 방법은 서비스를 넣을 때 전방에 높은 담이 있다고 가상하는 것이다(이 담은 자신이 의도하는 서비스 타점의 높이와 같아야 좋다).

그러면 서비스를 넣을 때 볼을 높이 쳐 담을 넘기도록 압박을 받을 것이다. 또한 자동적으로 신체의 모든 부분을 쭉 뻗어 타구, 보다 큰 파워를 생산할 수 있다. 그러므로 담을 이용한다면 훨씬 강력한 서비스를 소유하게 될 것이다. 타점이 높아지면 파워뿐 아니라 확률도 높아진다.

그림 8-23 담을 이용한 서비스 연습

그림 8-24 데이븐 포트의 서비스 토스자세

그림 8-25 마르티나 힝기스의 슬라이스가 가미된 서비스 임팩트 직전의 자세

(16) 서비스를 구사할 때 손목의 스냅은 대단히 중요하다.

임팩트 순간 손목의 스냅을 잘 활용해야 컨트롤이 가능하고, 스핀과 파워를 생산할 수 있다.

(17) 포워드 스윙 때 손목에 스냅을 주도록 하라.

서비스를 넣을 때 토스와 동시에 라켓을 와인드업, 임팩트 전 상황은 라켓 헤드로 등을 긁는 듯한 모양이 된다.

이때까지 그립은 부드럽게 잡아야 한다. 강한 서비스를 넣으려고 그립을 꽉 잡으면, 상체가 뻣뻣하게 굳어 역효과가 날 뿐 아니라 손목 스냅도 사용할 수 없게 된다.

서비스 구사 시 손목 사용이란, 라켓을 젖혔을 때 함께 젖혔던 손목을 포워드 스윙 때 전방 오른쪽으로 비틀어 라켓의 이동에 가속도를 주는 것을 말한다.

즉, 손목 스냅을 활용하면 라켓이 공기를 가르는 '획' 소리가 크게 난다. 이 점을 확인하라.

(18) 타점 위치와 팔로스루를 점검하도록 하라.

① 플랫 서비스의 토스 위치

플랫 서비스의 타점은 몸 앞에 둬야 한다. 이 지점은 어깨 위에 수직으로 세운 라켓을 30° 정도 기울인 곳이다.

② 라켓 헤드를 등에 닿을 정도로 젖혀야 파워

그림 8-26 80년대 서브 앤드 발리의 대명사 존 메켄로 그는 내한해서 안드레 애거시와 시범경기도 펼쳤으며, 테니스 코트의 악동으로 명성이 높았다.

그림 8-27 아란차 산체스비카리오는 한때 스페인을 대표하는 여자선수로서 3남매가 테니스 선수출신이다. 그녀는 단신임에도 불구하고 강인한 투지와 빠른 발로 한때 세계를 석권했었다

그림 8-28 벽을 이용하거나 각목을 세워서 서비스의 타점을 감지한다.

가 생산된다. 이 동작은 팔꿈치를 높이 들면 된다.

③ 임팩트 순간 손목 스냅을 최대한 이용한다. 이스턴 백핸드 그립을 써야 손목스냅을 많이 줄 수 있다.

좋은 폼을 배웠다고 해도 완전히 익혀 자신의 것으로 만들기 전에는 나쁜 버릇이 생겨, 본인도 모르는 사이에 폼을 버리게 된다.

좋았던 서비스의 위력이 떨어지는 데는 몇 가지 이유가 있다.

첫째는 토스이다. 강한 서비스에만 신경 쓰다 보면 토스가 흔들리게 된다. 이 경우 토스 위치가 몸 앞쪽보다는 머리 바로 위로 옮겨지기 쉽다. 트위스트(톱스핀) 서비스가 목적이 아니라면, 이 위치에서는 타구에 체중이 실리지 않으므로 서비스의 위력이 감소된다.

동호인들이 주로 구사하는 플랫 성 서비스의 타점은 몸 앞, 그러니까 팔과 라켓을 머리 위로 똑바로 뻗은 상태가 아니라 앞쪽으로 30° 가량 기울인 상태에서 임팩트해야 한다. 서비스 동작은 오버드로 투수의 피칭 모션과 같다.

서비스 박스를 향해 실제로 볼을 힘껏 던져 보라. 수직상태(머리 위)에서 던지면 볼은 베이스라인을 벗어나고, 더 숙인 지점에서 던지면 볼은 네트를 넘기 전에 강하게 바운드 될 것이다. 팔을 30° 남짓 기울인 위치에서 볼을 놓아야 목표 지점에 들어가는데 손에서 볼을 놓는 지점의 연장선에 서비스 타점이 있다고 믿으면 된다. 그곳에서 임팩트해야 타구에 자연스럽게 체중이 실리게 된다.

둘째는 팔로스루이다. 많은 사람들이 그라운드 스트로크의 팔로스루는 중요하게 여기면서 서비스의 마무리 동작은 생략한다. 중간에서 멈추니까 설혹 타점을 앞에 둔다고 해도 체중 이동이 충분히 되지 않는다. 서비스 후 라켓이 왼쪽 무릎까지 오도록 스윙을 계속하라(오른손잡이). 상체가 라켓을 따라 숙여져 허리를 굽힐 정도로 팔로스루를 하면 아주 좋다.

셋째, 임팩트 순간 손목 스냅을 활용하라. 앞에서 볼을 던져 보라는 주문을 했는데, 이번에는 라켓을 던져 보라. 손목을 어떻게 활용해야 되는지 느낄 수 있을 것이다.

끝으로 라켓의 와인드업을 점검하라. 임팩트 전 라켓 헤드는 등에 닿을 정도로 젖혀져야 한다. 토스와의 타이밍을 맞추기에 급하다 보면 이 동작을 건성으로 하기 쉬운데 볼을 때리는 힘은 등 뒤로 젖혔던 라켓을 앞으로 휘두를 때 나온다는 사실을 명심하라.

이상은 토스와 폼을 중심으로 본 강한 서비스를 넣기 위한 필수조건이다. 앞의 설명을 충실히 지키는 데도 서비스의 위력이 증가하지 않는다면 서비스를 넣는 데 필요한 신체의 부분 운동을 하라.

복근운동과 어깨 · 팔 · 손목운동을 2~3개월 계속하라. 복근 향상에는 윗몸일으키기(sit-ups)가 좋고 어깨, 손목 등의 단련에는 아령 · 덤벨 등이 효과적이다.

(19) 아웃커브 피칭모션으로 볼을 3시 방향으로 솔질하듯 하라.

슬라이스 서비스는 확률이 높고 배우기 쉬우므로 반드시 익혀야 할 서비스라고 생각한다. 슬라이스 서비스 동작은 쉽게 말해 투수가 아웃 커브볼을 던지는 동작과 흡사하다. 따라서 베이스라인에 서서 실제로 투수처럼 아웃커브 피칭을 하면 그 감각을 쉽게 익힐 수 있다.

슬라이스 서브는 이스턴 백핸드 그립을 사용하는 것이 가장 이상적이다. 그래야 임팩트 때 손목 스냅을 활용하기 좋고 볼을 솔질하듯 문지를 수 있다. 토스는 오른쪽 어깨 위로 하고 라켓핸들이 지면과 거의 수직이 되도록 밑으로 내려 와인드업을 시작하라.

와인드업 때는 팔꿈치를 최대한 끌어 올려 라켓 헤드로 등을 긁는 듯한 자세를 취하라. 이러한 라켓 운동은 힘을 생산하며 비단 슬라이스 서비스에만 필요한 것이 아니라 플랫, 스핀 서비스 등에도 필요하다.

등에 닿도록 내렸던 라켓을 서서히 끌어 올려 포워드 스윙에서 임팩트로 들어갈 때는 손목스냅을 활용, 스피드를 가중시키고, 라켓 면으로 볼의 중심 부분을 3시 방향으로 솔질하듯 해야 되는데, 볼을 많이 문지를수록 스핀이 많이 걸린다. 즉, 슬라이스 서비스는 라켓을 머리 위로 뻗쳐 똑바로 친다기보다는 오히려 옆으로 스윙, 볼의 옆쪽을 문지르는 기분이 들게끔 쳐야 정확하다.

이때 볼을 문지르는 데 실패한다면 스핀이 약간 걸리거나 스핀이 없는 플랫 서비스가 된다.

팔로스루는 오른쪽에서 왼쪽으로 행하고 라켓은 서버의 왼쪽 무릎을 지나 멈춘다. 그러니까 어깨 위에서 오른쪽으로 갔던 라켓이 임팩트 후 왼쪽으로 가서 운동을 끝내는 것이다.

슬라이스 서비스는 듀스코트에서 상대방 포핸드로 각도 있게 보낼 때 효과가 크다(오른손잡이와 대결). 그럼 상대방은 코트 밖으로 쫓겨 나가게 된다.

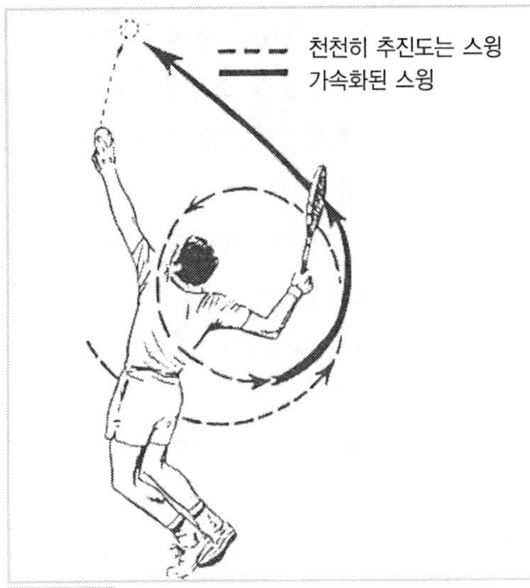

그림 8-29 도리깨질과 유사한 서비스 스윙

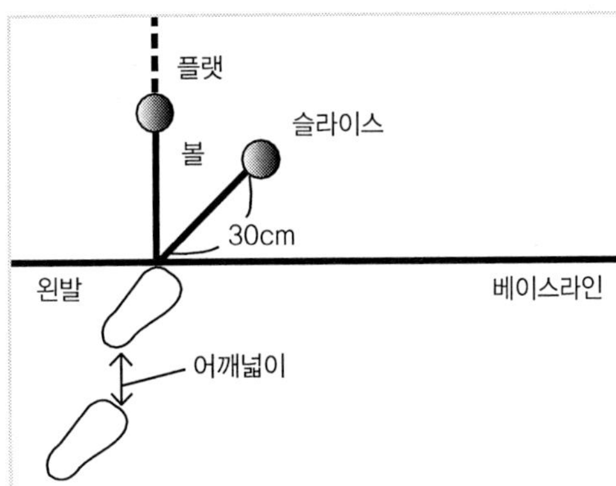

그림 8-30

① 볼을 3시 방향으로 솔질하듯이 문지른다. 많이 솔질할수록 스핀이 많이 걸린다.

② 토스의 위치

토스한 볼을 치지 않았을 때는 왼발 30㎝ 앞 우측에 떨어져야 한다. 즉, 머리 바로 위로 올리는 것이 아니라 전방 30㎝ 지점에 올려 그곳에서 임팩트해야 된다.

슬라이스 서비스를 넣을 때는 토스의 위치가 오른쪽이어야 한다.

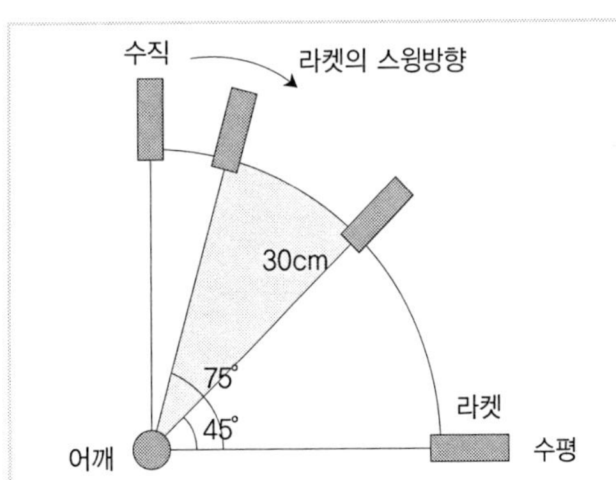

그림 8-31 이상적인 임팩트존

③ 서비스 임팩트 지점

서비스 임팩트 지점은 어깨의 수직선상

이 아니라 75°~45° 지점(빗금 친 부분)에 있다.

그림 8-32 임팩트 시엔 체중을 뒷발에서 앞발로 옮겨야 한다.

(20) 몸을 유연하게 하라.

강 서비스를 구사하는 데는 장신이나 근육형의 건장한 체격이 필수요건은 아니다. 볼의 스피드와 위력은 체중이나 완력만으로 만들어지는 것이 아니라, 온몸이 스윙리듬을 타면서 체중을 부드럽게 볼에 전달하는 것이 중요하다.

서비스에 체중을 실으려면 토스를 머리 위 일직선상 위의 지점이 아니라 그보다 30㎝ 이상 앞쪽으로 해야 한다. 그리고 볼을 공중으로 높이 띄워 임팩트 순간에 팔이 수직이 되도록 하고 몸은 충분히 펴 주어야 한다. 만일 중간에 불필요한 동작을 하게 되면 체중을 제대로 샷에 실어줄 수 없게 된다.

초보자들이 서비스를 할 때 가장 흔하게 범하는 실수는 컨트롤에 자신이 없어 과감히 체중을 실어 볼을 치지 못하고 엉거주춤 제자리에 서서 대충 스윙을 한다는 점이다. 이때는 서비스를 구사하는 몸이 반동할 수 있는 짓눌린 용수철이라고 생각하라. 이는 서비스 준비자세를 갖출 때 무릎을 구부리고 몸을 기울여야 된다는 것을 뜻한다. 그리고 라켓이 앞으로 움직이기 시작할 때 스트로크에 최대한의 힘을 실을 수 있도록 뒤로 젖혔던 몸을 펴주면 훌륭한 반동작용(uncoiling action)을 실감하게 될 것이다.

볼을 치기 위해 라켓이 뒤로 젖혀졌을 때 체중은 뒷발에서 앞발로 옮겨져야 한다. 몸의 반동작용을 촉진하는 이 체중 이동은 연속적이어야 하며 팔로스루 동작에 들어갈 때까지 계속 전방으로 실기되어야 한다. 체중 이동을 제대로 해주었을 경우 적어도 한쪽 발은 코트 안쪽을 밟게 해야 한다.

(21) 슬라이스 서브 연습

먼저, 볼의 옆쪽을 깎아 회전을 주면서 가볍게 바운드 시켜 보라. 플랫의 경우와 볼이 튀는 모습이 다름을 확인해 보라.

아직 히트 포인트의 높이를 잘 터득하지 못한 사람은, 라켓 끝에 볼이 붙어 있는 연습용으로 만들어진 것이 있으므로, 그것을 사용하여 임팩트 연습을 하면 좋다.

처음부터 높게 토스해서 연습하는 것보다, 라켓을 짧게 잡고 낮은 토스부터 시작해 보라. 그렇게 하면 슬라이스를 걸 때의 볼과 라켓의 감촉을 잘 알 수 있을 것이다. 익숙해지면 차츰 라켓을 길게 잡도록 한다.

(22) 뛰어난 스윙과 일관된 토스는 훌륭한 서비스를 구사한다.

① 서브 토스는 몸 앞쪽에서 해야 한다.

헛스윙을 했을 경우 볼은 베이스라인 30~50㎝ 안쪽에 떨어져야 한다. 그래야 손목 스냅을 사용할 수 있고 타구에 체중이 실리게 된다. 타점은 물론 머리 위가 아니라 전방이다.

② 트위스트 서비스의 구질과 스윙 각도

그림 8-33 보리스 베커의 안정된 토스동작

애드코트(왼쪽)에서 오른손잡이 리시버의 백핸드 쪽으로 볼을 대략 1시 지점으로(라켓의 움직임을 7시 방향에서 1시 방향으로) 문질러 치면 바운드 볼은 오른쪽으로 꺾인다.

③ 슬라이스 서브의 구질과 스윙각도

대개 슬라이스를 애드코트에서 오른손잡이가 백핸드 쪽으로 보내지는 않지만 구질 설명을 위해 이와 같은 위치를 택했다. 볼의 오른쪽 옆면(3시 지점)을 깎아 치면 바운드 후에 볼은 왼쪽으로 꺾인다.

④ 슬라이스 서브의 스핀방향과 바운드 후 볼의 꺾임

⑤ 아메리칸 트위스트 서브의 스핀방향과 바운드 후 볼의 꺾임

(23) 제1, 제2 서비스를 향상시켜라.

테니스에서 첫 서비스의 중요성은 아무리 강조해도 지나치지 않다. 제1서비스에 실패하고 제2서비스에 의지한다면 서비스의 어드밴티지를 이미 상실한 것이나 다름없다.

일반인은 물론 선수들도 등한시하기 쉬운 것이 서비스다. 그러나 훌륭한 선수가 되려면 서비스라는 무기의 연마에 소홀해선 안 된다.

효과적인 서비스 연습은 우선 목표 지점의 설정에서부터 시작된다. 그림과 같은 위치에 라켓 커버 등 목표물을 놓고 애드코트와 듀스코트에서 고루 연습하는 것이다.

라켓 커버 등을 실제로 놓는 것은 집중력을 높이기 위한 방법이다. 이처럼 목표가 뚜렷한 서비스 연습은 맹목적인 연습의 4배 이상의 효과가 있다. 서비스 연습에서 빼놓을 수 없는 것이 제2서비스 연습이다.

① 서비스 연습 방법

애드코트와 듀스코트를 바꾸며 서비스를 넣는다. 컨트롤이 되기 시작하면 볼 통 등을 목표물로 놓고 그곳을 맞춘다. 다양한 구질의 서비스를 넣을 수 있다면 코스에 따라 다르게 넣는다.

애드코트에서 ①은 백핸드를 경계하기 위해 쏠린 상대방의 포핸드를 기습(플랫)하는 것이고 ②는 몸쪽 중앙을 찌른다(스핀). ③은 스핀, 플랫 모두 좋다.

그림 8-34 서비스 연습은 목표를 정하고 하면 효율적이며, 일류 프로선수의 경우 상기의 그림처럼 나박콘이나, 볼이 담긴 캔, 동전 등을 목표물로 삼는 정교한 연습을 한다.

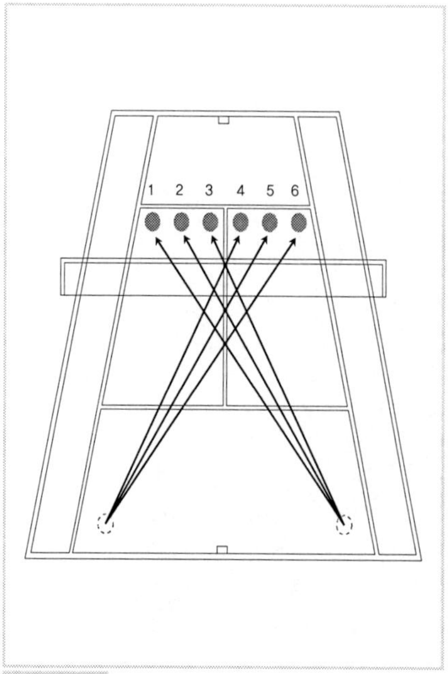

그림 8-35 이상적 서비스 착지점

듀스코트에서 ④는 플랫으로 상대방 백을 공략하고 ⑤는 스핀으로 정면으로 보내고 ⑥은 슬라이스로 상대방을 코트 밖으로 내보내는 데 좋다.

② 톱스핀서비스의 임팩트와 스핀

포워드스윙 임팩트 때 플랫 서비스에 비해 라켓 헤드가 왼쪽으로 90° 정도 기울었다. 7시 → 1시 방향으로 접촉해야 정상이다. 실제론 대단히 어렵다. 7시 반 → 1시 반 방향으로 접촉해도 가능하다.

그림 8-36 톱스핀 서비스의 타구 방향

그림 8-37 톱스핀 서비스를 효과적으로 구사하려면 몸의 탄력을 100% 활용해야 한다. 활처럼 휘었던 등이 펴질 때 솟구치면서 타구에 체중이 실리도록 한다. 그립은 컨티넨탈이다.

(24) 슬라이스서브의 임팩트와 스핀

라켓 헤드의 모서리로 임팩트하는 기분으로 한다.

(25) 구종에 따른 볼의 방향과 회전

트위스트서브는 바운드 후 우측으로 꺾이며 슬라이스서브(이하 오른손잡이 기준)는 바운드 후 왼쪽으로 꺾이는 것은 많이 알려져 있다. 그런데 어떤 선수와 코치들은 톱스핀서비

그림 8-38 슬라이스 서비스 방향

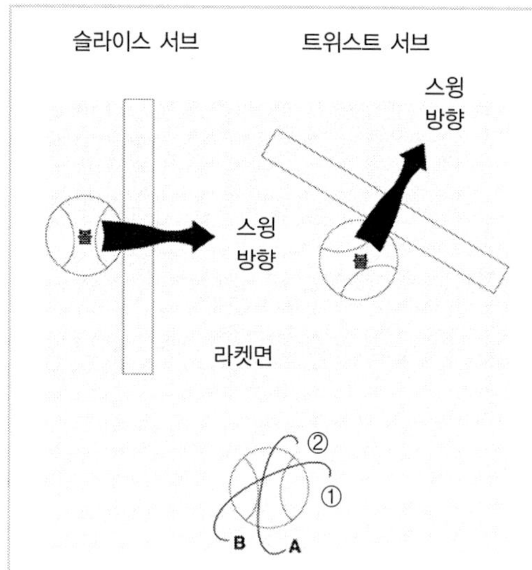

그림 8-39 서비스의 유형과 방향

스가 바운드 후 오른쪽으로 꺾이는 줄 알고 있다.

그렇게 알고 있다면 그들은 톱스핀서비스의 용어를 잘못 사용하고 있는 것이다. 그라운드 스트로크에서 '톱스핀'은 볼의 6시 → 12시 방향의 회전을 뜻하지만, 서비스에서는 그렇게 할 수 없어서 8시 근처 2시 근처로 쓸어 올리는 타법으로 대신하고 명칭은 '변형된 톱스핀(transformed topspin)서비스'로 붙여 사용하다가 '톱스핀서비스'로 줄어들고 다시 '스핀 서비스'로 줄었다. 오늘날 미국 일본 등지에서도 명칭의 혼란이 없지는 않다.

톱스핀서비스는 볼이 네트를 넘은 후 급히 아래로 수그러져 안정성을 확보하고, 따라서 서비스의 각도를 더 낼 수가 있다.

트위스트서비스는 리시버 입장에서 볼이 바운드 후 엉뚱하게 왼쪽으로 꺾이는 데서 붙여진 이름인데, 7시 → 1시 방향으로 쓸어 올리는 것이다. 그런데 그 문질러 올리는 위치가 볼 뒤쪽에서의 7시 → 1시 방향이 아니고, (글로 표현하기는 어렵지만) 볼 뒷면(A지점)에서 왼쪽으로 약간 이동한 B지점을 기준으로 한 7시 → 1시 방향이다.

그렇다고 서비스 위치를 이동하는 것은 아니고 토스를 머리 위로 올리고(다른 서비스 구질의 토스보다 훨씬 뒤쪽임) 허리를 잔뜩 젖혀, 임팩트 때의 볼 높이(라켓 머리)가 손잡이 높이와 비슷하게 되도록 스윙한다.

애드코트 크로스로 상대방 백핸드 쪽을 겨누면 효과가 있다고 평가되었었지만, 스윙 시에 힘만 들고 스피드가 없어 요즘은 거의 사용되지 않고 있다.

(26) 강박관념에서 해방되어라.

강박관념. 이것은 보이지 않으나 무서운 상대이다. 강박관념에 어떻게 대처하는가가 게임의 성공을 크게 좌우, 결정할 것이다.

만약 강박관념에 빠진다면 그로 인해 모든 스트로크에서 대가를 치러야 할 것이다.

서비스는 특히 긴장에 민감한데 이는 스트로크 모션이 유동적이어야 하고 긴장을 풀어야 효과적이기 때문이다. 긴장의 출현은 눈 덩어리처럼 커지는 효과를 나타내 처음에는 라켓을 쥐는 손에서 시작, 팔을 통해 몸 전체에 걸쳐 모든 근육을 수축시킨다.

이러한 경직은 볼을 억지로 네트 위로 넘기게 하며 실제로 라켓 운동을 느리게 하고 볼에 가하려 하는 스핀을 제한한다.

그림 8-40 제니퍼 캐프리아티의 파워풀한 서비스

효과적인 서비스를 구사하기 위해서는 서비스를 넣기 위해 베이스 라인에 설 때마다 가능한 한 긴장을 풀도록 자신을 단련시켜야 한다.

경기에서 아주 훌륭한 서버가 되기 위해서는 서비스 동작을 시작하기 이전에 몸에 있는 어떠한 긴장도 말끔히 배출시키는 것을 배워야 한다.

서비스 전에 한두 번 심호흡을 하면서 긴장을 조정하는 것을 배울 수 있다면 즉시 긍정적인 결과를 보게 될 것이다.

첫째, 라켓이 볼과 접촉하기 전에 라켓 머리 부분에 스피드가 더 가해져서 파워를 증대할 수 있다.

둘째, 볼의 측면이나 상부를 솔처럼 쓸어내리거나

올려서 보다 공격적인 많은 스핀을 가할 수 있어 좀 더 좋은 서비스의 컨트롤을 얻을 수 있다.

이런 이점은 게임의 견실성을 증대시킨다.

(27) 팔로스루

서비스 팔로스루는 서비스 박스에 라켓을 던진다는 생각을 한다.

(28) 양손이 X자가 되게 마무리하라.

슬로바키아의 테니스요정 다니엘라 한투쵸바의 서비스 마무리동작은 *X*자 모양으

그림 8-41 안드레 애거시는 불혹에 가까운 나이까지 철저한 몸관리와 꾸준한 연습으로 상위수준의 랭킹을 유지했던 입지전적인 인물이었다. 국내에도 두 차례 다녀간 적이 있다.

그림 8-42 서비스의 마무리 동작은 무용수의 동작과 유사하다.

그림 8-43 70~80년대 남성 테니스팬들의 심금을 울린 테니스 스타 크리스 에버트의 현역시절 서비스 동작

로 무용수의 동작과도 흡사하다.

훌륭한 서비스의 구사는 서비스 후 양팔이 몸 앞에서 교차되어야 한다. 양팔이 몸 앞에서 교차하여 서비스 모션이 끝났다는 것은 어깨 회전이 훌륭해지도록 토스한 손을 몸 앞 위로 충분히 뻗었다는 것을 의미한다. 따라서 팔로스루를 잘하면 자연히 고개도 어느 정도 숙이게 되어 타구에 체중이 실리고 컨트롤도 좋아진다.

제 9 장 드롭샷

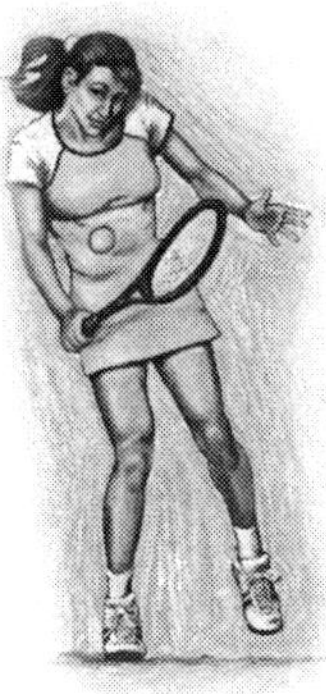

1. 드롭샷은 금속 수리공처럼 정교하게 하라.

1. 드롭샷은 금속 수리공처럼 정교하게 하라.

드롭샷은 가볍게 앞으로 걸어 들어가면서, 위에서 아래로 향한 스윙, 타구에 역회전을 걸어야 한다. 임팩트 순간 라켓 면은 비스듬히 열려 있고 손목은 단단히 고정시켜라. 방석 위에 볼을 살짝 올려놓듯이 하라.

1) 드롭샷의 테크닉

드롭샷은 볼을 상대방의 코트의 방석 위에 바운드 시키는 느낌으로 해야 한다. 마치 장미꽃 다발의 뭉치로 볼을 터치하듯이 하라.

드롭샷은 어느 상황에서 구사하느냐가 성패를 좌우한다. 상대가 네트 가까운 곳에 있을 때 시도하는 것은 화를 자초하는 행위이다. 반드시 상대가 네트에서 멀리 떨어져 있을 때

그림 9-1 제니퍼 캐프리아티의 드롭샷

실시하고, 실시 후에는 지체 없이 네트를 점령하여 지켜주는 것이 좋다. 만에 하나라도 상대가 받아넘길 경우, 발리나 스매시로 차단할 수 있도록 길목을 커버해줘야 된다.

그림 9-2 드롭샷은 꽃다발로 볼을 터치하듯이 하라.

주의할 점은, 빨리 뛰는 도중이나 정지해 있는 상황에서는 근본적으로 드롭샷을 삼가는 것이 좋다.

드롭샷은 짧아도, 길어도 안 되는 아주 정교한 감각을 요구하는 고도의 기술이다. 따라서 드롭샷은 가볍게 앞으로 걷는 정도에서 실시하는 것이 이상적이다.

심하게 움직이며 드롭샷을 구사하려면 볼 컨트롤이 불가능하고 멈춰 선 상태에서는 상대방에게 간파 당하기 쉬울 뿐 아니라 볼을 친 후 네트로 대시하는 데 시간이 걸린다.

반면 가볍게 걷는 상태에서는 자연스럽게 타구에 체중을 실을 수 있다. 언더스핀을 넣는 드롭샷은 일반 그라운드 스트로크보다 임팩트 지점이 약간 뒤쪽이 되므로 적절한 체중 이동이 필요하다.

임팩트 때까지의 동작은 보통 그라운드 스트로크와 비슷할수록 좋다. 그래야 상대방이 눈치를 못 챈다.

라켓의 스윙은 위에서 아래로 비스듬히 깎아 치는 하향 스윙이어야 한다. 이는 언더스핀을 주기 위해서이다. 백스윙은 라켓을 세운 상태에서 멈추고 임팩트 때 라켓 면은 약간 뒤로 젖혀라. 또한 임팩트 순간 손목은 단단히 고정시키되 부드러운 스윙을 하라.

2) 드롭샷의 목적

상대방이 네트에서 멀리 떨어져 있을 때 볼이 네트를 겨우 넘도록 받아치는 드롭샷은 매우 어려운 샷 중 하나이다.

드롭샷이 어려운 것은 샷 자체가 고도의 기술을 요구하기도 하지만 자칫하면 볼이 짧아 네트에 걸리거나 너무 길어 상대방에게 공격당할 위험이 크기 때문이다.

따라서 드롭샷은 능수능란하게 구사할 수 있게 되기 전까지는(단번에 포인트를 따면 좋고 그렇지 못하면) 그 다음 샷으로 득점할 기회를 잡을 수 있다는 약간 느긋한 자세로 임하는 것이 바람직하다.

실제로 드롭샷은 결정타이기보다는 전략적인 수단으로 더 많이 사용되고 있다. 강타에 능한 상대방의 페이스를 흩뜨리거나 힘을 빼게 하고 싶을 때, 또는 네트 플레이가 미숙한 상대방을 끌어들여 요리하고자 할 때, 불시의 드롭샷은 의외로 상대의 전열을 흩뜨릴 수 있는 무기가 된다.

드롭샷은 야구의 기습 번트나 배구에서 강타를 하려다 살짝 터치하는 페인트 모션과 같은 비장의 무기이기도 하다.

3) 낮은 자세로 스케이트보드를 타는 것처럼 하라.

이상적인 드롭은 언더스핀이 많이 걸려 볼이 상대방 네트를 넘자마자 거의 수직에 가깝게 낙하, 짧고 낮게 바운드되는 것이다.

그림 9-3 로발리자세와 스케이트보드의 유사성

언더스핀을 걸지 않고도 드롭샷의 효과를 충분히 발휘할 수 없다. 포핸드 건 백핸드 건 보통 슬라이스를 칠 때처럼 라켓을 위에서 아래로 스윙, 볼의 밑 부분을 강하게 깎아 쳐 역회전을 걸도록 해야 한다.

이때 타점은 허리와 무릎 사이에 두는 것이 무난하다. 볼을 네트 바로 앞에 떨어뜨려야 하므로 타점이 무릎보다 낮으면 네트에 걸리기 쉽고 허리보다 높으면 손목스냅을 이용하기에 부자연스럽다.

4) 드롭샷(drop shot)은 방석 위에 볼을 살짝 떨어뜨리는 느낌으로 하라.

그림 9-4

5) 더블샷으로 타구 감각을 익혀라.

드롭샷은 일단 코트에 바운드된 볼을 백스핀(역회전)을 걸어 타구, 네트를 살짝 넘겨 짧게 떨어뜨리는 샷으로 상대방이 베이스라인 근처에 있는 경우 기습공격을 시도할 때 사용한다.

흔히 야구에서의 번트에 비유되는 드롭샷은 상대방을 교란시킬 수 있는 최상의 무기이다. 그러나 이 샷을 효과적으로 구사하기 위해서는 오랜 연습을 통해 예민한 감각과 기량을 키워야 한다. 어설프게 사용하다가는 네트에 걸리거나 상대방에게 결정타를 제공하기 십상이다. 이는 마치 씨름에서 섣불리 상대에게 기술을 넣다가 되치기 당하는 것과 같다.

그림 9-5 드롭샷의 본질은 언더스핀이다.

6) 드롭샷은 드롭샷으로 응수하라.

네트 앞에 수직으로 떨어지는 드롭샷을 받아내기 위해서는 상대의 플레이를 읽고 있어야 한다. 드롭샷은 그라운드 스트로크 동작을 취한 다음 살짝 페인팅한다는 예비지식을 갖고 네트 앞으로 전력질주하여 받아 낼 수 있는 지점에 이르러서는 왼발로 몸의 균형을 유지하면서 팔을 뻗되 손목에서 힘을 빼야 정확한 반격을 할 수 있다.

드롭샷은 백스윙을 간결하게 해서 짧게 빠른 스윙으로 임팩트해야 되는데, 이때 라켓 면은 오픈되어야 볼에 언더스핀을 가할 수 있다. 언더스핀(역회전)이 걸린 볼은 바운드 후 스윙 방향과 반대로 튄다.

제 10 장 로브

1. 제3의 패싱샷 공격로브를 구사하라.

1. 제3의 패싱샷 공격로브를 구사하라.

공격로브는 상대가 네트에 바짝 다가서 있고 자신은 베이스라인 가까이 서 볼을 칠 수 있을 때 하라. 이 로브의 포물선은 방어용 로브보다는 높지 않으나 상대가 스매시를 하려고 라켓을 뻗어도 닿지 않을 정도의 높이를 유지해야 한다. 볼이 마치 무지개(그림 10-1)처럼 포물선을 그리며 베이스라인 근처에 뚝 떨어지는 느낌을 주어야 한다.

공격용 톱스핀로브의 포워드스윙은 라켓헤드를 지면으로 향해 약간 내린 후 시도해야 하는데, 임팩트 시 볼이 너무나 낮거나 높은 볼은 부적절하다. 볼을 친 후에 위쪽으로 스윙동작을 취하는데, 볼을 칠 때의 요령은 라켓 면으로 볼의 털을 브러시 하듯 빗겨 위로 쳐주어야 한다. 이때 스윙이 짧으면 라켓과 볼과의 접촉에서 생기는 스피드가 줄어들고 스핀도 조금 밖에 걸리지 않아 충분한 톱스핀을 기대할 수 없다.

마무리 순간에는 라켓높이가 머리보다 약간 높게 오도록 해야 로브가 높고 길어진다. 이렇게 해서 볼이 최소한 베이스라인 50㎝ 안팎 지점에서 바운드되도록 하면, 로브로 득점할

그림 10-1 서비스 라인의 1m 전방에 있는 항아리 속에 볼을 집어넣는다는 느낌으로, 농구에서 키 큰 장대수비를 넘겨서 바스켓에 장거리 슛을 하는 느낌으로 시도하라.

수 있는 기회를 얻을 수 있게 된다.

단, 로브는 패싱샷과 적절히 섞어 사용할 때 효과를 내는 것인 만큼 지나치게 자주 사용하지 않도록 주의한다.

안드레 애거시 선수의 공격적인 로브는 그가 포핸드 스트로크를 잘 치는 것과 맥락을 같이한다.

1) 서비스라인에 설치된 높이 3m의 담을 넘긴다고 생각하면 훌륭한 로브가 된다.

로브는 다른 샷과는 달라서 시도할 때는 아무리 급해도 여유를 갖고 하라. 특히 타점이 뒤에 있어도 띄울 수 있다. 급하다고 서두르면 어깨와 팔에 힘이 들어가 좋은 로브 구사가 어렵다.

또한 네트에 붙은 상대 키를 넘긴다는 생각 대신에 서비스라인에 설치된 높이 3m의 담을 넘긴다고 상상하라. 네트 앞의 상대방만 의식했다가는 점프 또는 백스텝을 밟아 하는

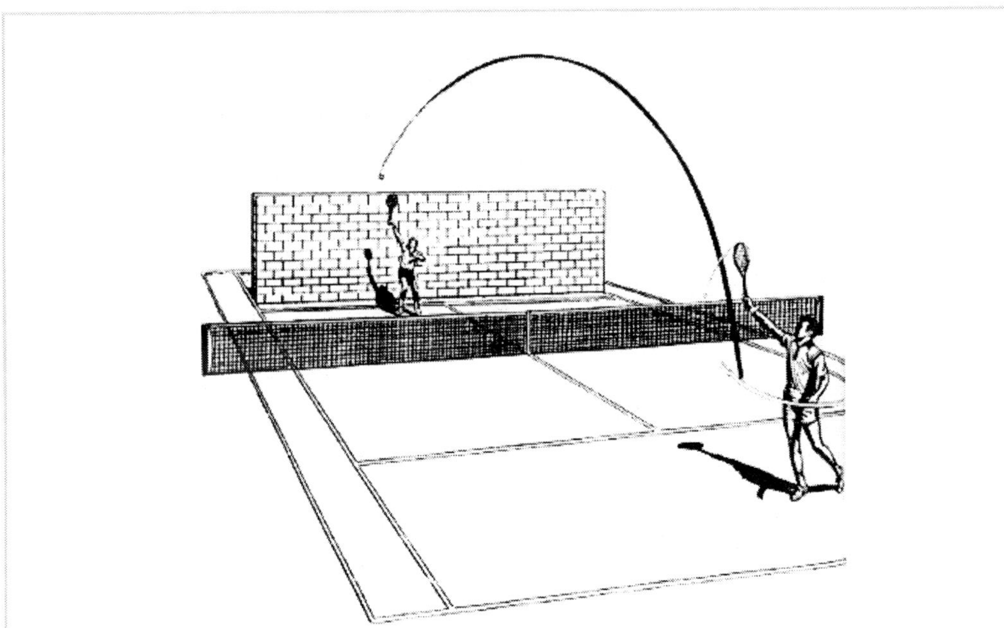

그림 10-2 로브는 길어도, 짧아도 안 되는 따지고 보면 어려운 샷이다.
서비스라인의 3m의 담 높이는 상대선수의 키와 팔, 라켓의 높이를 고려한 높이다.

스매시에 걸리게 된다. 담의 높이를 3m로 책정한 것은 170~180㎝의 플레이어가 팔과 라켓을 최대한 뻗어 점프했을 때를 고려한 것이다.

이 로브는 설혹 상대방이 백으로 이동 스매시를 한다 해도 수비할 시간을 준다. 또한 높은 곳에서 떨어지는 볼은 중력 가속도가 붙어 스매시 타이밍 맞추기가 어렵다.

2) 상대의 키를 넘겨라.

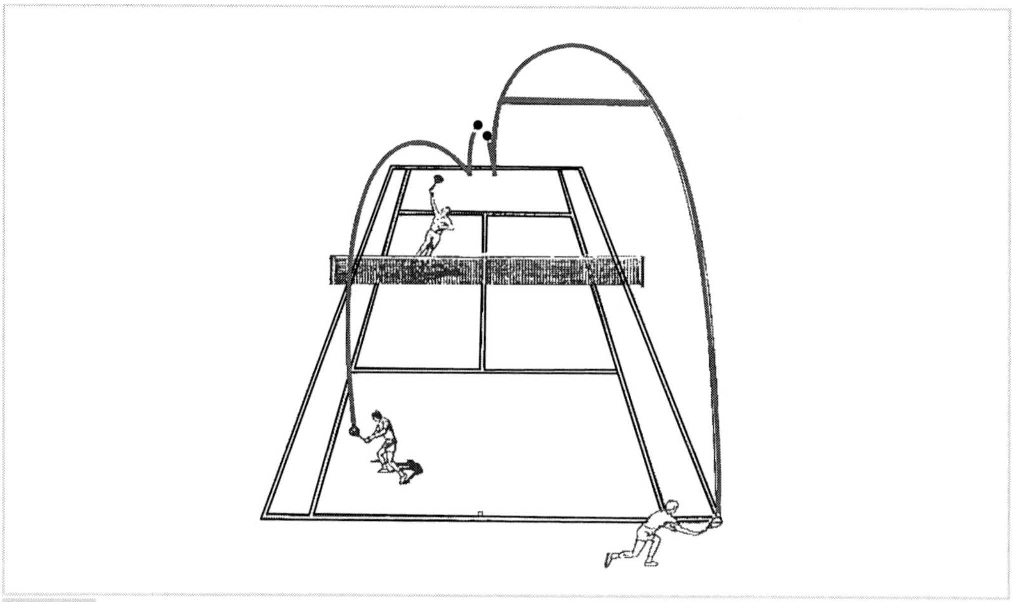

그림 10-3 상대의 키를 넘되 베이스라인은 넘지 않게 해야 한다.

3) 절박한 상황에서는 로브를 하라.

로브는 언제 구사하느냐가 중요하다. 수비용 로브는 상대의 강력한 그라운드 스트로크에 밀렸거나 발리, 스매시를 간신히 받아내는 절박한 상황에서 구사하고 수비하기에 좋은 위치를 찾아라.

그림 10-4 리사 본더의 포핸드 로브. 그녀는 칼링 바세트,가브리엘라 사바티니와 함께 80년대 세계 테니스계의 3대 요정으로 불리었다.

제 11 장 서비스 리턴

1. 서비스 리턴 자세

1. 서비스 리턴 자세

1) 서비스 리턴 준비자세

그림 11-1 서비스 리턴 자세의 기본을 스플릿 스텝이다.

그림 11-2 테니스계의 미녀 안나 쿠르니코바의 서비스 리턴 자세

첫째, 듀스코트에서는 포핸드로 애드코트에서는 백핸드로 잡고 준비하되, 백핸드로 그립 전환이 잘되는 플레이어의 경우 애드코트에서도 포핸드그립으로 준비해도 무난하다고 본다. 체중을 약간 앞으로 향하고 상대를 주시한다.

둘째, 한 걸음 가볍게 뛰면서(split step) 좌측이냐 우측이냐를 준비한다. 라켓을 즉시 백스윙할 채비를 한다. 처음보다 자세를 더 낮춘다.

셋째, 상대가 첫 서비스를 실패하면 1m 정도 앞으로 나가서 상대의 약한 세컨드서비스를 공략해라. 그래야 네트를 쉽게 점령할 수 있다.

2) 포핸드 서비스 리턴 자세

그림 11-3 러시아의 테니스 스타플레이어 예브게니 카펠니코프

3) 백핸드 서비스 리턴 자세

그림 11-4 클레이 코트의 무법자 토머스 무스터

4) 서비스 리턴이 네트에 자주 걸릴 때는 에스컬레이터를 연상해서 톱스핀을 구사하라.

톱스핀을 구사하려고 아래에서 위로 상향스윙을 하라. 수평스윙으로 일관하던 플레이어가 상향스윙으로 스윙의 궤도를 바꾸는 것은 쉽지 않을 것이다.

라켓헤드를 에스컬레이터에 실어 올려 보내는 기분으로 하라. 상향 스윙 시 라켓면이 열리는 경향이 있는데, 임팩트 순간 라켓면과 볼은 수직으로 만나야 한다.

이러한 스윙을 하게 되면 타구에 자연히 약간의 톱스핀이 걸리고 볼은 네트를 안전하게 넘어 베이스라인 가까이 떨어질 것이다.

그림 11-5 서비스 리턴이 네트에 걸릴 때는 라켓면을 약간만 상향스윙하라.

5) 높이 바운드된 볼 처리는 머리 높이에 있는 빨랫줄의 빨래를 밀듯이 하라.

베이스라인에 있을 때 키를 넘을 만큼 높이 바운드된 볼 처리는 수평스윙을 하라.

많은 동호인들이 머리 높이에서 타구하면 아웃될 것으로 생각하나 볼이 네트를 넘으면서 만류인력이 작용하여 아웃되지 않는다. 그러나 라켓 면이 열리거나 무모하게 휘두르면 아웃되기 쉽다.

머리 위에 빨랫줄이 있다고 가정하고 라켓이 케이블카처럼 빨랫줄을 타고 나가도록 부드럽게 스윙하라. 볼은 상대방 베이스라인 깊숙이 떨어질 것이다. 이 샷이 숙달되면 라켓 면을 약간 숙여서 찍어 누르는 기분으로 강타해 보라.

한 시대를 풍미했던 여제 슈테피그라프는 머리 높이의 볼을 점프해서 가슴높이에 놓고 강타하는데, 이것은 수많은 연습에 의한 결과이다.

그림 11-6 높은 볼의 처리는 빨랫줄의 빨래를 라켓 면으로 밀듯이 한다.

6) 서비스 리턴은 파도가 치는 바다 속으로 들어가듯이 하라.

서비스를 잘 리턴하기 위해서는 몸의 중심을 앞으로 두면서 보다 공격적인 자세를 취해야 한다.

파도가 치는 바닷가에서 파도 속으로 들어가려면 몸을 약간 숙여 파도와 맞서야 한다. 그렇지 않으면 파도의 위력 때문에 뒤로 밀리게 될 것이다.

마찬가지로 서비스 리턴은 할 때도 해변에서처럼 무게중심을 앞으로 두고 리턴을 한다면 공격적으로 잘 할 수 있을 것이다.

그림 11-7 모니카 셀레스의 서비스 리턴(파도가 치는 바다로 뛰어드는 느낌이다).

7) 백핸드 높은 볼의 서비스 리턴 자세

그림 11-8

제 12 장 어프로치샷

1. 어프로치샷
2. 센터이론(center theory)

1. 어프로치샷

1) 어프로치샷의 이미지트레이닝

테니스 경기는 수비만 해서는 좀처럼 승리를 얻기가 힘들다 때로는 기회를 봐서 어프로치샷을 치고 네트에 전진할 필요가 있다. 네트 대시를 위한 어프로치샷은 상대에게 패싱샷을 허용하지 않게 깊숙하게 쳐야 한다.

어프로치샷의 연습은 실내의 방문을 이용하여 이미지트레이닝을 한다. 꼭 잠긴 문 앞에 서서 그것을 연다는 기분으로 오른쪽 어깨로 문을 미는 훈련이다. 문에 몸을 맡기고 체중이 앞발에 쏠리게 하는데, 그것은 어프로치샷을 실제로 쳤을 때 빠르게 네트에 전진하려면 체중이 뒷발에 남아 있지 않아야 하기 때문이다.

그림 12-1 어프로치샷은 문을 미는 느낌으로 상대코트 깊숙이 볼을 타구해야 한다.

2) 네트에서 어프로치샷의 감각 익히기

그림 12-2 네트 상단을 쓸어내리는 느낌으로 한다.

3) 어프로치샷의 연속동작

그림 12-3 어프로치샷의 이상적인 스텝

4) 짧은 볼을 노려라.

어프로치샷은 공격의 신호탄이다.

일반적으로 어프로치샷은 강하게 치고 들어가 상대에게 리턴할 시간을 주지 않고 수비에 급급하게 만드는 샷(플랫 또는 톱스핀)과 볼을 낮게 어프로치샷(슬라이스)해서 상대의 반격을 곤란하게 하는 두 경우가 있다.

그러나 어떤 경우에도 어프로치샷은 즉시 포인트를 얻기 위한 테크닉이 아니라 네트에 접근해서 발리나 스매시로 득점하기 위한 예비사격이란 점을 잊지 말아야 한다.

어프로치샷 구사에 있어 특히 주의해야 할 점은 우선 몸의 균형을 유지하면서 부드럽게 스윙하는 것이다. 그리고 볼을 깊게 치되 볼이 틀림없이 코트에 떨어지도록 볼의 스피드를 평상시의 80% 정도로 낮춰 쳐라.

이것을 제대로 소화해 내는 길은 부단한 연습밖에 없다. 어프로치샷에 익숙해진다면 네트에 접근해서 승리의 발리를 구사할 수 있을 것이다.

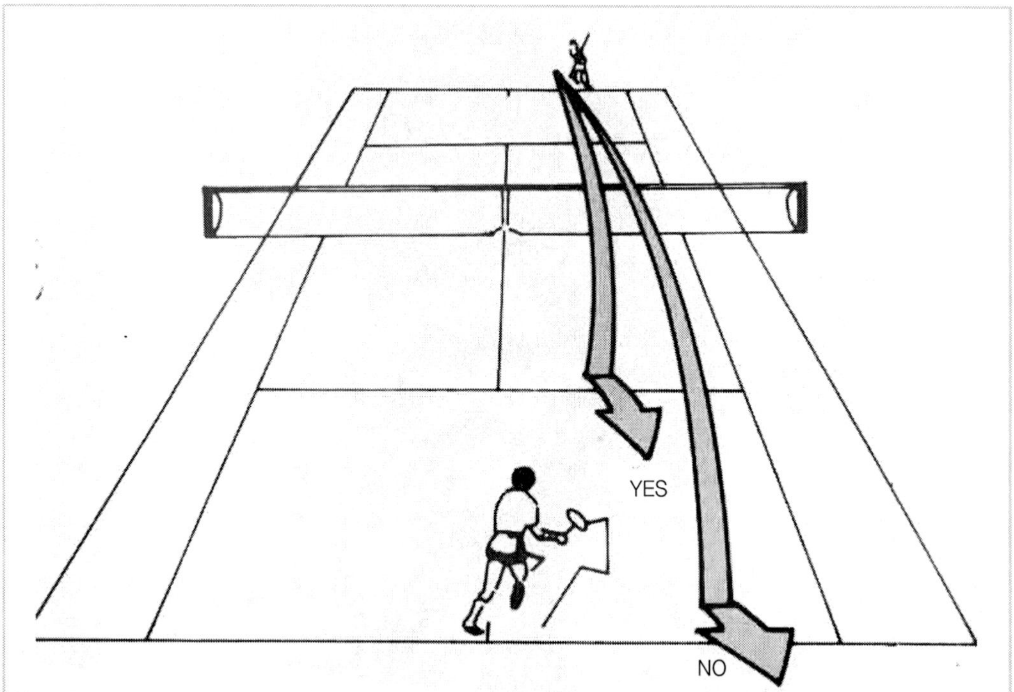

그림 12-4 어프로치샷은 짧은 볼을 선택해야 한다.

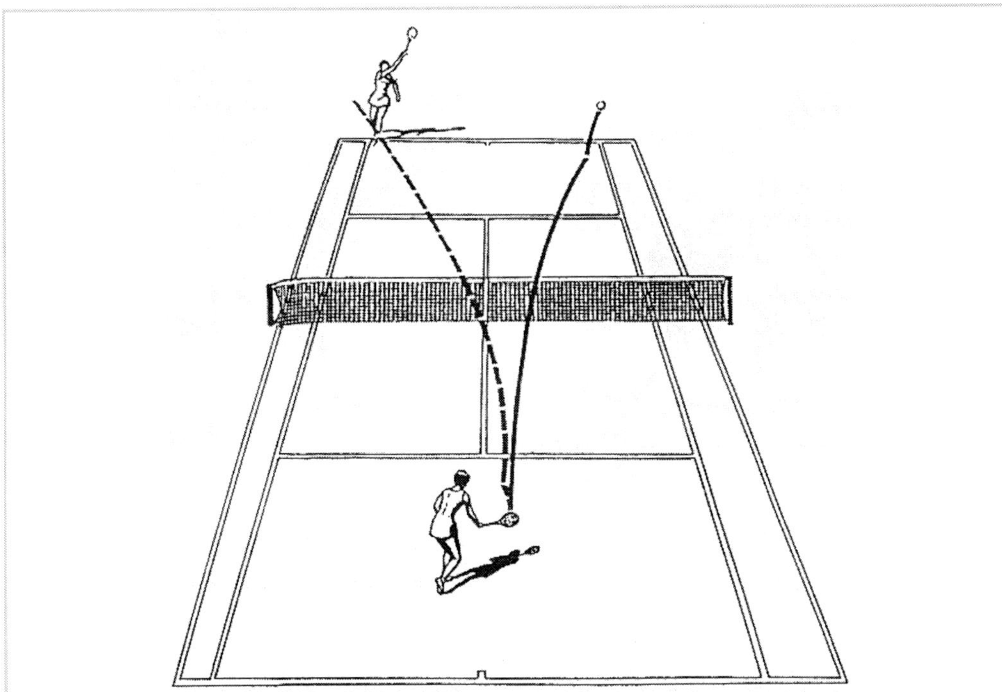

그림 12-5 어프로치샷은 상대의 취약점을 노려라.

어프로치샷을 치는 코스는 그림처럼 상대 백핸드 쪽이 좋으나 종종 상대가 받아친 쪽(그림에서 좌측)으로 되 찔러도 좋다. 되 찌르는 방향은 확률이 (각도) 없어 보이지만 상대는 역모션에 걸려 발걸음을 되돌려 움직여야하므로 매우 불편하고 시간이 필요하다.

2. 센터이론(center theory)

어프로치샷은 상대에게 각도를 주지 않도록 센터 깊숙이 쳐라.

네트에 접근하기 위해 구사하는 어프로치샷은 상대의 볼이 짧게 왔을 때 즉각 그것을 포착하여 상대코트 깊숙이 리턴하는 샷이다.

그림 12-6 어프로치샷은 공격의 시작이다.

이 어프로치샷은 공격의 시발점이다. 초보자들은 지나

치게 위력을 의식해서 강타를 노리다가 에러를 범하는 실례가 많다.

어프로치샷은 상대코트 깊숙이 낮게 바운드되도록 쳐야 한다. 그리고 짧은 볼을 받아넘기기 위해서는 네트까지 전진하는 스타트 동작이 신속해야 한다. 그러나 막상 접근한 뒤는 가파른 고갯길을 올라가는 열차처럼 속도를 줄여 천천히 볼을 쳐 넘기면 목표지점에 깊고 정확한 어프로치샷을 구사할 수 있을 것이다.

그림 12-7 어프로치샷은 1/3쯤 위력을 감소시키되 깊숙이, 틀림없이 쳐라. 1998년 윔블던 여자 단식 우승자 야나 노보트나의 어프로치샷

그림 12-8 어프로치샷은 가파른 고갯길을 올라가는 열차처럼 속도를 줄여 천천히 구사하라.

제 13 장 네트 대시는 언제 하는가?

1. 서비스 직전 마음을 결정하라.
2. 서비스 후 네트에 대시하지 않고 어느 때 기다려야 하는가?
3. dash 기본 정석

1. 서비스 직전 마음을 결정하라.

대개의 경우 서비스 후에 네트로 대시하는 것 자체만으로도 리시버에게는 압박감을 주게 된다. 그래서 공격 플레이를 일삼은 스타일의 선수는 서브 후 네트로 달려 나가는 것을 원칙으로 하고 있다.

그러나 대시하지 않을 수도 있을 것이다. 컨디션이나 게임 상황에 따라 몇 차례 랠리 전을 유도할 줄도 알아야 한다.

마음을 결정하라는 뜻은 바로 대시의 결정을 미리 정하라는 의미이다. 또한 서비스의 방향과 대시의 코스, 스피드, 제1발리의 코스 등을 마음으로 예정하라는 뜻이다.

대시의 발걸음은 자신이 보낸 서비스 볼의 궤도를 뒤따르는 것이 무난한 방법인데 다음 페이지에 구체적인 테크닉을 제시한다.

그림 13-1 현역 시절 전형적인 서브 앤드 발리의 대명사격이었던 마르티나 나브라틸로바

2. 서비스 후 네트에 대시하지 않고 어느 때 기다려야 하는가?

앞서 거론한 대로 서비스 후 대시하지 않고 베이스라인에서 기다려야 하는 상황은 다음과 같다.

첫째, 클레이코트에서 자주 기다려야 하는 상황이 온다. 서비스와 발리의 위력이 매우 뛰어난 사람이 아니고는 클레이코트는 빠른 볼도 바운드 후 스피드를 둔화시키고 발 빠른 사람의 기민한 풋웍(foot-work)도 약화시키기 때문에 대시와 기다림을 병행해야 한다. 해마다 프랑스 오픈 우승자를 예측 불허하게 만드는 것은 클레이코트의 독특한 특성 때문일 것이다.

둘째, 리시버인 상대방의 서비스 리턴 실력이 유달리 우수할 때이다.

셋째, 서비스나 발리가 평소의 기량대로 발휘되지 않고 부진한 컨디션에 있을 때이다. 그래서 대시 작전에서 손해를 더 많이 볼 경우를 말한다.

한편 위의 어떤 경우든 서비스의 직전 마음을 결정해야만 한다. 서비스 후 평소의 버릇대로 한 스텝 앞으로 딛게 되더라도 재빨리 뒤로 물러나야 한다.

그림 13-2 2004년 호주오픈 여자 단식 우승자 쥐스틴 에닌의 서비스 앤드 대시

3. 네트플레이의 기본 정석

1) 중간각도를 지킨다.

서비스 후 발리를 하러 대시하는 사람은 리시버의 패싱을 당하지 않도록 최선을 다해야 한다. 그러기 위해서는 리시버가 패싱할 수 있는 최소한의 각도를 선택, 대시해야 한다.

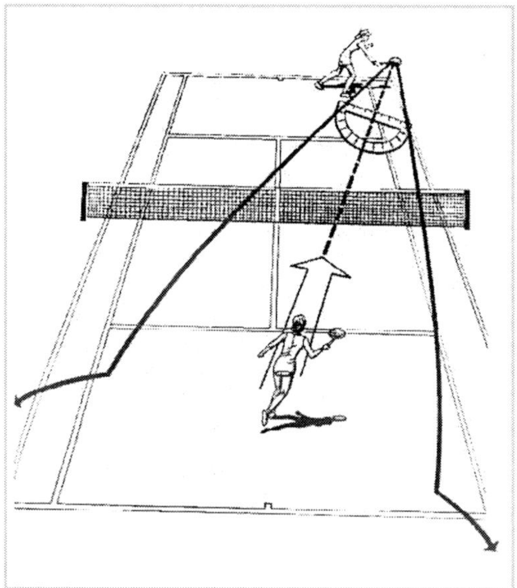

그림 13-3 패싱당하지 않는 각도를 선택하라.

최소한의 각도는 상대방이 패싱할 수 있는 좌우 폭의 한가운데이다. 그것은 굳이 이유를 댈 것도 없이 축구의 골키퍼가 페널티킥 때 골문 중앙을 지켜야 하는 것과 다름없다.

상대방이 패싱할 수 있는 좌우 폭을 측정할 수 없을 때는 대략 서비스볼의 궤도를 그대로 따라가면 무리가 없다.

그림 13-4 세계 최고의 서비스 속도를 보유하고 있는 선수 중 한 명인 앤디 로딕의 서비스 앤 대쉬

그림 13-5 패트릭 라프터의 테니스는 선이 굵고 시원스럽다.

2) 단번에 결정타를 치려 들지 말라.

네트에서 공격 주도권을 잡으려는 궁극 목표는 물론 포인트 획득이다. 포인트 획득의 주요 수단은 상대방이 손댈 수 없게 스피드와 각도를 구사한 발리이다. 그러나 반드시 단번에 포인트를 딸 필요는 없다. 전략적인 면에서도, 깊고 각도 있는 발리로 점차 결정타를 칠 수 있는 형국으로 몰고 갈 수 있으면 그만이다. 특히 매치의 종반에 가면 더욱 그럴 필요가 있다.

깊은 발리를 위해선 볼이 네트에 걸리지 않고 멀리 가도록 라켓을 뒤로 약간 누인 채 볼이 위로 뜨도록 해 보라. 그것이 잘 안되면 언더스핀의 하향스윙으로 처리하는 것도 무난하다.

복식에서 네트에 모두 나왔을 때의 발리코스는 두 사람 사이 중앙을 겨냥하라.

두 사람의 중앙은 서로 책임을 전가하다가 팀워크가 깨지기 쉬운 심리적인 부수 효과를 얻을 수 있다.

복식에서 상대방 모두가 네트를 점령했을 때는 이상적인 패싱샷 또는 발리의 코스는 중

그림 13-6 깊고, 각도 있는 발리를 구사해라.

그림 13-7 1993~2001년 사이 세계 최고의 선수였던 미국의 피트 샘플러스, 서버는 서비스앤드 대시할 때 서비스라인 부근에서 일단 멈춰 스플릿 스텝을 취해야 한다. 이곳에서 상대방 리턴에 적절하게 대비를 한다.

앙이다.

중앙이 좋은 이유는 크게 3가지가 있는데 첫째, 중앙은 두 사람의 가운데이므로 상대를 혼란시킬 수 있다. 서로 미루다 받지 않을 수 있으며 둘째, 중앙에서 치는 상대방 샷은 각도가 없으므로 다음 타구 준비에 유리하다. 셋째, 중앙은 네트가 가장 낮은 곳이어서 안정성이 높다. 그러나 중앙으로만 시종일관 응수하는 단조로운 플레이는 좋지 않은 방법이다.

상대가 중앙을 지키면 앵글샷으로 허를 찔러 벌려놓고, 벌어진 후에 중앙을 공격하는 등 변화가 있어야 된다.

제 14 장 테니스 보조 운동

1. 백보드 이용법
2. 테니스와 관련된 스포츠
3. 스트레칭
4. 훌륭한 플레이어가 되기 위한 12가지 신체 적응훈련(fitness)

1. 백보드 이용법

벽치기는 폼(form)이 어느 정도 완성된 후 하는 것이 좋다.

백보드는 아주 쓸모 있는 연습 벗이자 게임 전 스트로크를 비춰주는 거울이다. 그러나 사람들은 백보드 이용이 서툴다. 게임 전에 남은 시간을 때우거나 단순히 '펑펑' 되받아 치는데 지나지 않은 경우가 허다하여, "벽치기 좀 그만하게 빨리 사람들이 도착했으면 좋겠어."라고 푸념한다.

백보드 훈련의 참된 가치는 상대방에 의한 일체의 정신적 혼란을 막고 오직 스스로의 여건, 취향으로 훈련에 임할 수 있다는 것이다. 즉, 한번에 한 가지 개념(과제)을 집중함으로써 포핸드, 백핸드, 타이밍, 서비스, 풋웍, 발리 등이 차근차근 개선, 발전케 된다.

네트에서 베이스라인까지의 거리인 11.8m(39피트) 거리에서 백보드를 이용하더라도 리듬을 충분히 점검할 수 있도록 볼을 두 번 바운드 시킨 후 스트로크를 하라. 사람들이 백보드 스트로크를 유난히 강하게 하는 한 가지 이유는 대부분 백보드가 부적절히 설치된 탓이다. 백보드 면은 기술상 뒤로 15° 기울여야 하는데 우리나라의 벽은 대개 수직이어서 볼이 벽에 맞은 후 쉽게 수그러진다. 그래서 사람들은 여유 없이 볼에 접근을 하게 되고, 따라서 스스로의 스윙을 점검할 여유를 갖지 못한다.

두 번 바운드 시키며 스트로크할 때 점검할 사항은, 목표 지점을 향한 앞발의 위치가 바른지, 볼을 겨누기만 하고 몸 전체가 뒷받침해주지 못한 것이 아닌지, 팔로스루(follow through)는 적절했는지, 포, 백핸드 스트로크에 각각 손바닥 너클(주먹으로 물체를 가격할 때 닿는 손의 아랫마디)로 스윙의 방향 및 감각을 이끌었는지 등이다.

백보드에서 11.8m 떨어진 곳에 위치했을 경우 임팩트 후 볼이 벽에 닿을 때까지 시선이 임팩트 지점에 머물러야 한다. 11.8m의 거리는 또한 서비스 연습도 가능하다. 분필로 목적 지점을 표시해 두라. 벽에 네트 표시가 없으면 네트를 그린다. 그리하여 상대방의 포, 백핸드 쪽으로 서비스를 넣기 위해 센터 스트랩도 그린다.

발리 연습 때는 보다 가까이 다가서서 땅에 바운드 시키지 말고 받아침으로써 반사 운동, 그립 전환운동, 볼과 눈의 조합 운동을 실시한다.

백보드는 비록 코트만큼의 효력을 주지는 못하나 워밍업을 위한 스윙의 기본적 패턴은 점검할 수 있는 확실한 설치물이다.

• 백보드는 아주 쓸모 있는 연습 파트너이다.

벽치기는 2~3개월 레슨 후에 실시하는 것이 바람직하다.

그림 14-1 정상적인 백보드가 설치되지 않았다면 볼이 2차례 땅에 바운드된 후 임팩트하는 것이 백보드 이용법이다. 대부분의 백보드가 뒤로 15° 가량 젖혀 있지 않아 벽면에 튄 볼이 급히 땅으로 수그러지기 때문에 스스로 스트로크를 점검할 여유가 없으므로 한 차례 바운드 된 뒤 서둘러 볼을 칠 필요가 없다.
백보드와 사람과의 거리는 네트와 베이스라인 거리인 11.8m가 좋다.

2. 테니스와 관련된 스포츠

• 테니스에 도움이 되는 스포츠들

플레이어나, 동호인이 테니스 기량 향상을 위해서는 테니스를 하는 시간이 제일 많아야 테니스 발전에 효율적이나, 타 스포츠를 통해서도 테니스의 기량을 발전시키고, 때때로 기분 전환을 할 수 있다. 테니스 선수가 가끔씩 타 스포츠를 즐기며 훈련하는 것은 또 다른 신선한 자극이다.

다른 운동을 통한 근육의 단련, 이완 작용은 결코 비능률이 될 수 없다.

테니스에 필요하고 상호작용 되는 스포츠는 어떤 것들인지, 또 무엇이 어떻게 도움 되는지를 소개한다.

그림 14-2 벽치기
벽치기는 볼을 너무 세게 치지 말고 벽에 네트 높이를 표시하고 정확히 오래 치도록 노력을 기울여야 한다.

▣ 수영, 아쿠아로빅-부상염려 없기로 으뜸

테니스 동호인과 직업선수에게 이상적

인 부대스포츠는 수영이다. 조깅 시 보다 광범위한 신체 근육들이 율동적으로 사용된다.

특히, 근육의 힘과 지구력을 조화 있게 가꾸어준다. 신체 부위와 운동효과에 있어 수영은 다음과 같은 도움을 준다.

달리기가 다리를 박차는 운동인데 비해 수영은 팔을 안으로 끌어당기는 움직임도 갖추어 팔, 어깨, 몸통, 다리 전신을 발달시킨다. 특히 많은 운동선수들에게 취약점으로 꼽히는 하배근(엉덩이 한 뼘 위의 아래쪽 등 근육)을 강화시킨다.

아쿠아로빅이나 수영은 또한 물의 저항에 대항하여 전신의 주요 근육, 인대(靭帶), 관절이 커다란 운동 폭으로 움직여 유연성을 증대시킨다. 왜냐하면, 지상에서, 전신은 중력에 버티는 양태로 작용, 발달하지만 물 속에서는 물에 저항하는 보다 다양한 각도와 부드러운 리듬의 운동량을 가질 수 있다.

수영의 최대 이점은 아마 부상 염려가 적다는 것. 정상적인 상태에서 물이 근육, 관절을 다치게 할 수 없다는 것이다. 땅 위에서처럼, 넘어지거나 발목을 삐거나 도약으로 인한 관절부상, 인대의 늘어남 등이 발생할 리 없다. 그렇다면 어느 정도의 운동량이 테니스에 도움을 줄까?

맹렬 동호인이나 직업선수에게는 주당 3~4차례, 한번에 20~30분가량이 이상적이다. 게다가 단거리 주행을 가미하면 더욱 효과적이다.

물은 지상의 달리기보다 근육 저항력을 약 3배나 높여주기 때문에, 이론적으로 수영으로 1km가는 효과는 4km조깅에 해당한다고 할 수 있다. 수영의 단점은 뼈에 자극을 주지 못한다는 점인데, 물의 부력을 이용하는 스포츠라서 체중이 실리지 않기 때문에 골다공증 예방에는 효과를 얻을 수 없다.

▣ 줄넘기

줄넘기만큼 실용적인 운동은 없다. 신발 한 켤레, 가벼운 옷차림이면 그만이다. 줄넘기 기구는 여행 중에도 휴대할 수 있을 만큼 간편하다. 집 안팎, 아침, 점심, 저녁 등 어느 때 어느 장소에서도 가능하다. 테니스사에서 찬란한 역사를 쓴 스테피 그라프는 줄넘기를 통한 빠른 발과 민첩성을 서울 올림픽에서 유감없이 발휘했었는데 필자는 당시 심판을 보면

서 그녀의 빠른 발에 감탄했었다.

혈액의 전신 산소운동 기능인 에어로빅 효과에 있어서도 줄넘기는 훌륭한 운동이다. 점핑은 본래 힘든 일이라서 15분만해도 조깅 2시간에 해당하는 지구력과 신진대사 효과를 거들 수 있다.

하체와 팔목, 팔뚝의 힘과 지구력을 키우면서 상, 하체의 통합기능(coordination)과 균형(blance)을 키운다.

그림 14-3 '88년 그랜드슬램에 이어 서울 올림픽까지 제패한 골든 그랜드 슬래머, 스테피 그라프는 올림픽 결승경기에서 말처럼 빠른 발을 국내 팬들에게 선보였다.

아래위로만 계속 뛰는 운동이므로 편한 신발과 부드러운 지면일수록 좋다. 또 아킬레스건과 발바닥 근육이 집중 동원되므로 준비운동(warm-up)을 하고, 끝나면 정리운동(cool-down)을 잊지 말아야 한다.

줄넘기 운동은 유연성에 아무 도움이 되지 않기 때문에 스트레칭 과정을 덧붙여야 테니스를 위한 컨디션 조절이 될 수 있다.

다른 운동을 곁들이고 싶다면, 줄넘기 운동에 쓰이지 않는 등, 어깨, 팔을 단련하면 균형 있는 상태를 유지할 수 있다.

▣ 스노보드, 스키-열량소모 운동으로 그만

눈이 덮여 테니스를 못한다면 스키가 적격이다. 스키는 겨울철에 접할 수 있는 이점뿐 아니라 겨울철에 필요한 운동효과를 듬뿍 가져다주는 스포츠다. 테니스를 위한 신체 상태를 유산소(에어로빅)효과가 있도록 마련해 준다. 또한 크로스컨트리 스키 선수의 경우 1시간당 1천 칼로리의 열량을 소모하여 육상 일류선수들의 운동효과에 육박한다.

크로스컨트리의 여건이 어려운 한국에서는 내리막길, 평지, 오르막길 등 다양한 코스를 천천히 또는 빨리 주행함으로써 비슷한 효과를 얻을 수 있고 리듬, 균형, 통합기능을 함께 키울 수 있다.

스노보드와 스키가 가져다주는 증강부위는 전신이라 해도 과언이 아니다. 다리, 몸통,

그림 14-4 스키와 테니스의 관계

어깨, 팔의 힘과 스태미너가 향상된다.

▣ 인라인 스케이트, 스케이팅-수평이동 능력 증진

최근 동네마다 센세이션을 일으키고 있는 인라인 스케이트와 겨울 스포츠의 좋은 예로 꼽을 수 있는 스케이팅은 에어로빅스 효과에 있어서는 조깅 크로스컨트리, 스노보드, 스키보다 약간 뒤지지만 지구력에는 스케이팅을 결코 빼놓을 수 없다. 리듬, 균형, 통합기능 효과도 좋으나 스프린트 프로그램은 따로 마련해야 한다.

테니스 플레이어에게 선사하는 스케이팅의 독특한 이점은 수평이동 능력이다. 테니스 게임에서 갑작스런 스타트나 정지동작이 초래하기 쉬운 사타구니와 허벅지 상단근육(바깥 뒤쪽)의 당김을 방지해주어 좌우, 전 후진 이동에 필요한 하체 기동력을 높여준다.

▣ 노젓기(rowing)-훌륭한 테니스 대체운동

노젓기 운동도 빼놓을 수 없는 종목이다. 노젓기는 비교적 부상 염려가 적은 운동이고, 순수한 운동효과 측면만 따지면 어떤 스포츠에 못지않은 훌륭한 신체적응 훈련이다.

적당한 페이스로 꾸준히 행하면 에어로빅 스포츠가 되고, 짧은 시간 스피드에 박차를 가하면 스프린트가 된다. 더구나 노젓기는 몸의 군살을 빼주고 테니스에 필요한 주요 근육군에 힘과 지구력을 다지게 해준다. 유연성과 통합기능에도 좋다.

대체로 30분간 격한 노젓기 운동을 하면 8㎞ 조깅의 효과를 본다. 보트를 타고 노젓기를 할 여건이 안 되면 시중에 판매되는 실내 노젓기 기구를 사용해도 효과는 비슷하다.

▣ 스포츠 댄스, 에어로빅 댄싱-여럿이 유쾌하게 즐겨

이미 대중화된 이 운동은 기술적으로 스포츠와는 성격이 다르지만 수영 등 다른 훌륭한 운동에 견줄만한 운동기능을 발휘한다. 매우 활달한 스포츠 댄스와 에어로빅 댄싱은 시간당 평균 600칼로리를 소모하는데, 이것은 테니스(500칼로리), 수영(600~800칼로리), 달리기(500칼로리)에 견주어 볼 때 조금도 뒤떨어지지 않는다.

심폐기능 향상 외에 스포츠 댄스와 에어로빅 댄싱이 발휘하는 장점은 허리, 다리, 몸통, 팔, 관절의 유연성 증대효과이다.

음악에 맞춰 둘 혹은 여럿이 유쾌하게 운동할 수 있는 이점은 그 어느 운동도 견줄 수 없는 것이다.

그러나 최근 무릎, 허리, 발목관절, 발바닥 등에 사람에 따라 스포츠 댄스, 에어로빅 댄싱이 부상을 초래하기 쉽다는 논문들이 적지 않게 거론되고 있다. 대체로 체중이 골격에 비해 많이 나가는 사람, 관절이 약하거나 관절 부상을 겪은 사람 등에 부상이 나타나는 경향이 있다. 준비운동과 정리운동은 부상방지에 도움이 된다.

▣ 농구-코트커버 능력에 도움

같은 '코트'를 사용하는 테니스와 농구는 운동효과의 종합점수 면에서 정상을 다투는 몇 안 되는 종목에 속해 있다.

두 종목은 스피드, 스태미너, 통합기능, 에어로빅 전략 등의 요소를 필요로 한다. 농구에서 풀코트(full-court)게임을 할 경우, 지구력, 에어로빅, 스프린트 훈련 효과를 거둔다.

수비를 열심히 하면 전 · 후진, 좌 · 우의 수평이동 능력이 생겨 테니스코트에서의 커버범위를 넓힐 수 있다. 농구게임의 다양한 움직임은 테니스에 도움 되는 것들이 그밖에도 많이 있다.

그러나 농구게임은 자기도 모르는 무리한 점핑 동작 등에 의해 무릎이나 발목 부상을 입을 여지가 있어 자주 즐기기보다는 이따금 기분전환 목적으로 하는 편이 바람직하다. 농구는 이러한 수직조 운동과 몸싸움 때문에 중고시절에 열심히 즐기던 농구 동호인들도 나이가 들면 농구에서 멀어지는 특성이 있다.

그림 14-5

▣ 자전거-하체 단련에 적격

사이클은 누구나 가질 수 있는 기구가 되었다. 사이클 운동의 적당한 활동으로는 시간당 약 300칼로리를 소모하지만 시속 20㎞ 이상의 스피드를 한 시간 지속하면 650칼로리를 소모할 수 있다.

사이클 운동은 또한 원하면 얼마든지 스프린트 훈련을할 수 있다. 워밍업 후 서서히 스피드를 올려 최고 속도로 페달을 10차례 지속하기를 간격을 두고 반복하는 것이다.

사이클 운동은 무릎 관절 바로 위의 사두근과 장딴지, 정강이의 근육을 단련시키는 반면 상체에는 거의 도움이 없다. 오히려 등, 어깨, 팔뚝, 손 부위의 근육이 경직될 염려를 낳는다. 따라서 관계부위의 충분한 스트레칭이 필요하다. 결국, 테니스 보조로 택하는 운동들은 흥미와 능력에 따라야 한다. 테니스가 자기 인생에서 비중이 큰 사람일수록 스트레칭, 유산소 효과운동, 체조, 그리고 등(back)과 어깨, 팔 부위의 웨이트트레이닝을 가미하는데 게을리해서는 안 된다. 물론 그보다 더 중요한 일은 테니스와 그 부대 스포츠를 진실로 즐길 수 있는 정서를 갖추는 일이다.

▣ 골프

테니스와 골프는 어떤 관계인가?

테니스는 역동적이고 골프는 정적이며 테니스는 움직이면서 살아있는 볼을 치고 골프는 정 자세에서 죽은 볼을 친다.

골프와 테니스는 스윙, 슬라이스 등 일부 용어도 비슷하지만 매너나 규칙에서도 유사성

그림 14-6 골프와 유사한 테니스의 양손 백핸드 팔로스루 80년대 후반 90년대 초반의 미모의 테니스 스타 리사 본더

이 있다.

골프경기는 일반적으로 심판 없이 이루어지는 스포츠이기 때문에 룰을 적용하는 심판은 스스로가 맡고 벌칙도 자진해서 적용해야 한다. 보고 있는 사람이 없다고 해서 타수를 속이거나 룰을 자기에게 유리하게 적용하면 골프경기의 의미는 상실된다. 골프가 신사도를 갖춘 매너의 게임이라고 하는 이유가 여기에 있다. 경기규칙 이전에 플레이를 위한 에티켓의 엄수가 철칙으로 되어 있다.

테니스의 포핸드에서도 골프와 비슷한 동작을 볼 수 있다.

크게 나누면 에티켓과 플레이에 관한 규칙으로 나눌 수 있으며, 이것은 세계 공통으로 되어 있다. 첫째, 플레이어 당사자가 샷을 할 때 동반자는 큰소리를 내거나 웃는 등 방해되는 일체의 언동을 삼가야 한다. 둘째, 경기의 진행을 원활하게 하기 위하여 모든 플레이어는 협력해야 한다. 이는 마치 테니스 경기 중 관중이나 상대의 플레이어들이 소리를 지르거나 방해해서는 안 되는 룰과 같다고 할 수 있으며, 또한 경기가 진행 중인 코트를 통과해서는 안 되는 규칙과 비슷하다.

기본기술로서는 땅 위에 정지해 있는 볼을 치는 데에는 어떠한 방법을 써도 좋으나, 거리와 방향을 올바르게 정하기 위해서는 클럽을 일정한 궤도에 따라 스윙하는 것이 가장 효과적이므로, 스윙의 기본적인 원칙은 거의 정석화(定石化)되어 있다. 다만, 플레이어의 스타일이나 테크닉은 천차만별이므로 선수에 따라 지엽적인 조정이 가미될 뿐이다.

따라서 일류 프로선수들이 쉽게 보기에는 서로 다른 스윙을 하고 있는 것처럼 보여도 중요한 포인트, 특히 임팩트(타점)에서는 모두가 공통된다. 요컨대 골프 스윙은 팔과 클럽에 의한 원운동으로서, 그 궤도에 있는 볼이 클럽헤드에 의해 샷 되는 수동작용에 지나지 않는다.

클럽과 인체를 결합시키기 위해서는 두 손으로 클럽을 쥐어야 하는데, 먼저 왼손의 손바닥에 그립을 대각선으로 댄다. 이 클럽을 쥐는 법이 그립으로 가장 기본적인 동작이다. 그립에는 내추럴그립 · 인터로킹그립 · 오버래핑그립의 3가지가 있다.

마치 테니스의 양손 백핸드타법과도 유사하다고 할 수 있다.

특히 메이저리거출신의 유명야구 선수가 골프를 잘 한다는 것이나, 일본의 유명했던 골프3형제 오자키마사시가 야구선수출신이라는 것은 야구에서의 타법이나 체중이동은 골프와 관련이 깊다고 볼 수 있다. 본서에서도 여러 차례 언급했듯이 테니스와 야구는 유사성이 많은데, 골프가 야구와 관련이 있다면 같은 맥락에서 테니스를 하게 되면, 또는 한 사람은 하지 않은 사람보다 골프에 도움이 될 것이다. 그 외 골프와 유사한 경기로 둘째가라고 하면 서러울 정도의 필드하키, 아이스하키 등도 골프와 같은 스윙의 원리를 갖고 있으며, 똑같이 잔디 위에서 펼치는 경기이다.

스윙은 볼이 날아가는 선과 평행을 이루므로 이를 위해 발을 굳히는 일을 스탠스라고 한다. 스탠스를 취하고 클럽을 지상에 댄 동작을 어드레스라고 한다. 또한 스탠스는 스퀘어스탠스 · 클로즈드스탠스 · 오픈스탠스의 3가지가 있다. 테니스에서도 오픈, 클로즈드 스탠스가 주류를 이루고 있는 것과 맥을 같이한다. 테니스에서 백핸드가 원심력을 이용한 스윙인데 골프에서도 스윙은 원심력을 이용하여 골프채로 볼을 똑바로 그리고 멀리 보내도록 하는 한 방향의 스윙동작이다.

원심력을 극대화시키기 위해서는 회전운동을 하는 몸통의 꼬기와 풀기(복원력)를 효율적으로 해야 한다. 어느 경우나 스윙은 적절한 타이밍을 맞춰서 조절되어야 한다. 골프경기를 하기 위해서는 스윙동작뿐만 아니라 어프로치 · 퍼팅 · 벙커샷 등의 동작도 숙지해야 한다. 볼과 홀컵과의 거리 및 볼의 위치와 상태를 정확히 판단해서 어프로치에 성공하면 숏게임을 잘 할 수 있어 파를 잡을 확률이 높아진다. 테니스에서도 백핸드스트로크 시 이러한 원심력을 필요로 한다.

참여정부의 국무총리 고건 총리의 테니스 예찬론은 대단하다. 호주의 전 호크수상, 아르헨티나의 카를로스 메넴 대통령, 일본의 황태자, 전 부시의 부친 미국 부시대통령 등은 테니스 매니아들이다. 우선 테니스를 해본 사람은 골프에 도움을 준다는 것은 테니스의 체중이동이다. 체중이동은 실제로 골프에 많은 도움을 준다. 또한 임팩트 감각도 테니스를 했던 사람이 안 했던 사람보다 골프할 때 많은 영향을 준다. 한 운동이 다른 운동에 영향을 미치는 것을 전이(轉移)라고 했는데 영어로는 transfer라고 표현하기도 한다. 이는 긍정적인 면과 부정적인 면이 있는데 테니스와 골프는 정적전이 관계에 있다..

80년대 세계를 제패했고, 한 시대를 풍미했던 그라운드 스트로크의 대가 체코출신의 이반렌들(현재 미국거주)은 은퇴 후 골프를 하고 있는데 종종 대회에서 우승을 하곤 한다.

그는 현역시절 테니스가 진행되는 시합 중에도 간간히 골프를 치곤 했었다.

여기서 확실한 것은 테니스는 골프에 도움이 되는 운동이라고 말할 수 있다.

테니스를 하다가 골프를 할 수는 있어도 골프에서 테니스로는 필자는 부정적으로 본다.

왜냐하면 골프는 정적이며 뛰지 않고 걷는 운동이고, 역동적인 테니스는 골프보다도 순발력, 민첩성 등 더 많은 체력요소가 필요하고 격렬하기 때문이다. 골프와 테니스는 유사성도 존재하지만 그만큼 특성이 다르다.

그리고 테니스는 골프보다 심폐기능의 발달이 더 요구되는 스포츠이기 때문이다. 골프는 테니스와 함께 유산소운동이다. 대자연과 함께 골프를 하면 좋다는 사실은 누구나 안다. 한 번 스윙하는 것 자체는 무산소운동, 즉 ATP-PC시스템의 무산소 운동이지만 운동자체는 필드를 수도 없이 걷는 저강도의 유산소운동이다.

단위 시간당 칼로리 소모량은 골프보다는 테니스가 훨씬 많다.

어느 통계에 의하면 미국 28,000개, 일본 2,700개에 비해 우리나라의 골프장은 2012년 2월 기준 468여 개의 골프장이 있는데, 아직도 열악하고, 비싼 그린피 때문에 골프인구 대부분이 필드보다는 연습장에서 스윙연습을 하는 것으로 알려지고 있다. 물론 비싸고, 먼 거리의 골프장시설이 주된 이유이며, 클럽의 회원이 되기 위한 경비가 대중스포츠로 자리를 함께하기에는 너무나 먼 당신(?)이 그 이유일 것이다. 선진국에서는 우리나라와는 반대로 테니스하는 경비의 1/6 정도면 골프를 즐길 수 있다. 신문지상이나 TV뉴스에서 한 해에 수천 명씩 태국이나 외국에서 골프하러 가는 걸 접할 수 있는데, 왜 우리나라에서는 골프하는 것이 어려운가?

사회적인 분위기상 부르주아 운동이니, 특권층의 스포츠니 해서 곱지 않은 시선도 한몫을 거들지만 가장 시급한 것은 퍼블릭코스의 절대부족 현상이다.

전 국토의 70% 이상이 산으로 형성되어 있어서 평지를 만들 수 없기 때문이다. 국토의 특징으로 골프장 시설을 구축하기 어렵다. 게다가 최근에 환경단체니, 지자제니 해서 골프장하나 건설하기에는 참으로 어려운 사업이 아닐 수 없다. 골프장 하나를 만들기 위해서는 대략 축구장 50여 개의 잔디밭을 조성해야 되는 것으로 알려져 있다.

스포츠도 그 나라의 국토의 현실이나 경제성, 사회분위기를 고려하지 않고 남들이 한다고 맹목적으로 따라 해서는 안 된다고 본다. 경비와 시간을 고려해서 그리고 연령이나, 사회의 분위기 등에 편승하여 즐길 수 있는 스포츠를 선택하는 것이 현명하지 않을까.

필자는 고한다. 젊어서는 역동적이고 activity한 스포츠를 경험하라. 그리고 골프는 당신이 더 여유 있을 때 즐겨라. 2012년 2월 현재 골프인구는 감소한 반면에 33곳(2012년)이 늘어날 전망이나 2011년말 기준 미착공 골프장은 130여 개에 이르며 전체 골프장의 10% 정도가 경영 악화 등을 이유로 매각을 검토 중인 것으로 알려졌다. 골프 인구는 2009년을 정점으로 감소 추세이다.

3. 스트레칭

1) 스트레칭

스트레칭이란 무엇인가? 이 문제에 관하여 한번쯤 생각해 보아야 할 것이다. 왜냐하면, 모든 운동에 있어 스트레칭이란 매우 중요한 것이기 때문이다. 고양이는 스트레칭의 대가이다. 스트레칭은 근육을 부드럽게 해주고 운동에 대한 준비를 원만하게 해주며, 활동적이지 못한 일상생활에서 무리 없이 몸을 활발히 움직이도록 해 준다. 또한 스트레칭은 앉아서 하는 생활과 활동적인 생활과의 사이에 중요한 매개체이기도 하다. 골프, 런닝, 수영, 사이클, 테니스 또는 각종 격렬한 운동을 행하는 경우에는 더욱 필요한 것이다. 스트레칭을 행하면, 근육의 유연성이 높아지고, 런닝이나 테니스 등에서 일어나는 일반적인 스포츠 상해를 막을 수가 있다. 운동을 행하고 있는 사람의 수는 많고 올바른 운동에 관한 정보의 필요성은 절실하다. 스트레칭은 간단하게 되어 있지만 올바르게 행하지 않으면 안 된다. 그렇지 않으면 오히려 해를 가져오기 때문이다. 따라서 올바른 기술을 이해하는 것이 반드시 필요하다. 그러나 요즈음 대부분의 운동선수들이 올바른 스트레칭 방법을 알지 못하는 것 같다(스트레칭이 즐겁고 간단한 것이라는 것을 이해하지 못하는 것 같다). 올바르게 스트레칭을 행하면 기분이 좋아진다.

매일같이 극한 상태까지 스트레칭하거나 전날보다 더 늘릴 필요는 없다. 스트레칭은 어디까지 신전되어 가는가 하는 신체상의 테스트가 아니다. 스트레칭은 개인의 근 구조와 유연성 및 여러 근 긴장의 수준에 일치하는 것이 아니면 안 된다. 그 열쇠는 규칙적으로 행하는 것과 유연하게 행하는 것이다. 스트레칭의 목적은 근의 긴장을 부드럽게 하고, 그것에 의하여 보다 자유로운 활동을 촉진하는 것이다 그리고 최고 수준의 유연성 취득에 중점을 두는 것은 아니다. 그것은 신전을 넘어 부상을 당하게 되는 것이다. 스트레칭은 고통스러운 것이 아니라 유연하게 마음을 안정시켜 행하는 자신과의 경기이다. 스트레칭은 완전히 각 개인이 서로 모여서 행하는 것이며, 일률적으로 규칙에 의하여 행하지 않아도 된다. 또한 스트레칭은 천천히 시작하는 것이 중요하다. 자신의 자유와 기쁨을 얻는 것이다. 하지만 신체와 정신이 신체운동의 스트레스에 적응되기에는 시간이 걸린다. 마음을 편히 먹고, 규칙적으로 행하여야 한다. 우리들은 정신적, 신체적으로 각자의 즐거운 리듬을 가지고 있다는 것을 잊으면 안 된다. 우리들은 모두 근력, 지구력, 유연성 및 신체적 본질에서 차이가 있다. 신체의 상태나 신체가 요구하는 것을 알면 자신의 개인적 가능성이 높아지고, 생애를 유지하는 기초체력을 쌓아 가는 데 도움이 될 것이다.

(1) 스트레칭을 해야 할 경우

스트레칭을 해야 한다고 생각할 때는 언제라도 행할 수 있다. 예를 들면, 길을 걷고 있을 때나 하이킹 후의 나무 아래에서 휴식을 취하고 있을 때 등 어떠한 상태에서도 행할 수 있으며 테니스나 런닝 같은 운동 전 · 후에도 스트레칭을 행할 수 있다.

예를 들면 다음과 같은 경우이다.

① 하루를 시작하는 아침

② 정신적 긴장을 부드럽게 하기 위해 움직일 때

③ 오랫동안 앉아 있든지 서 있든지 하는 경우

④ 근육이 단단한 느낌이 들 때

⑤ TV시청, 음악 감상 또는 독서 등을 행할 때 등이다.

(2) 왜 스트레칭을 하는가?

스트레칭은 전신을 부드럽게 하고 몸의 상태를 정리하는 것이므로 일상생활의 일부분으로 생각해야 할 것이다. 미국의 Bob Anderson은 올바른 스트레칭을 규칙적으로 행함으로써 생기는 효과를 다음과 같이 말하고 이다.

① 근육의 긴장을 부드럽게 하고 한층 릴렉스 감을 준다(relax : 몸의 긴장을 풀고 부드러운 상태를 유지하는 것).

② 협응성의 향상에 유용하고 동작이 이전보다도 자유롭고 즐거움이 생긴다.

③ 관절이 가동성이 크게 된다.

④ 근육손상과 같은 스포츠 상해를 예방한다(스트레칭한 흔육은 스트레칭하지 않은 근육보다 저항력이 크다).

⑤ 스트레칭으로 준비운동을 하면 러닝, 골프, 스키, 테니스, 수영과 사이클 등의 격렬한 운동을 쉽게 행할 수 있다.

⑥ 몸의 감각을 향상시킨다. 여러 부위를 스트레칭 하는 경우는 그 부위에 의식을 집중하고 그 부위의 상태를 항상 느끼는 것으로 한다. 이렇게 함으로써 자신의 몸 전체를 잘 이해할 수 있는 것이다.

⑦ 스트레칭은 몸에 대한 정신적 조절을 부드럽게 하기 위한 것인지, 경쟁이나 겉보기를 위한 것은 아니다. 느긋한 자신을 만들기 위해서 몸을 움직이는 것이다.

⑧ 혈액순환을 촉진시킨다.

⑨ 기분을 상쾌하게 만든다.

(3) 스트레칭 방법

스트레칭에는 올바른 방법과 잘못된 방법이 있다. 올바른 방법은 신전되는 근군에 의식을 집중시키면서 릴렉스 시키는 것이다. 잘못된 방법(공교롭게 많은 사람들이 실시)은 탄력을 붙이든지 또 아프게 되기까지 신전 시키는 것이다. 이 방법은 더욱더 해를 가져오게 된다. 올바른 스트레칭을 규칙적으로 행하면 모든 동작을 이전보다 용이하게 행할 수 있게 된다. 경직된 근이나 근군을 부드럽게 하는 것에는 시간이 걸린다. 스트레칭에서 기분이 상쾌하게 되기 시작하면 모든 것의 의욕이 충만해질 것이다.

① 쉬운 신전(the easy stretch)

스트레칭을 시작하는 경우는 쉬운 신전으로 10~30초간 실시한다. 탄력을 붙여서는 안 되며, 가볍게 긴장이 느껴지는 포인트까지 신전 시키고, 신전을 유지하면서 부드럽게 한다. 스트레치하는 경우의 근육의 당김은 자세를 유지시키고 있는 동안에 부드럽게 된다. 만약, 근의 당김이 부드럽지 못하면 조금 신전을 늦추어서 당김이 쉽게 느껴지게 한다. 이 쉬운 신전은 근육의 굳음을 풀고 다음의 발전적 신전을 위한 근육조직의 준비를 위한 것이다.

② 발전적 신전(developmental stretch)

쉬운 신전 후에 서서히 발전적 신전으로 옮기는데, 여기서도 탄력을 붙이지 않고, 쉬운 신전보다 조금만 크고 가볍게 당김을 느낄 때가지 신전 시키고, 10~30초간 실시한다. 그리고 쉬운 신전의 경우와 마찬가지로 최초의 당김은 부드럽게 행해야 한지만 그렇지 못하면 조금 원위치로 옮겼다가 다시 하는 방법으로 해야 한다. 이 같은 발전적 신전은 근육의 상태를 높이고 유연성을 향상시킨다.

③ 호흡법

스트레칭 중에 호흡은 멈추지 않고 천천히 리드미컬하게 행한다. 만약 상체를 전굴 시켜 스트레치하는 경우에는 전굴 시키면서 숨을 토하고, 스트레치를 유지하면서 천천히 호흡을 한다. 스트레치 하는 동안 호흡을 멈춰서는 안 되며 만약, 스트레칭 자세에서 자연스러운 호흡이 되지 않으면 부드럽지 않다는 것이다. 이때는 신전을 조금 늦추면 호흡이 자연스럽다.

④ 세는 방법

처음에는 스트레치 마다 소리를 내지 않고 시간을 헤아린다. 그러면 스트레치에 필요한 시간만큼 근육을 신전 시키는 것이 된다. 습관화되면 수를 세는 일에 현혹되지 않고, 감각에 따라 스트레치하는 것이다.

⑤ 신전반사

근육은 신전반사라고 하는 구조에 의하여 보호되고 있다. 근섬유를 크게 늘리면(탄력을 붙이든지 과도로 신전하여) 신경반사의 움직임에 의하여 근에 신호가 보내지고 근은 수축한다. 이 구조에 의하여 근을 장해에서 지킬 수 있다고 한다. 예를 들면 할 수 있는 만큼 크게 스트레치하든지, 탄력을 붙여서 상하로 움직이면 근이 긴장하여 신전반사가 일어나는 것이다. "많은 사람들이 아픔을 동반하지 않으면 무엇도 얻을 수 없다"라고 하는 생각에 습관화되어 있다. 또한 신체를 개선하려면 아픔이 따른다고 배웠다. 그러나 그것은 매우 어리석은 일이다. 올바른 스트레칭은 결코 통증을 동반하는 일이 없다. 통증이 있다는 것은 신체 어떤 한 부분에 이상이 있다고 하는 것을 나타내고 있는 것이다. 앞에서 서술한 것과 같이 쉬운 신전과 발전적 신전은 신전반사를 일으키지 않고 통증도 생기지 않는 것이다. 이 같은 스트레치를 하는 방법 중에 좋은 스트레치를 이해하기 위한 도해를 보자. 봅 앤더슨이 말한 것을 보면 다음과 같다.

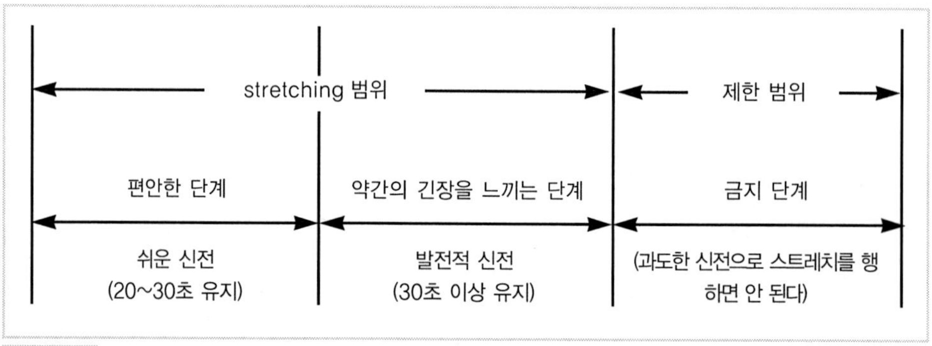

그림 14-7 스트레칭 운동의 단계

4. 훌륭한 플레이어가 되기 위한 12가지 신체 적응훈련(fitness)

테니스에 대한 지식과 이론적으로 좋은 전략을 갖고 있다고 해서 게임에서 이길 수는 없다. 직장, 클럽, 서클, 사회단체 등 각종 동호인 대회에서 좋은 성적을 올리기 위해서는 1, 2세트 나아가서는 3세트까지 햇볕이 내려 쪼이는 코트에서 2시간여 동안을 뛸 수 있는 능력을 갖고 있어야 한다. 또 하드코트에서 서브 앤드 발리를 해내고 이튿날 다시 플레이할 수 있도록 되기까지는 이에 필요한 체력을 갖춰야 한다. 테니스를 잘 하기 위해서는 테니스하는 데 필요한 여러 가지 요소(기초체력)를 갖춰야 한다. 한 운동을 위한 여러 가지 보조운동을 해야 된다. 다음에 소개하는 12가지 트레이닝 프로그램을 지속적으로 실시한다면 각종 대회에서 좋은 성적을 얻을 것으로 확신한다.

1) 운동일지를 써라.

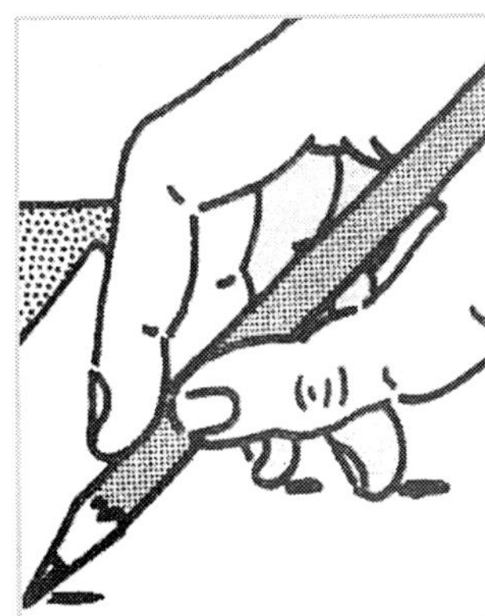

그림 14-8 훌륭한 선수가 되기 위해서는 운동일지를 써라.

좋은 컨디션은 우연히 만들어지는 것이 아니다. 우선 섭생에서부터 여러 가지 연습에 이르기까지 균형 있는 신체 적응 프로그램을 짜야 한다. 기대는 현실적이어야 하며 페이스는 출발점부터 실질적인 목표에 도달할 때까지 일관되어야 한다.

레이튼 휴잇의 철저한 자기관리는 좋은 본보기이다. 참을성을 갖고 꾸준히 밀고 나가야 한다. 목표로 세운 컨디션에 도달하기까지 수개월간 고되지만 일단 이룩하면 유지하기 쉽다. 도표를 만들어 진전 상황을 계속 기록하고 더 건강하고, 더 오래 플레이하고, 더 세게 칠 수 있는 계획을 세워라.

2) 영양의 중요성을 인식하라.

날씬한 체격이 건강과 테니스를 위해서는 더 좋다. 만약 뚱뚱한 편이라면 칼로리를 줄여라. 가냘픈 편이면 연습을 견뎌낼 수 있는 칼로리가 더 필요하게 될 것이다.

그림 14-9 테니스 선수의 식단 구성은 경기력에 영향을 미친다.

마르티나 나브라틸로바는 전성기 시절 영양사와 함께 식단을 짰다. 단식의 경우 한 시간당 500Kcal 정도 소모된다. 선수를 위한 이상적인 에너지 시스템은 복합 탄수화물(야채, 빵, 감자)이며 과잉의 단백질이나 비타민의 섭취는 필요치 않다.

3) 지구력을 키워라.

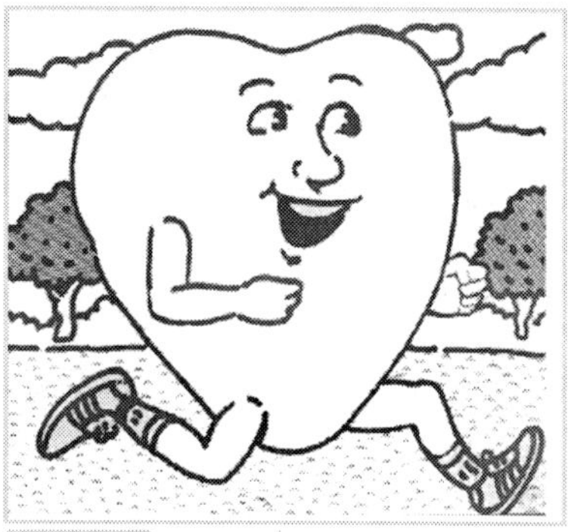
그림 14-10 심폐지구력은 가장 중요한 체력요소

연일 계속되는 경기와 3~5세트 매치에서 이기려면 심장, 혈액순환, 지구력을 튼튼하게 다져 놓아야 할 필요성을 절실히 느낄 것이다. 조깅이야말로 테니스 플레이어들이 지구력을 늘릴 수 있는 가장 실질적인 방법이다. 천천히 스타트해서 3~4km씩을 매주 2회씩 달리면 많은 도움이 될 것이다. 한 시대를 풍미한 미국의 테니스 스타 크리스 에버트는 현역 시절 매일 모래밭을 1마일씩 달렸다. 그밖에 지구력을 신장시키는 훌륭한 운동으로는 수영, 싸이클, 로잉(조정), 크로스컨트리, 스키 등이 있다.

4) 근력을 증강시켜라.

그림 14-11 중량운동은 파워의 원천이다.

테니스는 몸으로 부딪쳐 힘으로 싸우는 스포츠는 아니지만 파워가 절대적으로 필요하다. 웨이트트레이닝을 주 2~3회 정도 실시하여 근력을 증강시키면 부상예방은 물론 강력한 타구를 구사할 수 있을 것이다. 또한 임팩트 순간 손목의 고정이 좋아야 컨트롤을 잘 할 수 있다. 손목 힘을 기르고 악력을 키우기 위해서는 테니스볼을 힘껏 쥐는 방법이 있다. 호주의 위대한 테니스 선수 로드 레이버('62, '69년도 그랜드 슬램 달성)는 어릴 때부터 주머니에 볼을 넣고 다니면서 악력을 길러 역사에 빛나는 위대한 선수가 되었다. 한국 남자테니스의 전설인 이형택 선수의 가방에는 3kg짜리 아령이 숨어 있었다.

5) 인터벌 훈련을 실시하라.

그림 14-12 인터벌 트레이닝은 불완전 휴식을 취하면서 전신지구력을 극대화 시킨다.

테니스를 해보면 조깅만으로는 네트에 재빨리 대시할 수 없으며 순간적인 포칭이나 벼락같은 빠른 몸놀림으로 패싱샷을 구사할 수 없다는 것을 느낄 것이다.

이러한 테크닉을 위해서는 단거리를 질주하는 스피드 훈련이 필요하다. 워밍업을 한 후 50m를 80~90%의 질주로 달린다. 그리고 30~40초 동안 가볍게 조깅한 다음 다시 같은 방법으로 질주하는 스프린트를 하라. 이런 식으로 4~5번의 주기(싸이클)로 반복한다. 익숙해지면 점차 강도와 횟수를 늘린다. 1952년 헬싱키 올림픽에서 자토펙은 인터벌훈련을 통해서 마라톤을 비롯한 5,000m, 10,000m에서 우승하였다. 인터벌 트레이닝은 높은 강도로 짧게 실시하며, 운동 사이에 불완전휴식을 번갈아 가며 실시하는 형태의 운동이다. 이 트레이닝은 전체적으로 운동량을 높이면서 지속능력을 향상시키는 데 목적이 있다.

6) 스트레칭으로 유연성을 키워라.

그림 14-13 스트레칭은 부상을 막아주는 근원이다.

테니스 플레이어에게 체력과 스피드를 위한 보조운동이 중요하지만 유연성을 키우는 일을 게을리해서는 안 된다. 유연성은 코트 내에서 활동범위가 넓어져 승리할 수 있는 원동력이 되며 부상을 줄일 수 있는 예방책이 되기도 한다. 스트레칭은 정적 스트레칭, 동적 스트레칭이 있는데, 두 가지를 적당히 혼합하는 것이 바람직하다고 할 수 있다. 근육이 강해지면 그만큼 딱딱해져 스트레칭은 더욱 절실하다. 또한 준비운동과 정리운동을 철저히 하라.

그림 14-14 근지구력 향상 방법

플레이한 후 수 분 동안의 걷기 및 스트레칭은 먼 안목으로 다치기 쉬운 단단한 근육과 팔 다리 그리고 통증을 막는 데 유효할 것이다. 올림픽에 출전하는 단거리 선수의 경우 100m를 달리기 위해서 1시간의 스트레칭을 한다.

7) 복근운동과 하체운동을 꾸준히 하라.

복부를 단련시켜 강한 서비스, 위력적인 스매시를 구사하고 줄넘기로 풋웍을 향상시켜 복싱 선수처럼 경쾌한 스텝을 밟도록 하라. 이 두 가지 운동은 특히 좁은 장소에서도 실시할 수도 있으며 장소에 구애받지 않고 사계절 어디에서나 할 수 있는 테니스에 반드시 필요한 운동이다. 테니스 선수에게 있어서 복근운동은 강한 서비스를 구사하기 위해서도 필수적이다. 복근이 튼튼해야 허리도 강하다.

그림 14-15 복싱선수 같은 경쾌한 스텝은 테니스선수의 생명이다.

8) 테니스 프로그램을 작성하라.

테니스 플레이어에게 가장 이상적인 신체 적응 훈련은 뭐니 뭐니 해도 테니스이다. 다만 균형 있는 신체 적응 프로그램의 다른 요소들을 소홀히 해서는 안 된다. 어느 단계에 오르면 테니스 자체가 프로그램을 유지시켜 주는 주요소가 된다. 그랜드 슬램대회를 석권한 선수들의 자서전이나 경험담을 귀담아 들어야 한다.

그림 14-16 정기 간행물을 탐독하고 프로그램을 작성하라.

9) 각종 대회에 자주 출전하라.

직장 친선대회, 클럽대회 등 각종 동호인 대회에 자주 출전하게 되면 테니스의 감각을 잃지 않고 유지해 주며 게임요령을 터득하고 기량을 향상시켜 준다. 동호인 랭킹제도 등은 동기부여에 일조한다.

그림 14-17 각종 대회 출전은 자신의 기량을 성찰할 수 있는 좋은 기회이다.

10) 자신의 플레이에 대하여 항상 반성하고 체크하는 습관을 가져라.

'오늘 게임에서 스매싱을 어떻게 했어야 좋은 포인트를 얻을 수 있었는데' 라고 기록하고 제3자(코치)에게 조언을 받아야 좋은 방법이 될 것이다. 디지털카메라나 캠코더로 촬영해서 자신의 폼이나 경기를 분석하는 것을 시도해 봐라.

그림 14-18 게임은 곧 반성이며, 동료장학을 통해서 얻을 수 있다.

테니스에 관한 좋은 서적을 탐독하고 훌륭한 게임을 비디오를 통해 반복 관람하라. 영상이나 이미지 트레이닝은 테니스 발전에 커다란 영향을 준다.

11) 동계훈련을 소홀히 하지 말라.

신체적응 훈련에는 계절이 따로 없다. 겨울 동안에는 실내에서 규칙적으로 계속하는 것이 좋다. 겨울이야말로 체력, 지구력, 스피드, 유연성을 키우는 데 좋은 계절이다. 겨울에 테니스에 필요한 여러 가지 요소를 비축해 두었다가 본격적인 시즌에 대비한다. 야구선수들의 겨울훈련(스토브리그)의 중요성도 이러한 맥락에서이다. 테니스에서 토너먼트 선수들이 겨울에 얼마만큼 훈련을 했느냐에 따라 그해 성적이 눈에 띄게 다르게 나타난다.

그림 14-19 프로야구 선수의 동계훈련이 중요하듯 테니스 선수의 아웃오브 시즌의 트레이닝은 성장에 필수적이다.

12) 의사의 정기점검을 받아라.

마르티나 힝기스의 발목, 스테피 그라프, 마크 필리포시스 등의 무릎, 패트릭 라프터, 이반 렌들 등의 등 부상은 테니스가 그 만큼 격렬하다는 증거이다. 테니스 선수의 경우 신체적응이 의사를 위한 것이 아닐지라도 점검을 받아야 선수 생명을 연장시키는 데 도움이 된다. 테니스를 즐기려는 동호인의 경우 만약 체중이 표준을 넘었거나 작업환경이 노상 앉아

그림 14-20 의학검진은 자동차의 정기검진과 유사하다.

서 일하는 경우, 또 40이 넘었으면 끈질기고 힘든 신체 적응훈련 프로그램을 착수하기 전에 한 번쯤 진단을 권장한다. 2011년 야구의 피처 정대현이 메이저리그의 꿈을 접어야 했던 것도 메디컬테스트에서 문제가 생겨 불발이 되었다는 소식을 접할 수 있었듯 모든 운동선수의 몸관리는 중요하다.

한국 최초의 메이저 리거였던 박찬호가 불혹의 나이를 훌쩍 넘어 일본을 거쳐 한국으로 유턴(u turn)하여 한화이글스에서 선수생활을 연이어 할 수 있는 비결은 그의 철저한 몸 · 체력관리에서 얻은 축복일 것이다.

제 15 장 테니스 상해(傷害)

1. 복병 부상을 예방하자.
2. 부상의 원인
3. 경기불안증
4. 테니스 엘보 부상과 치료

1. 복병 부상을 예방하자.

그림 15-1

1) 준비 · 정리운동, 바른 자세, 적정 양이 지름길

테니스는 많은 스포츠 가운데서도 자신의 체력과 스태미너에 맞춰 일평생 계속할 수 있는 스포츠로 남녀노소 모두 즐길 수 있다는 점에서 레저스포츠로 안성맞춤이다.

오래도록 건강하게 살고 싶은 것은 누구나의 소망이며 건강한 삶을 유지하는 데 있어서 운동은 훌륭한 방법 중의 하나이다. 또한 '자신의 건강은 자신이 관리해야 한다' 는 현대인의 자각이 날로 스포츠 참여 인구를 늘어나게 하고 있다. 신체뿐만 아니라 정신건강관리를 위해서도 운동이 필요하다.

2) 왜 연령을 고려해야 하는가?

운동효과를 극대화하기 위해선 개인차에 따른 적절한 운동량 및 방법이 고려되어야 한다. 이를 위해서는 연령에 따른 신체의 구조적, 기능적 변화를 이해하는 것이 우선 필요하다.

소년 및 청년기에는 모든 생리기능이 계속적으로 발달하지만, 중 장년기에는 생리기능이 점차적으로 쇠퇴하기 때문에 운동 목표는 신체기능의 향상보다는 생리적 기능을 유지하여 노쇠 현상을 둔화시키는 데 둬야 한다.

일반적으로 중년 이후 연령증가에 따라 신체적 조건이 변화하는 것을 알 수 있는데 특히 심장 박동 수, 혈압, 폐활량 및 신경계 등에 많은 변화가 있게 된다. 또한 근력의 경우도 25~30세에서 최대로 발휘되지만 노인이 되었을 때의 근력은 보통 10~20% 정도 줄어든다.

이같이 연령증가에 따른 신체적 변화를 고려하여 운동량을 합리적으로 조절해야 한다. 그리고 무엇보다도 나이가 들수록 유의해야 하는 것은 심장과 폐이므로 전신운동에 의한 심장과 폐의 적절한 보호와 단련이 필요하다.

이런 점에서 전신운동인 테니스를 꾸준히 실천하는 것은 건강관리에 좋은 방법이다.

3) 오버페이스는 부작용을 초래한다.

만사가 지나친 것은 모자람만 못하다는 속담이 있듯이 운동 역시 무리하여 부상이라도 입으면 아니함만 못하다. 그럼 적절한 운동량은 어느 정도일까? 건강관리를 위한 적당한 운동량은 한마디로 획일적인 선을 그을 수 없다.

연령 · 체질 · 건강 · 컨디션 상태에 따라, 운동을 자주 해 온 사람, 가끔씩 하는 사람 등 개개인에 따라 다르다. 따라서 자신의 몸에 귀를 기울여 미세한 경고라도 듣는 자세가 요구된다.

우선 운동에 앞서 혈압, 심장 등의 기능 진단과 질병 유무를 체크한 후 자신에 맞는 운동량을 정하는 것이 이상적이나 '운동을 하고 나서 상쾌한 기분을 느낄 수 있는 정도'가 적정량이라는 것이 전문가들의 보편적인 견해다. 운동으로 무조건 땀을 많이 흘려야 좋다는 생각은 지극히 위험하다.

어떤 종류의 운동을 하든 이는 곧 심장운동과 직결되는데, 자신의 체력한계를 벗어나 갑자기 과격한 운동을 할 경우, 심장부담 등의 치명적인 부작용을 가져온다. 특히 관상동맥 경화증이 급증하는 40대 이후 중 장년 층에선 갑자기 힘에 부친 운동을 하다 심근경색증

〈미국심장학회운동위원회 자료〉 (체중 70kg 기준)

효과	맥박수	레크레이션 또는 운동
기분전환	100 이하 100~120	서 있기, 걷기(시속 1.6㎞) 사이클(시속 8㎞), 당구, 볼링, 스케이트
건강유지	110 ~120	걷기(시속 4.8㎞), 배구(6인조), 궁도, 배드민턴(복식), 던지는 낚시(릴낚시), 골프
	120~130	걷기(시속 5.6㎞), 탁구, 댄스, 유연체조, 테니스(복식)
	130~140	걷기(시속 6.4㎞), 빙상 또는 롤러스케이팅
	140~150	걷기(시속 8㎞), 배드민턴(경기), 테니스(단식), 장작패기, 스키, 수상스키
	150~160	조깅(시속 8㎞), 농구, 등산, 아이스하키
체력강화	160~170 170 이상	달리기(시속 8.9㎞), 송구, 펜싱, 격렬한 농구 달리기(시속 9.6㎞), 스키(시속 8㎞ 이상)

표 15-1 각종 스포츠의 운동량

등으로 화를 입는 경우도 많으므로 주의가 요망된다.

일반적으로 안전하고 알맞은 운동량은 심장이 견딜 수 있는 최대박동수의 60~80% 정도면 적당하다.

최대심장박동수란 이론적으로 심장에 고통을 느껴 더 이상 요동할 수 없을 때 잰 맥박 수를 말한다. 이것은 병원에서 텔리미터로 잴 수 있지만 현실적으로 일반 가정에서 측정하기가 곤란하므로 대개 생리학적 표준수치인 220에서 자기 나이를 뺀 수치를 최대심장박동수로 잡는다.

예를 들어 나이가 50세인 사람의 경우 최대심박수는 220-50=170이므로 적절한 운동량은 170×0.7=119회에 해당한다.

그러나 이것도 보편적인 기준일 뿐 사람의 건강상태와 평상시의 운동 상태 등에 따라 개별적인 차가 나므로 상황에 따라 운동량을 조절함이 절대적으로 필요하다. 참고로 각종 스포츠 활동과 맥박 수, 그리고 체중이 70kg인 사람의 예를 들면 위의 틀과 같다.

2. 부상의 원인

준비운동 부족과 무리한 경기, 그릇된 자세가 부상을 부른다.

운동의 복병 부상은 준비운동과 관계가 많다. 준비운동을 하지 않고 코트에 나가 무리하게 테니스를 하다 보면 허리, 팔, 무릎 등에 부상을 입는 수가 많다.

일반인의 스포츠 손상은 대부분 근력의 약화, 유연성의 결핍, 근력의 불균형, 체격상의 결함, 기술부족 등 부적절한 신체상태에 원인이 있는 것으로 나타났다. 그밖에는 부적절한 장비, 과도한 욕심, 사람과의 신체적 충돌에 의한 손상이다.

중년층에서 스포츠 손상 비율이 높은 것은 근력, 유연성 등 기초체력이 안되어 있는 상태에서 무리한 운동을 하기 때문이다. 운동을 시작하기 전후에는 반드시 준비 및 정리운동을 해야 할 뿐 아니라 특히 중년기에 운동을 시작하는 사람은 3개월 이상 기초체력단련을 한 뒤 원하는 운동을 시작해야 부상방지는 물론 건강에 큰 도움이 된다.

따라서 근력을 균형 있게 강화시키고 유연성을 발달시키는 것이 부상 예방에 가장 중요한 비결이라 할 수 있다.

기초체력 단련 운동으로 심폐 지구력 강화에 좋은 조깅 · 줄넘기 · 수영 · 자전거 · 등산과 같은 보조운동, 근력 강화를 위한 웨이트트레이닝, 큐리튼체조, 유연성 발달을 위하여 스트레칭(stretching신장) 체조를 실시하는 것이 좋다.

1) 상해 부위 관절, 근육, 힘줄

뼈와 뼈가 맞닿는 연결부를 관절(joint)이라고 말한다. 관절을 지탱하며 뼈와 뼈를 움직이는 일은 흔히 힘줄(腱, tendon)로도 불리는 섬유질의 인대(ligament)가 맡는다.

인대보다 덜 질긴 근육(muscle)은 인대로부터 연결되어 팔, 다리, 배 등의 부위에 구체적으로 발달되어 우리 몸을 움직일 수 있게 한다. 예를 들어 정강이뼈와 발 사이에는 발목관절이 있는데, 발의 움직임은 뒤꿈치 뼈와 종아리 근육을 잇는 아킬레스 힘줄의 3자 협동에 의하는 것이다.

관절, 인대, 근육은 동작기능과 상해에 있어 불가분의 관계이므로 한군데서 연속적으로 다루기로 한다(활액낭염, 엘보, 무릎관절, 근육염 및 파열, 아킬레스 등).

(1) 급성 활액낭염

기계가 조인트가 있고 윤활유가 필요하듯, 동물의 관절에도 윤활유가 필요하다. 사람 관절에도 윤활유를 공급하는 주머니가 있는데, 관절 또는 마찰이 심한 힘줄(인대) 사이를 마찰 없이 부드럽게 해주어 활액낭이라고 부른다. 우리 몸에는 약 70여 개의 활액낭이 전신의 관절 주위에 존재한다. 어깨관절, 무릎관절 주위에만도 각각 7개의 활액낭이 있다. 관절 또는 힘줄간의 마찰을 부드럽게 완충작용을 시키는 데는 한계가 있다. 성깔처럼 우리 신체도 참는 데 한계가 있는 것이다.

▣ 증상

관절운동이 어느 한도를 넘으면 염증을 일으켜 활액낭이 팽창→충혈된다. 즉, 발갛게 붓고 열이 나며 아프다. 무릎, 어깨관절에 흔한 급성 활액낭염은 꼼짝할 수 없을 만큼 염증이 심하고 급성 또는 만성은 동작하기 시작할 때 통증을 느끼나 참고 계속 웜업하면 차차 열을 받으며 통증을 잊는다.

▣ 예방 · 치료

테니스에서도 처음에는 아프다가도 참고 랠리를 지속하면 통증도 감소되고 자기 페이스를 찾게 되는 경우가 많다. 이러한 급성 또는 만성 상태의 어깨 · 무릎은 통증이 심할 때 얼음주머니나 에틸클로라이드 등으로 식히고 심한 통증이 경감된 후 더운찜질, 초음파치료 등으로 소염 시키고 휴식을 취한다.

통증이 심한 활액낭염은 안정이 제일이다. 증상이 낫기 전에 또 자극하면 증상이 재발하는 것을 여러 번 경험했을 것이다.

약물치료로는 국소 활액낭에 소염제를 주입하는 방법과 복용하는 방법이 있다. 가장 이상적인 약은 소염 작용이 강하고 위장 장애를 초래하지 않고 장기 복용할 수 있는 약일 것이나 각각 장단점이 있어 남용은 금물이다.

테니스의 모든 스트로크에서 몸 앞에 타점을 두는 버릇을 들이는 것도 어깨의 활액낭염, 엘보 예방에 큰 도움이 된다.

(2) 무릎관절

팔, 다리에는 3개씩의 큰 관절이 있다. 견갑(어깨) · 관절주(팔굽) · 관절완(손목) · 관절고(허벅지관절) · 슬(무릎) · 족(발목)관절 등.

그중 무릎관절 부상은 모든 구기운동 선수에게 흔하다. 그 이유는 점프 시 무릎관절에 체중부하가 많고 관절의 회전각도가 적은 데 비해 많은 운동이 필요하기 때문이다.

무릎은 어깨, 손목같이 전후좌우 측방으로 크게 움직이지 못해 경첩(hinge) 관절이라고도 부른다.

슬개골(조개뼈)이 앞면에 뚜껑처럼 붙어 있는 무릎관절 안에는 내 · 외측에 두 개의 반원 모양의(반월상) 연골이 있어 무릎 굽힘과 약간의 다리 회전운동을 원활히 해준다.

점프 운동을 하는 선수들에게 자주 연골 파열상이 생긴다. 살아 있는 미국의 전설적인 테니스 선수 빌리진 킹은 양 무릎 모두 반월상 연골파열 수술을 받고도 40세까지 선수생활을 했다.

■ 증상

① 심한 충격을 받으면 연골이 파열되면서 그 주위의 모세혈관이 파열되어 관절 내에 피가 고인다.

② 무릎외상 후 부었던 무릎관절이 가라앉은 후에 굽힐 때 가끔 뚝하는 느낌을 통증과 함께 느낀다.

③ 운동중이나 걸을 때 가끔 무릎이 빠져 제자리에 맞지 않는 듯한 불편함을 느끼다가 무릎을 굽혔다 펴면 제자리로 들어간 느낌을 받는다.

④ 계단에서 자기도 모르게 무릎을 헛짚은 듯 힘이 빠져 주저앉을 때가 있다.

■ 예방 · 치료

위의 증상 중 한두 가지만 나타나도 반월상 연골에 손상을 입은 것으로 보고 정형외과를 찾는 것이 현명하다. 슬개골(조개뼈) 관절면이 불규칙 내지 균열되며 아프고, 계단에서 마찰과 통증을 느끼고 슬개골이 압박되며 무릎을 강제로 구부렸다 펼 때 심한 통증을 느낀다. 이런 증상은 '슬개골 연골 연화증' 이라 부르는데 청소년층에도 많이 발생한다.

가벼운 물리치료, 약물요법, 석고고정 및 사두박근 수축운동이 도움되나 심한 경우는 슬개골 제거 수술이 필요하다.

무릎관절은 하체의 스프링 역할로 선수생활의 수명과 직결된다. 기계류나 물건도 정비 보전을 잘 해야 오래가듯, 체력관리도 게을리하지 말아야 한다. 많은 외국 유명선수들이 40세가 넘어서도 뛰는 반면, 한국선수들이 조로하는 원인 중 하나가 체력관리의 부실이다.

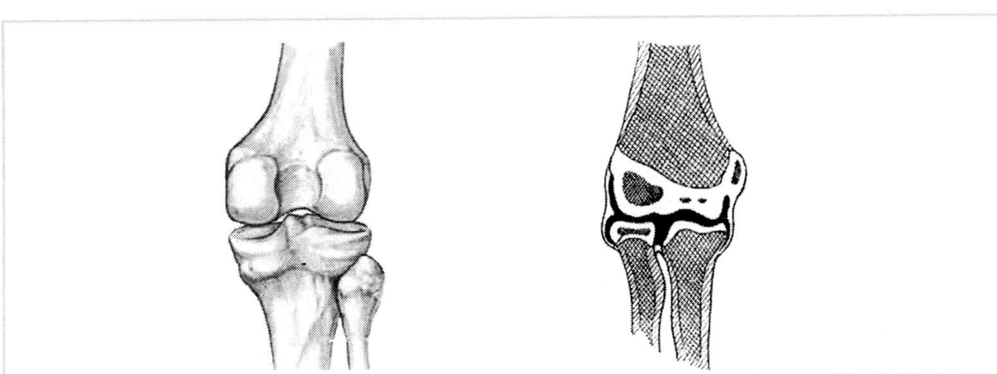

그림 15-2 대퇴골(femur)의 해부학적 구조

(3) 어깨 관절

우리 신체관절 중 가장 많이 움직일 수 있는 것이 어깨관절이다. 김경수, 장병철, 신진식, 김세진의 강스파이크, 이승엽, 최희섭, 세미 소사, 맥과이어의 홈런, 박찬호, 김병현, 서재응의 강속구를 볼 수 있는 것도 360° 가까운 회전력을 가진 어깨 덕분이다.

회전은 4개로 구성된 어깨관절의 협동으로 이루어진다. 〈그림 15-3〉은 어깨를 구성하는 해부도이다. 그중 견갑상박 간 관절이 가장 중요하며, 야구 투수와 중년의 테니스선수에게 가장 고장이 잘 난다. 테니스에서 무리하게 서브나 스매싱 연습을 과다하게 하거나 몸 전신을 이용하기보다는 잘못된 폼으로 팔이나 어깨 등의 일부분의 사용으로 어깨통증을 흔히 호소하는 경우가 많아 테니스를 처음 시작하는 동호인의 경우 제대로 강습을 받아야 어깨부상에서 벗어날 수 있다.

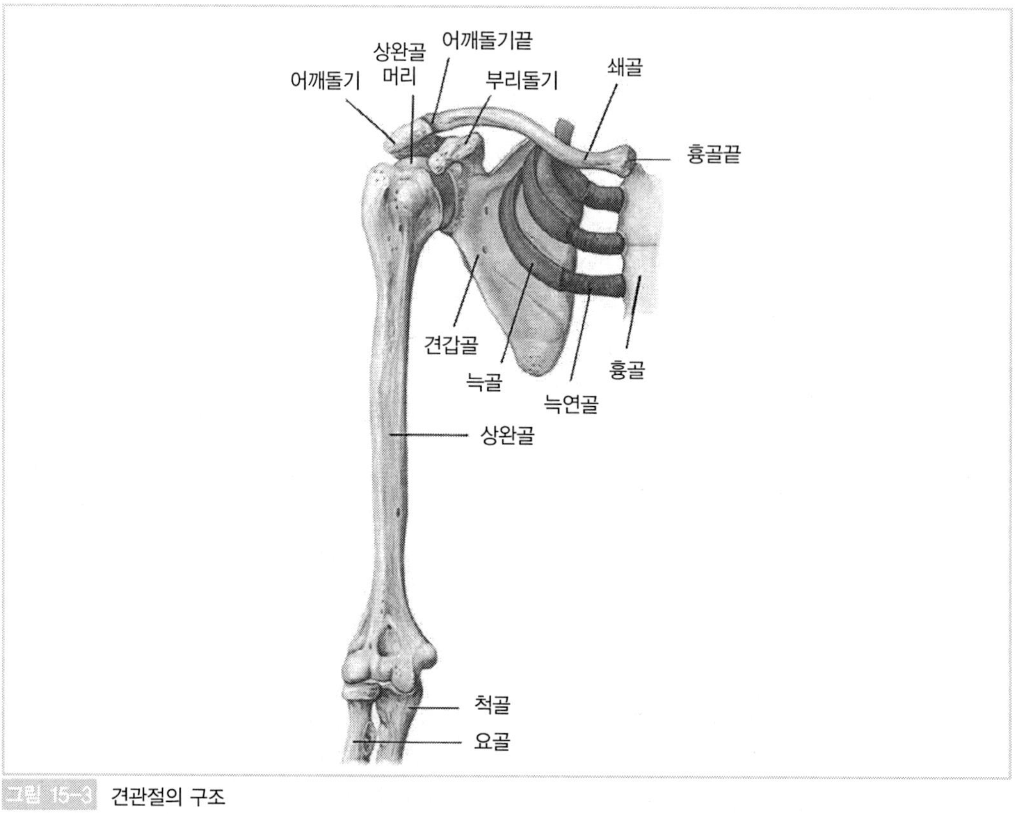

그림 15-3 견관절의 구조

▣ 증상

약간의 염증은 휴식과 뜨거운 물찜질로 가라앉으나 염증상태에서 계속 심하게 운동하면 활액낭이 염증으로 팽창하여 통증이 휴식 때도 느껴진다.

팔을 80° 가량 올릴 때까지는 괜찮다가 90~110° 로 높이 올라가면 심한 통증을 유발한다.

중 · 노년층은 운동과 관계없이 어깨의 활액낭염이 오며, 평생 볼 한번 튕겨보지 못한 안방 마나님에게도 심한 증상이 나타나기도 한다.

미국에서는 어깨가 아프다가 얼음처럼 굳어 버린다고 하여 '얼어붙은 어깨(frozen shoulder)' 라 부르고, 일본서는 50대에 흔히 온다고 하여 '오십견' 이라고 부른다. 50대 이후에 활액낭염은 어깨부위의 힘살, 활액낭에 일종의 노쇠현상으로 일어나며, 계속 염증을 치료하지 않고 혹사하다가 회전근이 해져서 찢어지는 수도 있다.

이때의 증상은 45° 까지는 혼자 옆으로 쳐들 수 있으나 그 이상은 힘들다.

▣ 예방 · 치료

휴식으로도 통증이 치유되지 않으면 전문의를 찾는 것이 현명하다. 활액낭에 강력한 소염제 주사를 직접 주입하여 빠른 효과를 볼 수도 있다.

소위 '얼어붙은' 상태에서 위의 치료로 효과가 없으면 전신 마취하에 어깨를 강제로 운동시켜 유착시킨 후, 약물 · 물리치료를 한다.

어깨의 회전근, 특히 주상근이 급 · 만성으로 끊어지면 수술로 봉합해야 한다.

테니스 연습에선 타점 앞에 두기, 한 번에 서비스나 스매시를 많이 하지 말 것을 염두에 두기 바란다. 테니스를 처음 시작하는 동호인들이 서브연습을 너무 많이 혹은 나쁜 자세로 하다가 어깨가 아프다고 호소하는 경우를 동네 아파트단지나 일반 테니스코트에서 흔히 볼 수가 있다. 너무 강한 백핸드를 구사하려 들지 말고, 팔과 어깨 힘이 약한 사람은 이스턴백핸드 그립을 잡는 것도 도움이 된다. 또한 양손 치기도 도움을 준다.

(4) 테니스 엘보

여름 해수욕을 다녀온 사람들이 곧 테니스를 하면 서툴러서 잘 안 되는 경우가 많다.

그것은 수영에 필요한 근육을 계속 사용하는 동안 테니스에 필요한 근육이 둔화되어 제기능을 발휘하지 못하기 때문이다. 이 미묘한 근육들은 활액에 의해 서로의 마찰피해를 줄인다.

어린 나이에는 윤활유 격인 활액막과 활액낭의 작용이 좋아서 고장이 적으나 점차 중년, 즉 40~50대가 지나면 점차 활액막의 원활도가 떨어지고 활액낭 기능도 약화된다. 즉, 어린 나무는 수액이 터질 듯이 풍부한데 그 나무의 평균수령이 돼 가면 수분 함유량이 고갈되어 말라 비뚤어지고 고목화되어 가는 현상과 인체의 변화도 똑같다.

▣ 증상

20년 아무 탈 없이 주말마다 4~5시간씩 테니스를 즐기던 사람이 어느 날 갑자기 백스트로크나 백발리에 심한 통증을 경험한다. 테니스 좀 한다는 동호인 치고 이런 증상을 한 번도 경험하지 않았다는 사람은 드물 것이다.

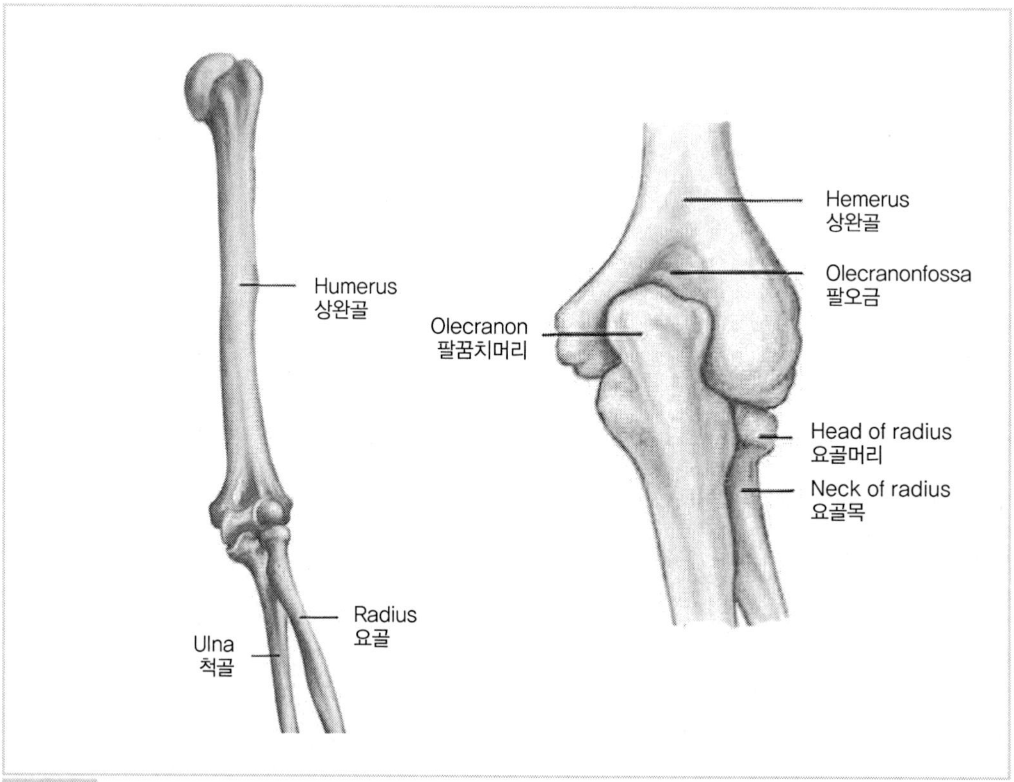

그림 15-4 주관절의 구조

팔꿈치 부위를 손끝으로 누르면 통증이 유발되거나 그림과 같이 손목을 저항하며 뻗으면 심한 통증을 느낀다. 손가락을 뒤로 뻗을 때 더욱 통증을 느낄 때도 있다.

이런 증상들은 팔꿈치 외측에 부착된 근육을 싸고 있는 활액막 또는 활액낭의 염증으로 야기되며 Tennis Elbow라 부른다.

혹은 드물게 팔꿈치 내 측에 통증 및 압통을 느낄 때가 있다. 손목을 안으로 구부리는 동작을 할 때 더욱 통증을 유발하며 포핸드 때 통증이 동반된다.

이런 증상은 상박골 내부에 부착한 근육의 끝 인대에 활액막이나 활액낭의 염증에서 오는 엘보이다.

▣ 예방 · 치료

원칙적인 치료방법은 우선 휴식이다. 통증이 없어질 때까지 테니스는 물론 빨래 짜기 등 팔 비틀기 동작을 삼가야 한다.

테니스 도중, 또는 직후 심한 엘보 통증을 느꼈을 땐 얼음찜질, 찬물찜질 등으로 우선 피부를 식히는 것이 좋다. 급성기가 지난 후에는 더운물 찜질, 초음파 등 물리치료를 한다. 약물치료로 약과 주사를 이용할 수 있는데 심한 경우에는 환부에 강력한 소염제인 부신피질 호르몬을 주사하면 효과는 그만이나 많이 맞으면 피하조직과 근육이 약해지는 결함이 있다.

엘보 방지를 위해 아령으로 팔뚝, 손목의 근력강화를 하면 도움은 되나, 무리하지 않는 원칙보다는 효과가 못 미친다. 타점이 늦지 않게 몸 앞에서 이뤄지게 하는 것, 발을 많이 움직여서 타법을 정확하게 구사할 것, 쉬어가면서 하고 절대 욕심을 내지 않을 것. 강타 플레이에 몰입하지 않는 것은 매우 중요하다. 오랜 경기 후 팔꿈치를 20분간 얼음찜질하고 경기 전에도 충분히 스트레칭을 한다.

(5) 아킬레스건

고대 희랍에 용맹스런 천하무적 장군이 있었다. 이름은 Achilleus.

그는 탄생 직후 어머니가 불사의 샘에 몸을 담가, 창 · 칼 · 화살에도 몸이 뚫리지 않았다. 그러던 그가 적 화살에 맞고 쓰러진 곳은 트로이전쟁이었다. 어머니가 불사의 샘에 담글 때 발목을 잡고 거꾸로 적셔 발뒤꿈치가 약점인 것을 적장이 알았던 것이다.

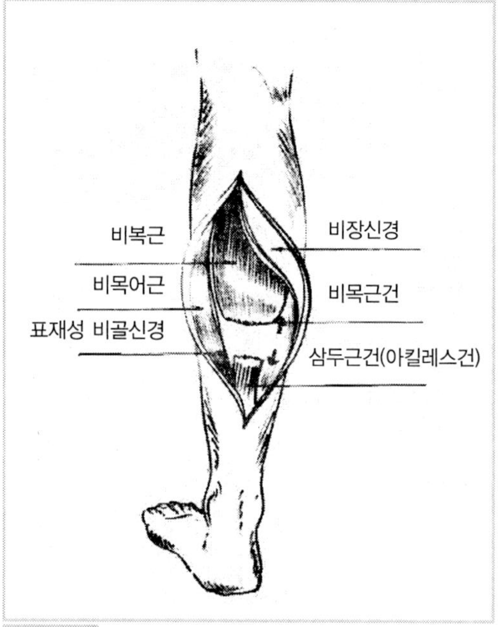

그림 15-5 종아리근육과 아킬레스건

아킬레스건은 오늘날 약점을 지칭하는 말이지만 신체 중 가장 강력한 힘줄이다.

아킬레스는 신화처럼 생명을 좌우하는 급소는 아니지만 부상 직후 한 걸음도 걷지 못하는 급소이기도 하다.

▣ **예방 · 치료**

크게 나눠 수술요법과 석고고정 요법이 있다. 하루라도 빨리 회복해야 하는 사람은 수술요법이 확실하며 천천히 회복해도 되는 사람은 석고고정 치료를 시도한다. 되도록 수술은 피하는 게 좋다.

아킬레스건 파열을 수개월 수년간 방치하고 있다가 수술을 시도하는 사람도 있다. 파열 직후를 '신선한 파열'이라 말하고 후자는 '진구성 파열'이라고 한다. 신선한 파열은 쉽게 부위를 종합, 연결할 수 있으나 진구성 파열은 그림처럼 종아리 근육이 위로 오므라져 연결할 수 없다.

이런 경우 신체의 다른 부분의 인대나 근막을 옮겨, 벌어진 간격을 잇는 이식수술을 한다.

외국 운동선수는 작은 부상에도 거취를 신중히 결정하나 한국 사람들 중엔 아직도 운동하다 다친 것은 운동으로 풀어야 한다는 비과학적인 생각을 갖고 있다.

예방은 운동 전의 스트레칭과 발을 헛디디지 않도록 지면사정에 주의를 기울이는 정도에 불과하다. 모든 근육과 인대 관절의 염증 및 파열은 충분한 준비운동이 최상의 예방책이다.

(6) 다리 경련

쥐가 나는 현상을 의학적으로는 경련(muscle spasm, 또는 muscle cramp)이라 부르는데, 일상영어로는 charlie horse라고 부른다. 갑작스레 근육경련을 초래하는 원인은 그때그때 상황에 따라 다르다. 대개는 격렬하고 갑작스런 근육 수축으로 근육에 분포되어 있는 작은 혈관을 통해 공급되는 공기 공급량의 저하로 일어난다고 본다.

뜨거운 기후에 준비운동도 없이 갑자기 찬물 속에서 급격히 수영하다가는 심장마비 외에도 신체 경련으로 익사하는 경우도 있다.

아주 더운 날씨에 심하게 땀을 흘리는 게임 중 일어나는 근육경련은 땀으로 인해 체외로 빠져나간 칼륨(K)과 나트륨(Na)부족으로 일어나는 수도 있다.

반대로 추운 날씨에 몸이 제대로 워밍업되기 전에 트레이닝복을 벗어버리고 너무 급하게 플레이에 임함으로써 일어나기도 한다.

근육 경련을 방지하기 위해서는 항상 충분한 체력단련의 유지가 필요하고 경기 전의 충분한 영양과 수분, 염분 등이 유지되어 있어야 하며 근육의 워밍업이 고루 유지된 상태에서 게임에 임해야 한다.

2) 심장

선수를 이끄는 감독은 강 훈련을 시키는 데 있어 '각 선수의 몸이 어느 정도까지 견딜 수 있는가', '그 상한선은 어디에 두어야 하는가'를 염두에 두지 않고는 장래성 있는 젊은 선수를 단명에 그치게 할 수도 있다.

테니스 동호인들도 다를 바 없다. 심폐기능 향상효과가 달리기에 버금가는 테니스는 자신의 심장기능을 한번쯤 체크해 볼 필요가 있는 운동이다.

훌륭한 힘과 기량을 가진 선수라도 심장과 순환기의 신체조건이 뒤따르지 못할 경우가 많다. 그럴 때 그 선수는 꾸준한 장기훈련에 피로를 느끼고 남보다 빨리 숨이 차 연습의 페이스를 지속시킬 수 없기 쉽다.

왕년에 한국여자농구를 세계에 빛낸 박신자 선수는 은퇴할 때 이런 말을 했다. '나는 선수로 게임을 하는 데는 아무 지장이 없어요. 그러나 젊은 팀 멤버들과 똑같이 고된 훈련은 계속할 수가 없어요. 그래서 은퇴를 해야죠.'

(1) 심장박동 한계치 구하기

누구에게나 훈련의 상한점이 있다. 심장과 순환기가 훈련하는 근육과 신체조직에 충분히 피를 통해 산소를 공급해 주어야 훈련을 계속할 수 있다.

대개 자기 심장박동 상한 계의 80%까지 심장을 뛰게 하는 것이 신체를 최상으로 훈련시킬 수 있는 상한 계다. 스포츠의학 전문가 스키너 박사는 다음과 같이 간단하게 이 상한 계를 계산할 수 있는 방법을 제시했다.

각자의 최고 심장박동한계(가장 빨리 뛰어도 생명에 지장 없는 상한선)는 220에서 자기 나이를 뺀 수이다. 26세의 선수는 220-26=194가 1분간 박동할 수 있는 상한 수(최대 심박수)다. 거기에 80%인 155가 대략 최고로 훈련할 수 있는 박동 수이다.

자신의 평상시 맥박수의 차이에 따라 좀 더 정확하게 계산하는 방법으로는, 예를 들어 53세인 사람이 가령, ① 휴식 시 심장 박동 수(1분간의)가 80이라면 ②휴식 시 박동 수를 빼면, 즉 167-80=87은 예비심장 박동 수(Ⅰ)이다. ③ 예비심장박동수의 70%, 즉 87~70%=61은 예비심장박동 수(Ⅱ) ④ 예비박동 수 Ⅰ+Ⅱ=148, 즉 1분에 148박동수가 강 훈련에 적응할 수 있는 상한선이다.

그림 15-6 적정 심박수는 "카보넨공식"을 이용하여 구할 수 있다.

(2) 워밍업

운동 종목에 따라 워밍업방법이 다른 것은 주지의 사실이다. 그러나 테니스 동호인 중에서도 개개인의 성격에 따라, 충분히 랠리, 발리, 오버헤드 스매시, 그리고 서비스를 차분히 준비 연습하고 게임하는 사람이 있는가 하면 옷을 갈아입으며 운동화 끈을 코트에서 맨 후 게임을 시작하는 성급파도 있다.

심장의 워밍업은, 훈련 심장박동 수를 30분간을 절정으로 시키고 그 전에 최고 심장박동 수를 50% 정도 가동시킨다.

(3) cooling down

심한 훈련 후 갑자기 모든 동작을 중지하면 심장순환의 운동에 급격한 조정을 요구케 하므로 두통 또는 구토 증상이 오고 간혹 기절하는 수도 있다.

경기 시작 전 워밍업이 중요한 것처럼 냉각시키는 쿨링 다운도 매우 중요하다. 육상선수가 골인한 후 여분으로 더 뛰는 모습은 이와 같은 맥락에서이다. 테니스도 다르지 않다.

3) 요통

허리가 아픈 증상은 급성요통, 척추염, 좌골신경통, 디스크 등 병명도 많다. 그러나

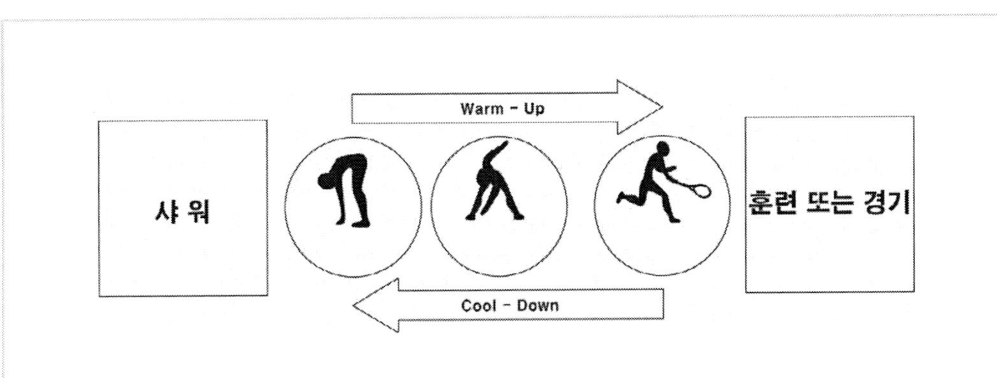

그림 15-7 준비운동(warm-up)과 정리운동(cool-down)의 순서

운동으로 인한 요통은 크게 나눠 척추후궁을 싼 인대에 손상 및 염증, 또는 후궁관절의 가벼운 염증의 대다수이며 때로는 디스크의 손상이 있다.

▣ 요통

척추후궁간의 인대는 강 서비스 후 지나치게 구부리는 반복동작으로 극상 간 인대가 끊어지기도 하고, 반대로 척추를 심하게 뒤로 젖히다가 척추의 전장 축 인대의 부분 손상을 초래할 수도 있다. 또는 그것이 척추후궁 측면 관절에 염증을 초래하여 순간적 허리회전 때 통증을 유발시킬 수도 있다. 또는 극상돌기의 충돌 유발이 통증의 원인일 수도 있다.

이들 증상은 젊은 선수 또는 심하게 테니스를 즐기는 장년층에게 흔하다. 악화되기 전 조기 진단 및 적절한 휴식과 치료가 상책이다.

▣ 디스크

디스크란, 척추 사이의 충격을 스펀지처럼 흡수해 주는 물질이다. 척추는 목뼈(경추) 7마디, 등뼈(흉추) 12마디, 허리뼈(요추) 5마디를 합쳐 24마디로 되어 있고, 척추 사이

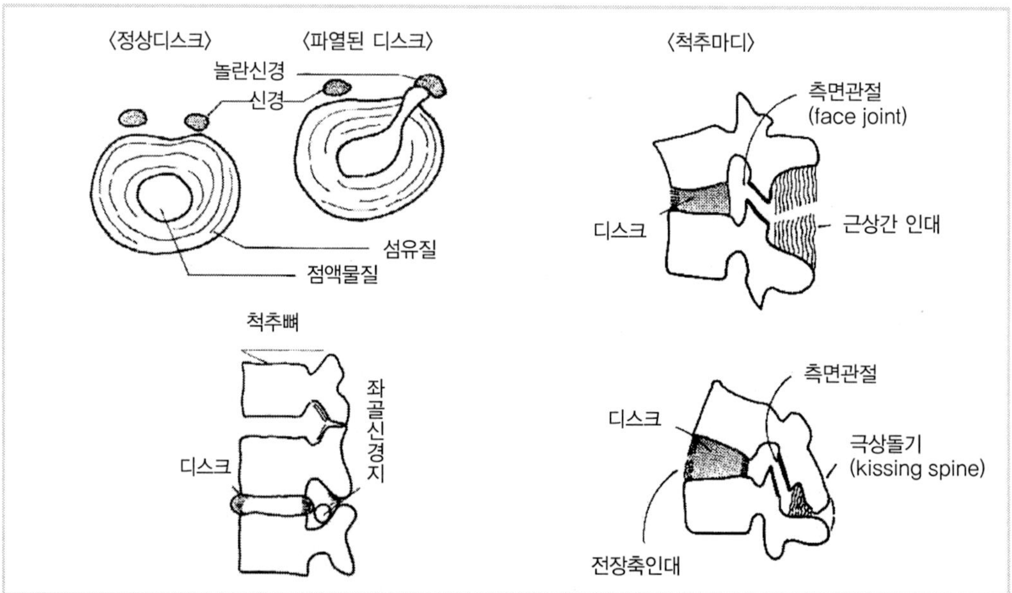

그림 15-8 디스크의 해부학적 단면

에는 원판모양의 디스크 23개가 끼어 있다.

디스크를 위에서 내려다보면 중심부는 반유동체인 진한 점액상 물질과 강인한 섬유물질이 둘러싸고 있다. 척추의 반복적인 압력, 또는 예기치 못했던 강한 충격으로 허리디스크가 터지면 중심부의 섬유물질이 섬유질을 뚫고 나와 옆의 좌골신경의 일부 가지를 압박한다. 디스크는 제4, 제5 요추 간에서 가장 잘 파열된다.

증상은 허리가 아프고 한쪽 다리 뒤쪽으로 통증이 뻗쳐 발목이나 발등까지 전달된다. 또는 무릎 뒤가 당기고 종아리 외측에 감각이 둔해지고 저리는 수도 있다. 발가락을 뒤로 젖히는 힘이 약하거나 앞으로 구부리는 힘이 약해진다.

그중 가장 중요한 증상은 똑바로 누워 다리를 올리면 무릎 뒤가 당기는 증상이다. 이 같은 증상이 있으면 즉시 중단하고 전문의를 찾는다.

테니스에선 점핑 후 착지를 조심하고 활발하고 폭이 큰 동작에서 자세의 중심을 잃지 않도록 한다.

3. 경기불안증

연습 때는 잘하면서도 실전에서 쩔쩔매는 사람이 적지 않다. 정도가 심해지면 경기공포증이 일고 육체적 상해 못지않은 정신상해를 겪는다.

정신과에서는 '경기불안증(performance anxiety)'이라고 하여 흔한 증상으로 파악한다. 음악가에게는 연주불안증, 무대예술인은 연기불안증, 운동선수에게는 경기불안증이라고 붙일 수 있을 것이다.

경기 전 긴장하는 것은 어느 정도는 정상적이다. 일단 경기가 시작되어 긴장도 잊게 되고 근육도 적절한 톤으로 환원되면, 그것은 문제가 안 된다.

1) 불안의 원인

경기 전의 긴장은 심신의 균형유지를 흩트린다. 예를 들어 긴장했을 때 구역질이나 불쾌감, 위통이 있는 수가 있다. 하부 복통이나 설사, 대변 마려움까지 생기기도 한다. 이런 증상은 '또 일어나지 않을까' 하는 불안을 낳는다. 누구나 '이겨야 한다', 또는 '좋은 경기를 해야 한다'는 불안은 있으나 강직한 성격일수록 게임의 불안을 자기 성격으로 확대시킨다. 예를 들면, 신발 끈 매는 식이나 길이까지 염려하여 완전치 못하다는 생각을 한다.

그림 15-9 불안은 근심과 걱정을 동반하는 정서이다.

불안한 상태는 경기에 필요한 마음의 집중을 이루지 못하게 한다. 만일 경기불안을 미신적인 습관에 깊이 몰입시키고 매우 산만한 상태를 유발하여 경기수행을 악화하면 불안상태는 일종의 panic state, 즉 공포발작으로까지 몰고 간다.

이 패닉의 증상으로는 가슴이 심히 뛰고 숨이 가쁘고 사지가 떨리고 식은땀이 나며 실신할 것 같은 상태로 빠진다.

이 같은 불안은 근육 긴장도를 고조시켜 신체적으로도 매우 비능률적이다.

가장 흔한 현상은 불완전한 백스윙과 타이밍 등이다. 결국 스트로크의 리듬을 깨고 연습효과를 잃는다. 지나친 예측불안은 앞일에 신경이 너무 쏠려 볼을 끝까지 보지 않고 볼이 라켓을 맞고 튀는 방향이나 앞일에만 몰두하게 된다.

그 결과 자기가 마지막 순간에 내린 느낌과 시각의 기억이 흐릿해져 플레이를 조정하는 컨트롤이 없다.

2) 예방 · 치료

이 같은 긴장과 불안의 악순환은 어떻게 고칠 수 있을까?

마음대로 근육(수의근)은 우리의 의식이나 생각으로 어느 정도 이완시킬 수 있다. 그래서 Jacobson이라는 유명한 의사는 심층근육 이완법이란 테크닉을 만들었다.

자기의 정신을 집중시켜서 자기 근육을 이완시키는 하나의 훈련이다. 이 방법으로 효과를 보는 자는 현저한 효과에 스스로 놀라는 경우가 많다.

'정서적 상상 법(emotive imagery)' 이란 방법도 있다. 이것은 자기 심신을 이완시키고 평안함을 가져다주는 장면을 상상하는 방법이다. 소위 '평화로운 광경(calm scene)' 이라는 자신의 독특한 상상법을 이용, 긴장을 푸는 방법이다.

심호흡 방법도 있다. 그리고 좀 더 기술적으로 최면술을 써서 근육을 이완시키고 볼을 끝까지 본다는 최면적 암시를 주는 치료법이 있다.

또는 이 경기가 내 인생의 전부인가 라는 거시적인 돌아봄을 통해 낙관적이고 느긋한 심경을 가져볼 수도 있을 것이다.

4. 테니스 엘보 부상과 치료

테니스를 못하는 이유는 돈이 없어서, 시간이 없어서, 엘보 때문에 라는 말이 한때 유행이었던 시절이 있다. 엘보는 신체의 어느 부분보다도 테니스 동호인과 선수를 괴롭히는 존재이다. 아울러 엘보는 테니스를 하는 사람들에게 매우 중요한 관절이다. 엘보는 테니스에서 많이 사용되는 관절일 뿐만 아니라 테니스 플레이어에게 가장 흔한 부상을 가져오는 부분이다. 테니스 엘보는 대부분의 테니스장에서 가장 많이 대화의 주제가 되고 있다. 많은 테니스 플레이어들이 엘보의 통증을 느끼고 있으며, 특히 나이가 35세~60세 정도인 사람들에게 그 빈도가 높다.

테니스 엘보의 경우, 엘보의 안쪽보다는 바깥쪽에 통증이 발생될 확률이 5배 정도 높

그림 15-10 테니스 엘보를 예방하기 위해서는 주관절의 주변 근육과 관련된 결체조직을 강화시켜야 한다.

다. 또한 나이가 들수록, 자주 플레이를 할수록, 전완(팔뚝;forearm)의 근육이 약하거나 유연성이 부족할수록, 발의 움직임이 둔할수록, 타법이 부정확하거나 그립을 강하게 잡을수록 테니스 엘보가 발생될 확률이 높다.

엘보는 세 개의 독립된 조인트로 되어 있다. 즉, 전완(팔뚝; forearm)의 두 뼈 접합부(junction), 이 뼈들과 상완(humerus)과의 접합부(juction) 및 상박(upper arm) 뼈로 구성되어 있으며, 이로 인해 우리는 팔을 구부리고, 펴고 또한 회전시킬 수 있으며 손바닥을 뒤집을 수도 있게 되는 것이다.

엘보의 부상은 특히 손목관절 문제로 야기될 수 있다. 손목관절을 제어하는 근육은 엘보의 뼈에 연결되어 있다. 그 결과 과도한 손목관절의 긴장은 손목관절에 문제를 가져오기보다는 엘보에 통증을 가져오게 된다.

1) 테니스 엘보

테니스 엘보는 전완(팔뚝) 근육과 이 근육을 뼈에 연결하게 해주는 힘줄(tendon)에 염증이 발생하는 것이다. 이 근육은 손목을 뒤로 젖히거나 손바닥을 위로 향할 때 회전시키는 데 이용된다. 이 근육과 힘줄이 과다한 사용으로 인해 염증이 생기면, 엘보의 바

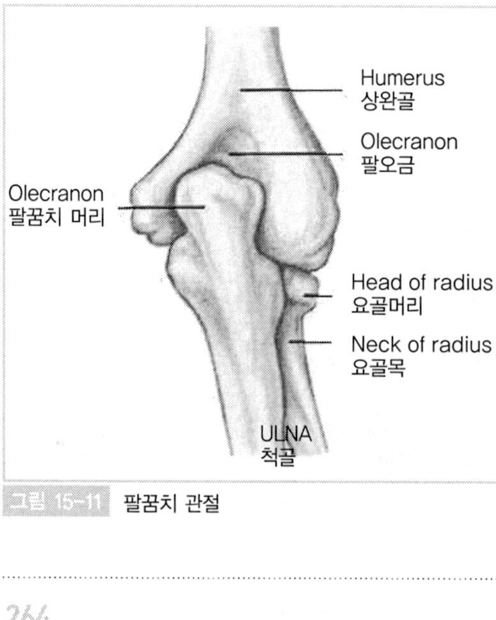

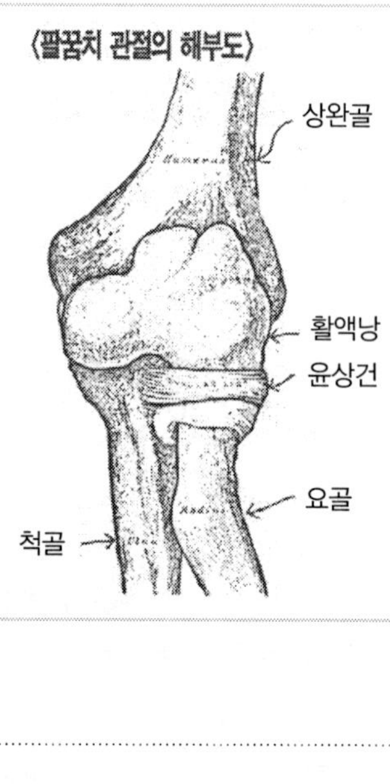

그림 15-11 팔꿈치 관절

깥쪽 부분(lateral epicondyle)에 통증이 오게 된다. 물건을 들어 올리거나 손바닥을 아래로 향하게 하면 통증을 더 심하게 느끼게 되며, 나중에는 커피잔을 들거나 냉장고에서 우유를 꺼내기도 힘들어지게 된다. 또한 테니스 엘보는 손을 시계 방향으로 회전시킬 때 통증이 수반되므로 스크루드라이버를 사용한다거나 전구를 끼우는 것도 힘들게 되며, 라켓 등을 꽉 잡거나 손으로 머리를 빗는 것도 힘들게 된다.

테니스 플레이어는 대개 백핸드 스윙에서 볼을 늦게 치게 됨으로써 테니스 엘보를 악화시키게 된다. 아마추어 플레이어에게 백핸드스트로크는 테니스 기술 중 숙지하기 어려운 테크닉 중의 하나인데, 몸을 이용하여 체중을 싣지 못하고, 볼을 치게 되면 볼을 팔로서만 타구해야 하며, 또한 타점이 뒤에 있으면 팔을 구부릴 수밖에 없다. 그 결과 모든 힘(정확히는 스트레인)은 상완근(팔뚝의 근육)과 힘줄에 가해진다. 또한 서비스 시 스핀을 많이 넣기 위해 손목관절을 과다하게 회전시키는 것도 테니스 엘보의 원인이 될 수 있다.

종종 테니스 실력 향상을 위해 열심히 연습하는 동호인들에게서 테니스 엘보 발생이 많은 것을 볼 수 있다. 이는 그들이 상급자들과 게임을 할 때 볼이 더욱 빠르고 세게 오는 것을 느끼게 된다. 이에 따라 볼의 타점이 약간 늦어지게 되며, 이를 되받아 치고자 할 때 그 충격력의 대부분이 엘보에서 흡수되기 때문이다. 낡은 테니스볼을 사용하면 라켓에서 덜 튕겨 나가게 되어(less spring-off) 엘보에 더욱 많은 스트레스를 가하게 되며, 무거운 라켓을 사용하거나 전완(팔뚝) 근육이 약할 때 테니스 엘보에 걸릴 확률이 높아지게 된다.

2) 테니스 엘보의 치료

일단 팔꿈치에 염증이 생기게 되면 일상적인 활동만 해도 염증이 악화되기 쉽다. 테니스를 일이 주일 쉰다는 것만으로는 문제가 해결되지 않는다. 테니스 엘보를 치료하기 위해서는 전완근과 힘줄을 강화시키고 유연성을 증가시키기 위한 운동요법이 필요하다. 일단 이 근육과 힘줄이 나쁜 자세의 백핸드에서 오는 충격과 스트레스에 충분히 견딜 만큼 강해지면 통증은 사라질 것이며 재발되지도 않을 것이다.

만약 테니스 엘보에 걸린 경험이 있거나 플레이 후에 쑤시는 듯한 통증이 있다면, 플레이 후 30분쯤 경과 후에 얼음찜질을 하는 것이 좋다. 얼음찜질은 엘보가 정상 온도로 돌아오게 하는 데 효과적이다. 즉, 백에 얼음과 물을 넣은 후 30~40분쯤 엘보 부위를 식히도록 한다.

3) 전완(팔뚝) 강화 운동

약간 가볍게 느껴지는 덤벨을 준비한다. 남자의 경우 2.5kg, 여자의 경우 1.5kg 정도부터 시작하여 근육의 힘이 강해지면 조금씩 무게를 늘려가며 다음과 같은 운동을 한다.

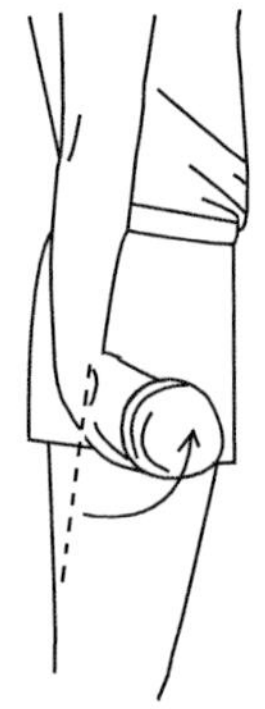

그림과 같이 팔을 아래로 늘어뜨리고 엘보를 고정시킨 자세에서 덤벨을 손가락으로 감아쥔다. 이때 손바닥은 전방을 향하게 하고 한다. 손목관절을 앞으로 구부려 올렸다 내리는 운동을 50회 정도 또는 근육이 지칠 때까지 반복한다.

그림 15-12 손목관절 운동 - 손바닥 방향으로 비틀어 올리기(wrist curl)

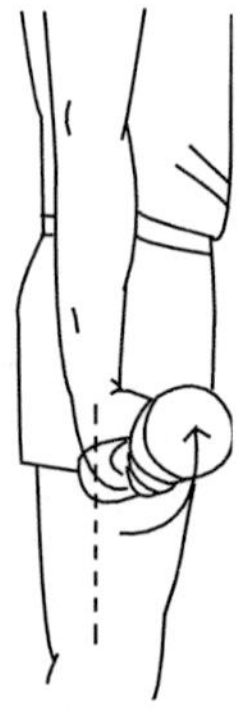

그림과 같이 손바닥이 후방을 향하게 하고 덤벨을 잡는다. 덤벨을 손등쪽으로 구부려 올렸다 내리는 운동을 50회 정도 또는 근육이 지칠 때까지 반복한다.

그림 15-13 손목관절 운동 - 손등 방향으로 비틀어 올리기(reverse wrist curl)

그림과 같이 손바닥을 전방을 향하게 하고 덤벨을 잡은 후 엘보를 구부려 어깨까지 들어 올린 다음 천천히 내린다. 이를 50회 정도 또는 근육이 지칠 때까지 반복한다.

그림 15-14 팔 운동 – 안쪽으로 들어 올리기(arm curl)

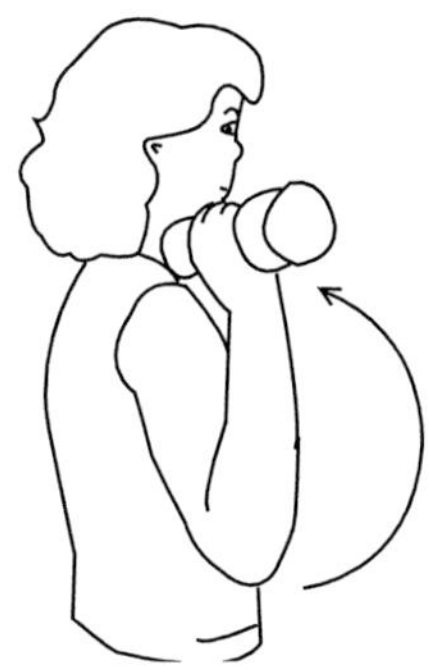

그림과 같이 손바닥을 후방을 향하게 하고 덤벨을 잡은 후 엘보를 구부려 어깨까지 들어 올린 다음 천천히 내린다. 이를 50회 정도 또는 근육이 지칠 때까지 반복한다.

그림 15-15 팔운동 – 바깥쪽으로 들어 올리기(reverse arm curl)

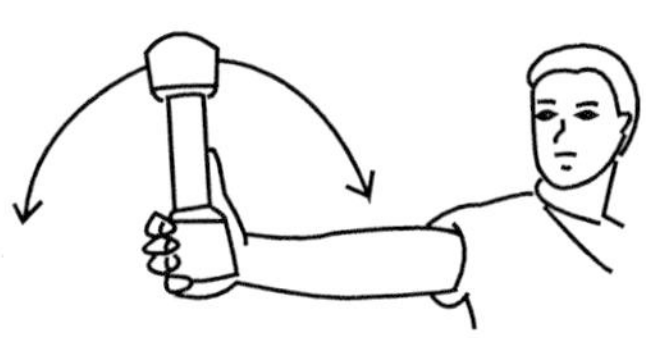

그림과 같이 팔을 옆으로 쭉 뻗은 상태에서 덤벨의 한쪽 끝을 잡는다. 덤벨의 다른 쪽 끝을 좌/우로 끝까지 회전시킨 다음 원래의 위치로 되돌리는 운동을 반복한다. 이 때에도 50회 정도 또는 근육이 지칠 때까지 반복한다.

그림 15-16 손목관절 회전운동(unbalanced wrist rotation)

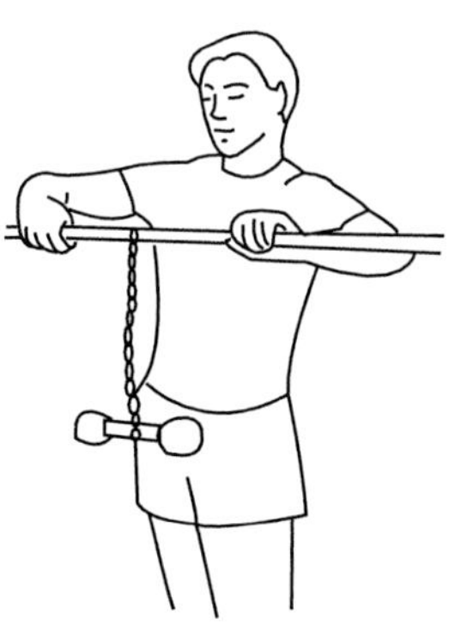

그림과 같이 길이 1m 정도의 막대기에 로프를 묶은 다음 5파운드 정도의 덤벨를 감아올린다. 실패에 실을 감듯이 감아올리고 다시 푸는 동작을 지칠 때까지 반복한다. 덤벨의 무게는 필요에 따라 조정한다.

그림 15-17 감아올리기(roll-up)

부드러운 고무공을 잡고 이를 짜듯이 강하게 힘을 가한다. 스프츠용품 가게에서 파는 핸드퍼티(hand putty)를 이용해도 된다. 이러한 운동을 지칠 때까지 반복한다.

그림 15-18 볼 강하게 잡기(ball squeezing)

4) 엘보 유연성 향상 운동

운동 요법을 시작할 때 엘보를 강화시키기 위해 힘을 주다 보면 통증이 수반될 것이다. 다음과 같은 유연성 향상 운동 이러한 통증의 해소에 도움이 될 것이다. 일주일에서 열흘 정도면 훨씬 나아지는 것을 느끼게 될 것이다. 초기의 열흘 정도 동안에는 소염제가 필요할 수도 있다.

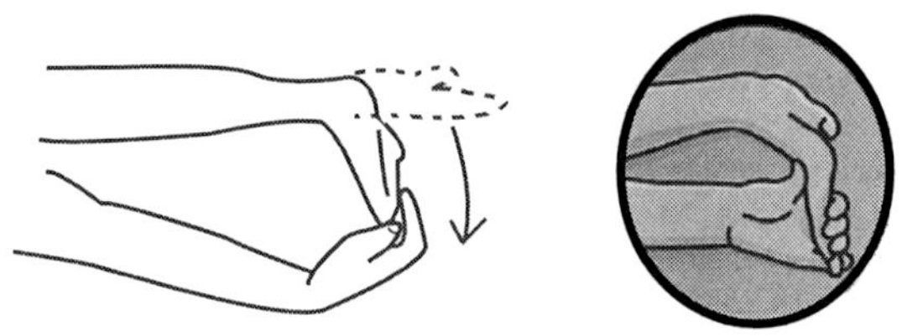

그림과 같이 팔을 쭉 펴고 손바닥을 위로 향하게 한 다음 다른 한 손으로 손바닥과 손가락을 아래로 향하도록 스트레칭한다. 이때 스트레칭된 상태에서 15에서 20초 정도 유지한다.

그림 15-19 엘보 스트레치(손바닥을 위로 한 자세)

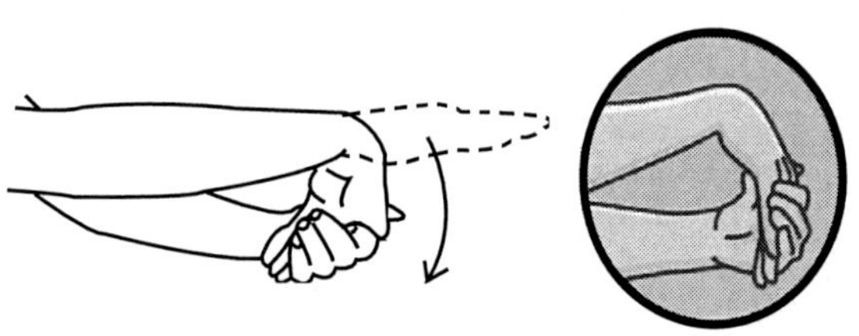

그림과 같이 팔을 쭉 펴고 손바닥을 아래로 향하게 한 다음 다른 한 손으로 손바닥과 손가락을 아래로 향하도록 스트레칭 한다. 이 때 스트레칭 된 상태에서 15에서 20초 정도 유지한다.

그림 15-20 엘보 스트레치(손바닥을 아래로 한 자세)

5) 코티손에 대해서는 “노” 라고 말하세요.

과거에는, 현재까지도, 테니스 엘보의 치료에 대표적인 것이 코티손(cortisone; 부신피질 호르몬의 일종으로 관절염 및 류머티즘의 치료제)을 주사하는 것이었다. 장기적으로 볼 때 이것은 결코 좋은 방법이 아니다. 코티손과 같은 소염제를 염증이 생긴 힘줄 주위에 주사하는 것은 염증을 가라앉히고 통증을 경감시킬 수 있다. 그러나 이는 근본적인 문제의 해결을 하는 것이 아니며 오히려 전완 힘줄에 과도한 응력(스트레스)이 가하게 되는 원인이 될 수 있다.

코티손 제제의 효과는 약 4주에서 6주 정도 동안 서서히 감소되어 건염(tendinitis)이 일차적으로 발생한 곳에 힘이 가해지면 통증은 재발되고 또 코티손 제제의 주사가 필요하다. 근본적으로 통증에서 해방되기 위해서는 앞에서 설명한 운동요법을 반복하여 시행해야 한다. 코티손 주사는 의사들의 예금계좌에 입금이 되어 좋을지 모르나 당신의 엘보에는 좋지 않다. 궁극적으로 코티손 주사는 힘줄에 회복하기 어려운 해(damage)를 가할 수 있다.

6) 운동요법 이외의 방법들

가끔 운동요법을 기피하는 환자도 있다. 이 경우에는 과도한 통증을 경감시켜 주고 염증을 가라앉혀 엘보 강화 운동을 할 수 있도록 코티손 주사를 사용하기도 한다. 그러나 이는 테니스 엘보 치료를 위한 마지막 수단으로서 이용하는 것이지 주된 방법은 아니다. 또한 몇몇의 환자에게는 물리치료를 받게 한다. 이것은 감독하에 운동요법을 시행하는 것이라고 할 수 있다.

때때로 피부 깊은 곳까지 마찰 마사지를 시도하기도 하는데, 이것은 물리치료사들이 힘줄 전후에 엄지손가락으로 힘을 가하는 꽤 아픈 방법이다. 이렇게 되면 힘줄 주위로의 혈류가 증가되어 치료가 촉진된다. 혈류를 증가시키는 또 다른 방법으로는 전기자극을 가하는 것으로 힘줄에 전류를 흘리는 것이다.

또 다른 치료법으로는 이온토포레시스(iontophoresis) 방법인데, 코티손 용액을 피부에 도포하고 전류를 흘려 힘줄에 침투되게 하는 것이다. 이 방법은 힘줄이 주사에 의

한 손상을 받지 않고 코티손 제제가 힘줄에 가해지도록 한다.

일년 내지 이년에 한번 꼴로 테니스 엘보에 의한 손상을 치료하기 위해 외과적 수술이 필요한 환자를 만난다. 드물긴 하지만 이런 환자의 경우 힘줄이 뼈에서 떨어지거나 힘줄의 중간 부분에 사점(dead spot)이 생긴 것으로, 사점 부분을 제거하거나 힘줄을 뼈에 다시 붙이는 외과적 수술이 유일한 치료방법이다.

7) 다른 치료 방법들

세계보건기구(WHO)는 테니스 엘보를 포함하여 침술로서 치료할 수 있는 104가지의 경우에 대해 열거하고 있다. 침술은 가는 침을 신체의 여러 부위에 찔러 "기(氣)"의 밸런스를 돕는다고 말한다.

침술에 의한 치료는 테니스 엘보 환자의 3명 중 2명 정도의 확률로 효과가 있다. 침술에 의한 치료효과에 대해서 정확한 메커니즘을 이해하긴 어렵지만 엔돌핀—신체의 자연적인 통증해소제—과 관련된 것으로 믿기도 한다. 경우에 따라서는 플라시보 효과, 즉 치료가 효과있다고 믿으면 실제로 효과가 나타날 확률이 커지는 것과 관련될 것으로 믿는다.

또 다른 방법으로는 보툴리누스균의 독을 주사하는 것이다. 이는 식중독 등을 일으키는 것으로 네덜란드의 연구자들이 만성 테니스 엘보의 치료에 이용하고 있다. 보툴리누스 주사는 최근 국내에서도 피부 주름살 제거에 널리 활용되는 방법이기도 하다. 그러나 이 방법이 테니스 엘보의 치료에 효과적이라고 보기는 어렵다고 생각되며, 누가 당신에게 이 방법을 권하더라도 다른 방법을 택하기 바란다.

8) 테니스 엘보를 방지하는 방법

테니스 엘보를 방지하기 위해서는 강화운동과 유연성 향상 운동 요법을 병행해야 한다. 또한 격렬한 게임을 시작하기 전에 반드시 준비운동과 스트레칭을 충분히 해야 한다. 아울러 백핸드 스트로크를 보다 정확하게 구사할 수 있도록 테니스 코치와 상의하여 올바른 방법을 강구하도록 해야 한다. 그리고 서브 및 백핸드에서 신체 및 어깨를 적절히 사용하여 파워를 증가시켜야 하며, 손목관절과 팔만을 이용하여 힘을 무리하게 줘서 치는 것을 피해야 한다. 초보자의 경우 양손 백핸드를 배우는 것이 테니스 엘보를 피하는 데 좋은 방법이다. 왜냐하면 양손 백핸드는 두 팔로 스윙을 하기 때문에 파워를 주기 쉽고 신체의 회전을 더 많이 이용하기 때문이다.

팔꿈치에 엘보 밴드를 착용하는 것은 테니스 엘보에 매우 도움이 된다. 이러한 보호대는 근육을 압박하고 힘줄에 전달되는 충격을 줄여준다. 임상 연구 결과 이러한 보호대는 압박 벨트와 같은 작용을 하여 특히 서브와 백핸드 스트로크 시 근육의 수축력의 전달을 차단하게 된다.

엘보 보호대는 탄성이 없는 패딩이 있는 띠로서 팔뚝에 알맞도록 만들어진 것이다. 두 개의 작은 버클이나 벨크로(찍찍이) 끈이 있어 근육을 조임으로써 힘줄의 과도한 움직임을 막아준다. 따라서 엘보의 부드러운 섬유조직(tissue)에 과도한 힘이 걸리는 것을 줄여주게 되는 것이다.

근육에 힘을 주면 팽창하려 한다. 엘보 보호대는 이러한 근육의 팽창을 제어하고 근육에서 발생되는 힘을 경감시킨다. 그러나 이러한 보호대는 움직임에는 방해를 주지 않으므로 게임에는 지장이 없다.

다른 형태의 엘보 보호대로는 공기석고밴드(Air-Cast Band)가 있는데, 이것 또한 탄성이 없고 근육의 움직임을 억제시키는 데 효과적이다.

이러한 엘보 보호대는 의사나 운동구점에서 구할 수 있다. 엘보 보호대를 착용할 때

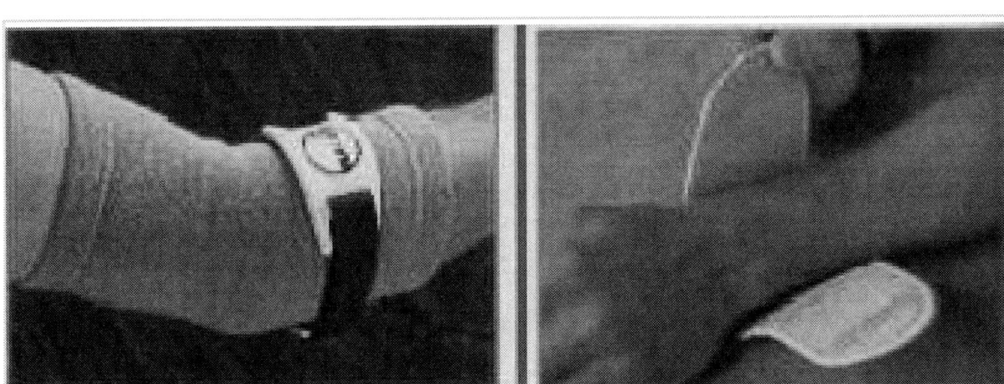

그림 15-21 엘보를 예방하는 보호대 찍찍이는 인대나 건을 고정시켜 준다.

끈을 너무 세게 조이지 말아야 한다. 팔뚝에 힘을 주어 근육이 팽창될 때 압력을 느낄 정도로만 죄면 된다.

적절한 테니스 라켓을 사용하고 스트링의 텐션을 조절하는 것도 테니스 엘보의 방지에 중요한 요소로 작용할 수 있다. 테니스 엘보가 있는 사람은 그라파이트나 복합재료로 만들어진 라켓을 사용해야 한다. 왜냐하면 이러한 재질은 엘보에 전달되는 충격을 최소로 해주기 때문이다(예전의 나무 라켓 알라스(alas)는 충격을 줄여주는 데 가장 좋았다). 스트링을 느슨하게(텐션이 약하게) 매는 것이 좋으며, 라켓의 사이즈로는 미드 사이즈보다 큰 것은 좋지 않다. 오버 사이즈 라켓은 유효타구면적(sweet spot)이 넓지만 이에 상응하여 프레임 주위에 엘보에 충격을 가할 수 있는 타구 면적도 크게 된다. 또 오버 사이즈 라켓의 프레임에 맞힐 정도의 타구는 미드 사이즈 라켓을 사용한다면 라켓에 맞지 않고 볼이 지나칠 것이다. 이것도 당신의 엘보 보호에 도움이 된다고 할 수 있다.

테니스 라켓 제작사들은 라켓의 충격흡수력을 증가시키기 위하여 더욱 가볍고 패딩이 증가된 강한 라켓을 생산하고 있다. 티타늄 라켓은 뎀퍼(진동방지 고무 등)를 끼워 사용하면 팔에 전달되는 충격진동을 느끼게 하지 않으면서 강한 파워를 낼 수 있다.

충격을 감쇠시키기 위해 스트링 텐션을 줄여보라. 제작사에서 추천하는 범위의 하한치보다 3내지 5 파운드 정도를 낮추어 보자. 텐션을 높이면 컨트롤에는 이로운 반면에 볼이 라켓에 맞을 때 팔로 전해오는 충격도 크게 된다. 여러 가닥의 섬유로 만들어진 고품질의 부드러운 스트링은 라켓에 전달하는 진동을 줄여준다.

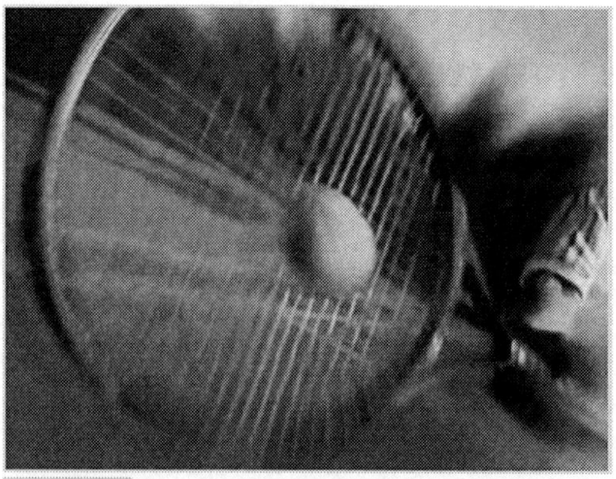

그림 15-22 테니스 엘보와 충격력의 관계. 강한 텐션보다 약한 텐션이 엘보예방에 도움이 된다.

그립의 사이즈를 약간 크게 하는 것도 도움이 될 수 있다. 그립 사이즈가 너무 작으면 그립을 강하게 쥐게 되어 팔의 근육이 피로하게 될 수 있다. 또한 그립을 강하게 쥐게 되면 라켓의 진동이 손이나 팔에 그대로 전달된다. 쿠션그립을 사용하는 것도 진동전달을 줄이는 데 도움이 된다. 엘리트 선수나 기량이 우수한 사람의 경우에는 그립을 강하게 잡는 이점을 활용할 수 있으나, 동호인의 경우에는 약간 느슨하게 그립을 잡아 부상으로부터 보호하는 것이 좋겠다.

클레이 코트와 같이 볼이 느린 코트에서 플레이하라. 이와 같은 표면에서는 볼의 충격이 표면에 바운드될 때 흡수된다. 항상 백핸드 스트로크의 팔로스루를 충분히 하도록 하라. 왜냐하면 충분한 팔로스루 없이 짧게 멈추게 되면 엘보의 힘줄에 더 큰 스트레스를 가하기 때문이다.

9) 테니스 엘보

다른 형태의 테니스 엘보는 팔꿈치의 안쪽 부분(medial epicondyle)에 통증을 일으키는 것이다. 이러한 통증은 손목관절을 내전—손바닥을 아래로 향한 채 손목을 돌리는—할 수 있게 해주는 근육과 힘줄의 염증과 관련되어 있다. 포핸드 톱스핀을 구사하는 플레이어에게서 볼 수 있는 것으로, 이는 포핸드 톱스핀을 구사할 경우 볼의 윗부분에서 라켓을 회전(손목이 내전)시키기 때문이다. 세계적인 톱 랭크의 선수들은 이러한 통증을 호소하는 경우가 많은데, 이는 그들이 톱스핀 샷을 많이 구사하기 때문이다. 주말 플레이어나 동호인의 경우 팔꿈치 안쪽 부분의 통증이 수반되는 테니스 엘보는 포핸드 스트로크의 타점이 늦어 손목관절로 볼을 잡아 채는 동작이 필요해지고 또한 전완(팔뚝)의 내전이 수반됨으로써 발생되는 것이 일반적이다.

이러한 형태의 테니스 엘보에 대한 치료와 예방법은 앞에서 설명한 것과 동일하다. 앞에서 설명한 운동요법으로 근육을 강화시키고 스트레칭으로 유연성을 길러야 한다. 또한 당신의 스윙을 코치와 상의하여 적절하게 수정하도록 권한다.

10) 이두근(biceps) 파열

팔을 아주 심하게 움직일 때 갑자기 이두근이 파열될 수 있다. 이두근의 한쪽이 길이 방향으로 둘로 찢어질 수 있는데, 이는 포핸드 스매시를 강하게 구사하는 예전의 플레이어들에게서 볼 수 있는 현상이었다. 근육이 파열되면 통증과 출혈이 수반되고 근육의 형태가 변형되며 고유의 기능을 발휘할 수 없게 된다. 이두근 파열의 경우, 특히 회복 시 매우 주의하여야 한다. 이두근에 힘을 주면 팽창되어 오렌지 크기만큼 근육이 튀어 나오는 현상이 생길 수 있다.

성형외과적 수술로 근육의 파열을 수정할 수 있다. 그러나 수술로 근육이 원래의 강도를 갖게 해주지는 못한다. 왜냐하면 수술 후에는 흉터가 있는 조직이 생성되고 이는 근력을 약화시키기 때문이다. 사실 파열된 이두근을 수술하는 것은 다시 한 번 파열시키는 것이라고도 할 수 있다.

치료법은 상처가 치료되는 동안 2주 또는 3주 동안 파열된 근육이 휴식을 취하도록 하는 것이다. 이후에 다른 한쪽의 이두근을 강화시켜 이로써 이두근 전체의 기능을 수행할 수 있도록 하는 것이다. 앞에서 설명한 팔운동(arm curls)은 이두근을 강화시키는데 가장 적합한 운동이다.

제 16 장 테니스 매너 및 규칙

1. 테니스 매너
2. 테니스 규칙(단식 · 복식)

1. 테니스 매너

테니스 매너는 그 사람 인간성의 바로미터와 같다. 아무리 테크닉이 훌륭해도 매너가 나쁘면 또 아무리 얼굴이 예쁘고 복장이 아름다워도 매너가 형편없다면 상대방과 관중에게 불쾌감을 주게 된다. 기술에 앞서 항상 올바른 예의를 갖춰야 한다.

1) 강습자 수칙 및 예절

(1) 테니스 코트에서 갖춰야 할 기본 매너

① 상대방의 인격을 존중할 것

② 단정한 복장을 갖출 것(테니스 복장, 테니스 화)

③ 자기 주변에 떨어진 볼은 자신이 주울 것

④ 상대방에게 볼을 건네줄 때는 받기 좋게 보낼 것
(예) 원 바운드 후 받을 수 있도록)

⑤ 사이드 교체 시는 선배나 윗사람에게 먼저 통로를 양보할 것

그림 16-1

⑥ 사이드 교체 외에는 땀을 닦거나 쉬는 일이 없도록 하며 쉴 때에도 시간을 끌지 말 것
⑦ 윗사람과 시합을 할 때는 항상 먼저 코트에 나가 기다릴 것
⑧ 시합이나 연습 전후에 서로 인사로써 예의를 갖출 것
⑨ 코트 내에서는 정숙할 것-친한 사람끼리 시합해도 옆 코트의 타인을 생각할 것
⑩ 껌을 씹거나 담배를 물고 코트에 들어가지 말 것
⑪ 덥다고 상의를 벗거나 걷어 올려 육체를 노출시키지 말 것
⑫ 네트를 넘어 가거나 누르지 말 것
⑬ 심판의 판정에 회를 내지 말 것
⑭ 심판의 Call이 없는 한 게임을 계속할 것(심판의 Call 전에 아웃, fault라고 하지 말 것)
⑮ 상대방의 훌륭한 기술에는 아낌없이 칭찬할 것
⑯ 서비스를 넣을 땐 상대방이 준비된 후에 넣을 것
⑰ 플레이 중 자기 파트너에게 지나친 잔소리를 하지 말 것
⑱ 자기의 감정표출을 노골적으로 하지 말 것-잘 안 된다고 해서 ball을 발로 차거나 라켓을 던지는 행위 등
⑲ 실패의 원인을 남에게 돌리지 말 것
⑳ 가까운 거리에서 상대에게 고의적으로 강타를 때리지 말 것(bean ball)
㉑ 경련이 일어나거나 몸에 이상이 있을 때는 상대방이 오래 기다리지 않도록 자신의 태도를 빨리 결정할 것
㉒ 상대방에게 ball을 부탁할 때는 반드시 "ball 감사합니다."라고 목례할 것
㉓ play중에는 코트 뒤를 지나지 않는다-point가 끝나면 통과한다(side change할 때 지나간다).

(2) 꼴불견 10태

① 구두를 신고 코트에 들어가는 사람
② 몸을 지나치게 노출시키는 사람
③ 코트를 교대할 때 또는 플레이 도중에 네트를 넘어가거나 손을 대는 사람

④ 타월, 옷 등을 네트 포스트 등에 걸어 놓는 사람

⑤ 게임이 잘 안 풀릴 경우 혹은 심판의 판정에 불만을 품고 볼을 코트 밖으로 쳐내거나 라켓을 던지는 사람

⑥ 볼을 치러 왔는지 아니면 라켓이나 복장을 과시하러 왔는지 모를 정도로 굳이 외제용품 일색으로 치장하고 다니는 사람

⑦ 클럽하우스 등에서 너무 소란스럽게 떠드는 사람(특히 여성 동호인들)

⑧ 규칙이나 룰도 정확히 모르면서 끝까지 우기며 게임을 중단시키는 사람

⑨ 볼, 타월 등 필수용품을 남의 것을 빌어 쓰려하는 얌체

⑩ 코트에 휴지, 담배꽁초를 버리고 침을 뱉는 무례한 사람

(3) 테니스 기본 매너

그림 16-2 테니스 경기 도중 상대와의 시비는 플레이어의 품위를 격하시킨다.

① 테니스 복장을 갖춰라. 구두를 신고 들어가거나 신사복을 입은 채로 테니스를 해서는 안 된다.

② 파인플레이에는 자국선수나 타국선수에게 박수를 보내고 에러 시에 박수는 금물이다. 또한 시합 전후에는 박수를 보내라.

③ 상대가 코트에서 오래 기다리지 않도록 신속하게 코트로 나가라.

④ 경기 중에는 자리를 이동하지 말라.

⑤ 관중은 「아웃」이나 「폴트」등 자기 나름대로 Call하지 말라.

⑥ 상대를 항상 존경하는 습관을 가져라. 상대의 기량이 비록 나보다 떨어진다고 생각되어도 얕잡아 보는 듯한 태도를 취해서는 안 된다. 항상 최선을 다해서 플레이하라. 모든 스포츠에서는 투지 넘치고 정력적으로 뛰는 것이 중요하다.

⑦ 주변 코트의 볼이 자기근처로 왔을 경우 상대에게 항상 원 바운드로 받기 좋게 줄 것. 만약 게임중이라면 포인트가 끝나는 대로 되돌려 줘라.

⑧ 게임 중에 있는 코트 주변을 통행하지 말라. 포인트가 끝날 때까지 기다려라.

⑨ 자신이 에러를 해서 자기를 꾸짖을 때 '바보', '멍청이' 등의 폭언을 하지 마라. 왜냐하면 파트너에게 말한 것처럼 오해받을 수

그림 16-3 단아한 테니스 유니폼

그림 16-4 보리스 베커와 이반 렌들

그림 16-5 선수의 뒷쪽이 귀빈석으로서 각도를 볼 수 있다.

그림 16-6 오심에 망연자실한 표정의 힝기스

있다.

⑩ 코트 체인지 때나 게임이 끝난 후 네트를 뛰어 넘지 마라.

⑪ 상대의 리시브 자세를 확인하고 서브를 넣어라.

⑫ 리시버는 폴트된 볼을 처리할 때 네트를 넘기지 않도록 하라.

⑬ 게임 중 상대가 라켓을 떨어뜨렸거나 넘어졌을 경우 포인트를 결정한 뒤 가볍게 목례하는 것이 상대를 존경하는 태도이다.

⑭ 안경을 닦거나 신발 끈을 다시 맬 때 등을 돌리고 하는 것이 좋은 예이다.

⑮ 서버에게 볼을 건네줄 때는 받기 좋게 보내라.

⑯ 코트 체인지 때에는 서비스의 위치 부근에 볼을 놓거나 상대에게 볼을 직접 건네줘라.

⑰ 심판이 없는 셀프저지경기에서는 신속하게 콜하고 정직하게 판정하라.

⑱ 득점을 한 뒤 파트너와 악수를 하거나 파트너에게 박수를 보내는 것은 상대에게 실례를 범하는 행위이다.

⑲ 게임 중에 화난 모습이나 컨디션이 좋지 않다는 것을 상대에게 보이지 마라.

⑳ 게임 중 파트너와 신호를 자주 보내고 많은 얘기를 하는 것은 상대에게 실례된 행위이다.

㉑ 게임이 끝나면 승패에 관계없이 상대의 좋은 점을 칭찬해 줄 수 있는 마음의 자세가

그림 16-7 라이벌이자 친구였던 나브라 틸로바와 크리스 에버트

그림 16-8 오심 논쟁

필요하다. 또한 자기변명을 하는 것은 좋지 않다.

㉒ 게임에서 패한 책임을 여성이나 연장자에게 전가시키는 것은 좋지 않다.

㉓ 게임 중에 소리를 질러 상대에게 지장을 주어서는 안 된다.

㉔ 심판의 판정에 따라라. 주심이나 선심의 판정에 자주 어필하는 것은 바람직하지 못하다.

2. 테니스 규칙(단식 · 복식)

1) 단식에서의 룰

(1) 단식

① 서비스는 어떠한 폼으로 넣어도 괜찮다. 즉, 오버핸드나 언더핸드 등 어떤 식으로 하든지 위반이 아니다. 단, 볼을 바운드 시켜서 넣는 것은 안 된다.

② 서비스 에리어는 베이스라인 어디라도 좋다. 즉, 베이스라인 후방에 위치하여 센터마크와 사이드라인 가상 연장선 사이 어디든 가능하다.

③ 서비스하는 순간 서버는 베이스라인을 밟아서는 안 된다. 풋폴트이다.

④ 풋폴트

서버는 보행 또는 주행에 의해 그 위치를 바꿔서는 안 된다. 서버는 발을 조금 움직여도 최초에 취한 위치를 실질적으로 바꾸지 않았을 때는 풋폴트라고 보지 않는다.

어느 쪽 발도 베이스라인 뒤쪽, 센터마크와 사이드라인 가상 연장선 사이 이외의 구역을 밟아서는 안 된다.

⑤ 사이드를 잘못 알고 서비스했을 경우 제1서비스가 잘못된 쪽에서 폴트되었을 때는 규칙에 의하여 서버는 올바른 코트에서 제2서비스를 넣는다. 틀린 쪽의 코트에서 서비스를 하여 실점한 뒤 그 이유를 들어 폴트라는 주장은 할 수 없다. 그 포인트 플레이한 대로 유효하며 제1서비스를 틀린 코트에서 폴트했으면 올바른 코트에서 제2서비스만을 실시한다.

그림 16-9 패트릭 라프터

⑥ 서비스하려고 볼을 던져 올린 뒤 토스가 나빠서 볼을 치지 않고 손으로 받았을 때 폴트로 간주하지 않는다. 비록 그 볼을 라켓으로 받았다 해도 명확히 칠 의사가 없었다고 심판이 판정하면 폴트라고 간주하지 않는다.

⑦ 서버가 동시에 2개의 볼을 던져올렸을 경우 let가 된다. 단, 고의적으로 했을 때는 포인트를 잃게 된다.

⑧ 서비스할 때 볼을 헛쳤을 경우 폴트가 된다. 라켓에 닿지 않으면 그만이라는 규칙은 없다.

⑨ 서비스한 볼이 네트, 센터스트랩에 맞고 서비스코트에 들어갔을 때나, 서비스코트에 들어가지 않고 리시버의 몸, 소지품에 닿았을 경우에는 레트가 되지만, 서비스한 볼이 네트에 닿지 않고 리시버의 몸이나 소지품에 직접 닿았을 때는 리시버가 포인트를 잃는다.

⑩ 라켓을 오른손에서 왼손으로 바꿔 잡고 서비스해도 위반이 아니다. 어떤 손으로 넣어도 규칙에 벗어나지 않는다.

⑪ 서비스한 볼이 상대방 지면에 떨어지기 전에 permanent fixture에 닿았을 때는 폴트이다.

⑫ 서비스한 볼이 선심에 직접 맞았을 경우 폴트이다. 심판도 상설 물이다.

⑬ 볼보이가 없는 경기에서 제1서브한 폴트된 볼이 리시버의 서비스코트에 있었는데, 상대의 제2서브가 그 볼에 맞았다면 리시버가 반구할 수 있다면 좋으나 반구할 수 없을 경우에는 상대의 포인트가 된다. 리시버는 코트 내에 있는 볼을 처리해야 할 의무가 있다.

⑭ 리시버가 준비를 갖추기 전(not ready)에 서비스를 넣어서는 안 된다.

⑮ 서비스라인 1㎝라도 라인에 닿으면 세이프(safe)이다.

⑯ 서비스한 볼이 터졌을 때는 터진 시점에서 레트가 된다.

⑰ 제1서비스를 시도한 후 인플레이 도중 또 하나의 볼을 뒤로 던졌는데 뒤 펜스에 맞고 네트까지 굴러 갔다. 이런 경우 심판이 판정하기에 고의로 상대를 혼란시키려는 목적

이 아니면 플레이는 속행된다. 마찬가지로 게임이 시작되어 코트 내에 있는 볼을 발로 차내서 네트로 굴러가는 경우도 허용된다.

⑱ 리시브하는 순간 상대의 변화된 서비스가 손과 그립에 볼이 맞았다. 이것은 심판의 정확한 판정과 리시버의 깨끗한 태도가 요구되나 서버의 포인트이다. 인플레이된 볼은 반드시 라켓에 맞아야 유효타가 된다.

⑲ 게임 중에 볼의 에어가 감소되거나 터졌을 때는 레트가 된다.

⑳ 베이스라인 및 사이드라인 선상에 떨어진 볼은 인으로 간주한다.

㉑ 인플레이 중 플레이어나 그의 라켓, 옷, 소지품, 모자, 수건 등이 네트에 닿았을 경우 그 플레이어는 실점하게 된다. 물론 상대의 코트로 엘보링 등이 날아간 경우도 실점이다.

㉒ 라켓을 던져서 볼을 반구했을 때는 포인트를 잃게 된다.

㉓ 볼을 친 후 라켓을 놓쳤을 때는 라켓이 네트에 닿지 않으면 게임이 계속 진행되나 네트에 닿았다면 상대의 포인트가 된다.

㉔ 리턴 후에 플레이어의 라켓이 네트를 넘어갔다 해도 임팩트 지점이 자기 코트였고 그것을 올바르게 넘겼을 때는 유효리턴(A good return)이다.

㉕ 볼이 몸에 맞고 상대코트에 넘어갔을 경우에는 몸에 맞은 플레이어는 실점하게 된다. 반드시 라켓으로 반구해야 한다.

㉖ 친 볼이 전선, 나무 등에 맞았을 경우 또는 실내경기에서 천장의 라이트 등에 닿았을 경우 그 볼을 친 플레이어는 실점하게 된다.

㉗ 친 볼이 상대코트에서 바운드 후 라인즈맨에 맞았다면 원 바운드 후 받지 못한 상대는 실점하게 된다. 라인즈맨은 상설 물로 간주한다.

㉘ 인플레 중 네트를 뛰어 넘어 상대코트로 들어가면 실점이 된다. 발끝이 네트 아래로 넘어 들어가도 포인트를 잃는다. 단, 포인트가 끝난 후에는 상관없다.

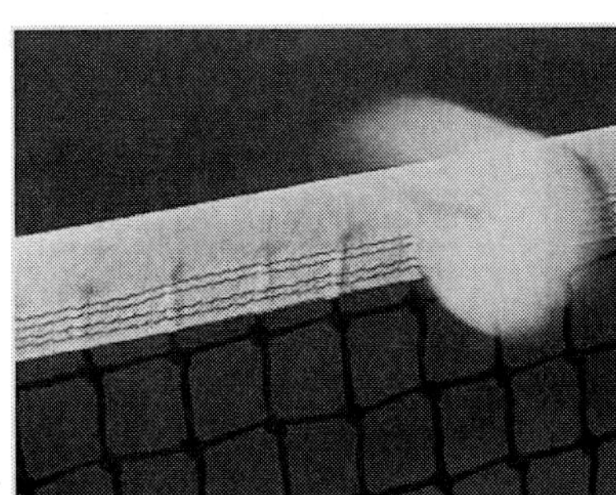

그림 16-10 서비스된 볼이 네트에 닿으면 심판은 "레트(let)"라고 콜한다.

㉙ 볼이 네트를 넘어 오기 전에 발리했을 때는 오버 네트가 되어 볼을 친 플레이어는 포인트를 잃게 된다.

㉚ 네트 위에 볼이 구르고 있을 때 쳐도 좋은가? 아주 드문 경우이나 어느 쪽으로 떨어질지 모르기 때문에 플레이어는 이때 쳐서는 안 된다. 오버네트나 넷 터치를 범하게 된다.

㉛ 고의적인 더블 히트는 실점하나 심판이 판정하기에 고의성이 없는 무의식적인 더블 히트는 상대방 방해로 간주하지 않는다.

㉜ 코트 면에 두 번 바운드된 것을 쳤을 땐 not up이 되어 포인트를 잃는다. 단, 장애자 올림픽(패럴림픽)에서는 투 바운드가 허용된다.

㉝ 더블스 코트에서 싱글스 스틱을 세우고 싱글스를 하고 있는데, 타구가 더블스 네트 포스트에 맞고 상대 코트에 들어가면 맞는 순간 아웃으로 간주하여 볼을 친 플레이어는 실점하게 된다.

㉞ 타구가 네트 포스트 옆을 돌아서 상대의 코트로 들어가도 유효하다. 테니스에서 가장 어려운 샷이기도 하다.

㉟ 상대의 제1서비스가 폴트된 후 그 볼을 치우지 않아 다음 타구를 하면서 밟아 반구하지 못했다면 볼을 치우지 않은 그 플레이는 실점이다.

㊱ 제1서비스가 폴트되었는데 치우지 않아 제2서비스가 그 볼에 맞았다면 반구할 수 있으면 그대로 속행하되 리턴할 수 없을 땐 그 플레이어는 실점한다.

㊲ 라켓을 양손으로 잡고 치거나 좌우를 바꾸어도 좋다. 그러나 두 개의 라켓으로 타구하면 안 된다.

㊳ 게임 도중 다른 코트로부터 볼이 들어오면 심판은 즉시 레트를 선언하고 다시 플레이한다.

㊴ 상대의 제2서비스를 라인즈 맨이 폴트라고 선언한 뒤 곧이어 세이프라고 판정을 번복했을 때는 비록 제2서비스 때이지만 레트로 판정하여 제1서비스부터 다시 넣는다.

㊵ 서비스 순서를 잘못했을 때는 잘못이 발견된 즉시 바른 순서의 서버가 서비스를 한다. 잘못된 채로 행해진 모든 포인트는 유효하다. 만일 잘못된 채로 게임이 끝났을 때

는 서비스의 순서는 변경된 채로 속행한다.

㊶ 떨어뜨린 모자 위에 상대의 타구가 맞았다면 상대의 포인트가 된다. 손에 든 라켓 이외 물건에 타구가 맞았을 경우도 마찬가지다.

㊷ 상대가 친 볼이 네트 근처에 바운드된 후 바람이나 백스핀의 영향으로 상대코트로 다시 넘어가면 상대의 득점이 된다. 이때 네트오버(네트에 닿지 않고)하여 쳐서 결정하면 그 플레이어의 포인트가 된다.

㊸ 반구하려고 하는데, 관중에게 방해당했을 때는 심판은 레트를 콜하고 다시 경기를 진행한다. 그러나 코트의 상설 물에 의해 반구하지 못했을 때는 실점이 된다.

㊹ 심판에게 노바운드로 맞았으면 상대의 포인트가 된다.

㊺ 더블스 코트에서 싱글스 게임을 할 경우 싱글스 스틱과 더블스 포스트 사이의 네트에 닿았을 경우 이 부분은 네트가 아닌 것으로 간주하여 넷 터치가 안 된다.

㊻ 게임에서 플레이어는 두 자루 이상 라켓을 사용할 수 없다.

㊼ 인플레 중 볼이 공중에서 부딪치면 레트가 되며 제1서비스로부터 다시 한다.

2) 복식에서의 룰

(2) 복식

① 서비스는 반드시 4명이 교대해서 넣어야 된다. 연식정구처럼 자신 있는 선수가 계속해서 할 수 없다.

② 세트가 바뀌면 서버의 순서나 리시버의 포지션을 바꿀 수 있다. 세트 중에는 리시버의 포지션을 바꿀 수 없다.

③ 세컨드 서비스로 시작된 경기에서 불가항력에 의해 방해되어 경기가 중단되었다고 심판이 판정되면 네트가 되어 제1서비스부터 다시 한다.

그림 16-11 조정손실(coordination loss)을 줄여야 복식을 잘할 수 있다.

④ 서비스 순서가 잘못된 것을 발견하면 즉시 바른 순서로 서비스하며 이전의 포인트 및 폴트는 계산된다. 잘못이 발견되기 전 게임이 끝났다면 서비스 순서는 틀린 순서대로 계속한다.

⑤ 파트너가 늦어서 혼자 경기할 수 있다고 주장할 수 있는가?

없다. 더블스는 2명이 1조이다.

⑥ 게임 중 파트너를 바꿀 수 없다. 테니스경기에서는 어떠한 경우에도 있을 수 없다.

⑦ 서비스한 볼이 자기 파트너한테 맞았을 경우 폴트가 된다. 파트너에 그치지 않고 옷, 모자, 머리카락 등에도 볼이 스치면 마찬가지다.

⑧ 서비스된 볼을 리시버가 다이렉트로 맞으면 실점이 되며, 네트 맞은 후 리시버의 몸에 닿으면 레트가 된다.

제 17 장 테니스 용어

1. ㄱ~ㅎ

ㄱ

그림 17-1 골든 그랜드 슬래머 스테피 그라프

■ 골든슬램(golden slam)

⇒그랜드슬램

여자테니스의 최고 스타인 슈테피 그라프(독일)는 '88년 호주오픈을 시작으로 US오픈까지 그 해 그랜드슬램 대회를 모조리 차지했다.

그랜드슬래머에 오른 그라프는 이어 '88 서울올림픽 여자단식 금메달까지 따낸 전무한 기록을 세웠다.

'골드슬래머' 란 신조어는 여기서 비롯됐다.

■ 국제테니스연맹(ITF)

ILTF(International Lawn Tennis Federation)는 1911년 창설된 국제적인 테니스 통합단체, 1977년 'Lawn' 이 떨어지고 ITF로 이름이 바뀌었다.

프로와 아마추어를 두루 관장하는 이 조직은 데이비스컵과 같은 국제대회를 주최하며 각국협회의 토너먼트를 공인 · 심사한다. 데이비스컵, 페더레이션컵, 재정, 주니어대회, 올림픽, 규칙, 기술, 베테랑 등 8개 분과위원회를 두고 있으며 본부는 영국 런던에 있다. 정 회원국은 현재 200여 개국

■ 글래스파이버(glass fiber)

유리섬유, 라켓, 낚시 대, 스키 등의 중요

한 소재이다. 1962년 미국의 봉고도 선수 존 율세스는 유리섬유 폴(pole)을 이용하여 4m 89㎝의 세계기록을 세웠다. 이후 각종 스포츠 장비에 보편화되어 쓰이고 있다.

■ 게임(game)

테니스에서 '게임' 이라고 하면 보통 2가지의 뜻으로 사용한다. 첫째는 '포인트의 집합체로서 세트를 구성하는 단위' 이고 둘째는 '경기' 의 대명사이다.

테니스는 포인트→게임→매치로 이루어지며 1경기는 match이다. 그러나 이것을 '스포츠의 한 종목으로서의 테니스' 라는 의미로 말할 때는 'A game of tennis' 라고 해서 Game을 사용한다. 그러나 포인트와 세트의 중간단위를 왜 Game을 사용한다. 그러나 포인트와 세트의 중간단위를 왜 Game이라고 부르는가는 분명하지 않다.

■ 결승전(finals)

finals만으로도 '결승' 을 나타내지만 대개 복수형으로 사용한다. 준결승은 semifinals, 준결승은 quarterfinals이라 한다.

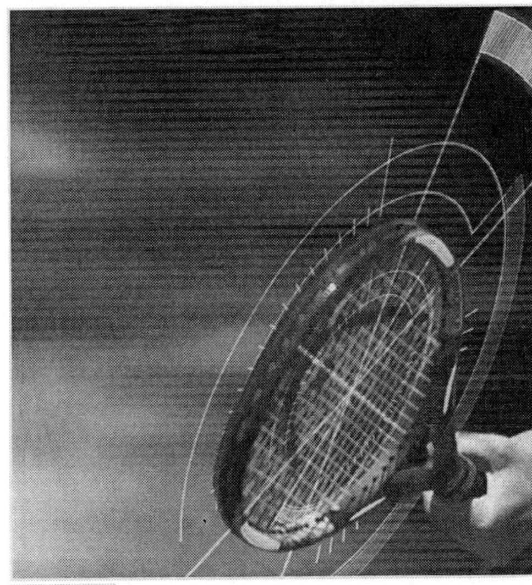

그림 17-2 선수들이 선호하는 거트의 종류와 장력은 다양하고 까다롭다.

■ 거트(guts)

라켓 줄을 Guts라고 부르는 사람이 많은데 엄격히 말해서 라켓 프레임에 걸린 줄은 strings이고 guts는 그것의 일종이다.

guts는 원래 동물의 소화관을 의미한다.

■ 그랜드슬램(grand slam)

그랜드슬램은 '동일 선수가 1년 내에 4개의 최고 권위 있는 대회(전호, 전불, 전영, 전미)에서 우승하는 것' 을 말한다.

〈역대 그랜드슬래머〉

–남자–

*돈 벗지(미국 · 1938)

*로드 레이버(호주 · 1962, 1969)

-여자-

*모린 코널리(미국 · 1953)

*마가렛 코트(호주 · 1970)

*마르티나 나브라틸로바(미국 · 1983~1984)

*슈테피 그라프(독일 · 1988)

그림 7-3 모린 코널리

그림 7-4 마가렛 코트

■ 그립(grip)

그립에는 크게 나누어 세 가지 의미가 있다. ①라켓 손잡이의 쥐는 부분 ②라켓을 쥐다(동사) ③라켓을 쥐는 방법

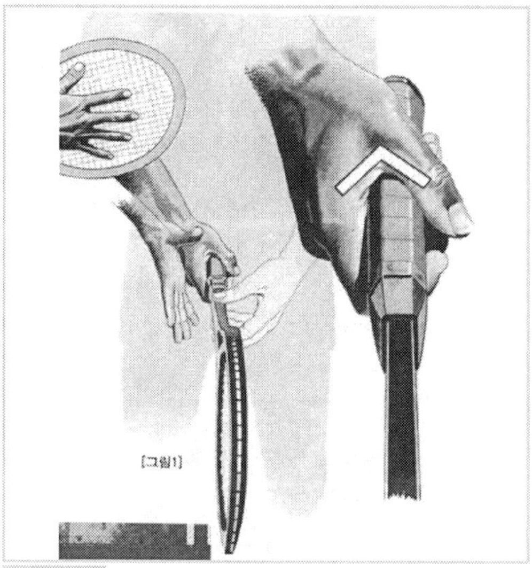

그림 17-5 이상적인 테니스 그립

그런데 쥐는 방법으로써의 그립은 일반적으로 ①이스턴 그립 ②웨스턴 그립 ③컨티넨탈 그립이 알려져 있다.

■ 그랑프리(grand prix)

프랑스어에서 나온 말로 Grand는 영어의 grand(굉장한, 웅대한)와 같은 뜻이고 prix는 prize와 같은 의미이다.

보통 '대상'이라고 해석되며 컨테스트 등의 '최우수작'을 의미한다.

테니스계에 이 단어가 등장한 것은 오픈화된 지 2년 후인 1970년. 공식 토너먼트의 발전을 위해 당시 프로모터였던 잭크래머(1974년 윔블던 우승자)가 고안한 남자 토너먼트의 흥업 체계를 가리킨다.

■ 규칙(rule)

서구인들은 스포츠를 '룰(rule)이 있는 전쟁'이라고 표현한다. 이 rule은 법률(법칙)이나 규칙 등을 의미하는 가장 일반적인 낱말이다.

스포츠에선 보통 경기 방식을 문서로 정해, 해서 좋은 것과 나쁜 것, 유효한 플레이와 무효한 플레이 등의 범위 · 한계 따위를 분명하게 밝힌 것을 가리킨다.

■ 기권(retire)

병 · 부상 또는 기구 · 기계의 고장을 이유로 선수가 자의(자의)로 도중에서 경기를 그만 두는 것

■ 그라운드 스트로크(ground stroke)

그라운드 스트로크는 테니스의 기본적인 스트로크이다. 그래서 단순히 스트로크라고 해도 '그라운드 스트로크'를 가리킬 때가 많다.

미국 테니스 협회가 펴낸 '공식테니스백과'에는 그라운드 스트로크를 '코트 면에 튀긴 볼을 치는 데 사용되는 스트로크'라고 설명이 돼 있다.

ㄴ

■ 낫업(not up)

테니스에서 볼을 노 바운드에서 또는 바운드 후에 치는 것이 허용된다. 그러나 미처 타이밍을 맞추지 못해 자신도 모르게 2회의 바운드 후에 라켓을 내미는 일이 있다. 이럴 때 주심은 '낫업'이라고 콜 한다.

■ 네트 플레이(net play)

네트 플레이는 네트에 가까운 위치, 주로 서비스 라인의 전방 지역에서 전개하는 플레이의 총칭으로 네트 게임(net game)이라고도 부른다. 또 네트 플레이를 즐기는 사람을 네트 플레이어라고 한다.

■ 네트(net)

경기규칙을 보면 테니스의 네트는 '볼이 빠져나가지 않을 정도의 좁은 그물이어야 하며 2개의 포스트 사이의 공간을 완전히 메우도록 쳐야 한다'고 규정되어 있다.

ㄷ

- 대시(dash)
- 단식(singles)
- 데드 존(dead zone)
- 더블 폴트(double fault)
- 듀스(deuce)
- 드라이브(drive)
- 드라이브 발리(drive volley)
- 드롭 샷(drop shot)
- 디폴트(default)

■ 대시(dash)

짧은 거리를 빠르게 달려가는 것. 서비스 앤드 발리형의 플레이를 '네트 대시(net dash)' 라고 한다. 그러나 영어에선 '네트 러시(net rush)' 라는 표현이 더 많이 사용된다.

■ 단식(singles)

단식은 1대 1로 하는 경기형식을 가리킨다. 그 뜻을 좀 더 자세히 소개하면 다음과 같다.

"a game in which only two players take part, one on each side of the court."(코트의 양쪽에 한 사람씩 들어가, 두 사람만으로 싸우는 경기). 이것은 미국테니스협회 편 공식테니스백과에 나오는 설명이다.

"a form of play in court games, as in tennis, badminton, table or handball, in which one player competes directly against one other player."(테니스 · 배드민턴 · 탁구 · 미국식 핸드볼 등 코트경기의 경기형식 중의 하나. 한 사람의 플레이어가 또 한 사람의 플레이어와 상대한다.) 이것은 웹스터 스포츠용어사전에 실려 있는 정의다.

■ 데드 존(dead zone)

서비스라인과 베이스라인 사이의 지역

■ 더블 폴트(double fault)

2번 연속 서비스를 실패해서 점수를 잃는 것

■ 듀스(deuce)

40~30에서 리드 당하고 있는 쪽이 따라붙어 양쪽의 포인트가 똑같아졌을 때, 이것을 '40-all(포티 올)' 이라 부르지 않고 그 대신 '듀스(deuce)' 라고 부르며 어느 한쪽이 2점을 계속해 따지 않으면 게임은 끝나

지 않는다.

듀스 상황에서 어느 한쪽이 득점을 해 '어드밴티지(advantage)'를 딴 후 상대방이 득점을 해 다시 동점이 된 경우 '듀스어겐(deuce again)'이 되는데, 실제에 있어서 '어게인'이란 말은 사용하지 않는다.

한편 '듀스 코트(deuce court)'는 테니스 코트의 오른쪽 서비스 코트를 가리키는 말이다.

■ 드라이브(drive)

공격적인 그라운드 스트로크, 보통 베이스라인 랠리(rally)때 이루어진다.

■ 드라이브 발리(drive volley)

예외적으로 백스윙을 많이 하고 매우 강하게 친 높은 발리

■ 드롭샷(drop shot)

공의 아랫부분을 얇게 자르듯이 언더스핀(Under Spin)을 많이 걸어 네트를 넘자마자 급강하는 타구. 바운드 후 네트 쪽으로 거꾸로 되돌아가는 구질이 드롭샷으로써 이상적이다.

그리고 발리로 드롭샷을 구사하는 경우 이것을 드롭 발리(drop volley)라고 부르는데 스톱 발리(stop volley)와 똑같은 뜻의 말이다.

■ 디폴트(default)⇒기권

플레이어가 '규칙에 관계된 부당한 행위 · 병, 부상 · 지각 등으로 경기를 할 수 없었거나 포기한 것'을 default라고 한다.

ㄹ

■ 라인(line)

■ 라인즈맨(linesman)

■ 라켓(racket)

■ 라이벌(rival)

■ 라이트 서비스 코트(right service court)

■ 라운드(round)

■ 랠리(rally)

■ 랭킹(ranking)

■ 러시(rush)

■ 레귤러(regular)

■ 레디(ready)

■ 레트(let)

■ 레퍼리(referee)

- 로브(lob)
- 루프 스윙(loop swing)
- 르네 라코스테(rene lacoste)
- 리시브(receive)
- 리턴(return)
- 리치(reach)

■ 라인(line)

테니스 코트는 보통 하얀 선(line)으로 형성되어 있는데 각각의 베이스라인 · 사이드라인 · 센터라인 · 서비스라인 등 고유의 이름이 붙어있다.

■ 라인즈맨(linesman)

테니스의 심판 가운데 타구가 정해진 코트구역 안쪽에 떨어져 유효타가 됐는가 바깥쪽에 떨어져 유효타가 됐는가를 판정하는 사람이 라인즈맨이다.

■ 라켓(racket)

테니스에서 볼을 치기 위한 도구를 라켓이라고 한다. 배드민턴, 스쿼시, 라켓 볼 등 테니스와 유사한 스포츠에 사용되는 기구는 모두 라켓으로 불리고 있다.

원래 아라비아어인 rahat에서 변화한 것으로 추정되는 이 racket은 프랑스어를 거쳐 영어가 되었기 때문에 그 영향으로 Racquet으로도 표기된다. 4세기경부터 페르시아에서 '찌간(tchigan)' 이란 놀이에 사용된 것이 그 원형으로 손바닥 모양의 머리가 달린 1.2m 길이의 타구였다.

rahat는 아라비아어에서 '손바닥' 의 의미이다. 중세에 십자군 원정에서 돌아온 사람들에 의해 소개되었으며 14세기경부터 나무주걱 라켓으로 변천되었다가 16세기 중반에 삼각형 틀에 줄(string)을 엮은 라켓이 처음으로 사용되었다.

■ 라이벌(rival)

70년대 크리스 에버트 로이드와 마르티나 나브라틸로바는 다정한 라이벌 관계였

그림 17-6 한때 여자 테니스계의 양대 산맥처럼 라이벌이었던 스테피 그라프와 모니카 셀레스

다. 양쪽이 빛이 나는 상호보완 관계이다.

비욘보그와 지미코너스, 피트 샘프라스와 안드레 애거시, 힝기스와 데븐포트, 비너스 자매, 제니퍼 카프리아티 등은 테니스 세계에서 라이벌 관계이다.

■ 라이트 서비스 코트(right service court)⇒ 듀스 코드(deuce court)

■ 라운드(round)

토너먼트에서 몇 회전, 몇 회전할 때 쓰이는 '회전'이 round이다. 준준결승, 준결승, 결승은 각각 quarterfinals, semifinals, finals라고 부르고 있지만, 이것도 round를 붙여 quarterfinals round, semifinals round, final round라고 부를 수도 있다.

■ 랠리(rally)

연속적인 스트로크의 교환. 구체적으로 말하면 랠리는 서비스 리턴이 이루어진 순간에 시작하여 한쪽이 득점한 시점, 또는 레트(let)가 선고된 때에 종료한다.

■ 랭킹(ranking)

등급 · 순위 · 서열. 형용사로 쓰면 '뛰어난', '상급의' 라는 의미가 된다. 그러므로 ranking player라고 하면 막연하게 랭킹에 올라 있는 선수를 뜻하는 것이 아니라 '랭킹의 상위에 속하는 톱 선수' 임을 주의할 필요가 있다.

현행의 컴퓨터 랭킹 시스템은 남자의 경우 1973년, 여자의 경우 1977년에 도입되었다.

■ 레귤러(regular)

스포츠에서 레귤러라고 하면 주전선수를 가리키며 후보 선수의 반대.

이 말의 어원은 라틴어의 '쭉 곧은 막대기' 이다. 그것으로부터 정규→규칙을 따르다→정식의→규칙적, 정기적으로 발전한 것이다.

또한 볼이 울퉁불퉁한 표면에서 보통과 다르게 튀길 때 그것을 '일레귤러 바운드' 라고 부르는데 irregular는 regular의 반의어로써 '불규칙적인' 의 의미이다. 명사인 regulation은 rule과 똑같은 의미이며 '규칙 · 규제하는 것' 을 가리킨다.

■ 레디(ready)

테니스 경기 개시 전 엄파이어는 "players ready? linesman ready?" 라고 말함으로써 선수나 선심들의 준비상태를 점검한다. 이 ready는 '~할 준비가 되어 있는' 이란 형용사이다.

또 하나, 테니스에서 자주 사용되는 용어에 ready position이 있다. 이것은 '볼을 기다리는 준비자세' 이다. 구체적으로는 '정면을 향해 양발은 어깨너비로 벌리고 무릎을 약간 구부리고 양쪽 엄지발가락에 체중을 싣고 라켓은 상체정면에서, 왼쪽 어깨방향으로 비스듬히 향하고 있는 상태를 말한다.

■ 레트(let)

테니스에선 '예기치 않은 일 때문에 원만한 플레이 진행이 방해됐음' 심판이 선고하는 것을 let이라 한다. 서비스의 let은 그 서비스만을 다시 하게 하고 그 밖의 상황에서 let이 된 경우는 그 포인트를 다시 하게 된다.

let 되는 경우는 ITF 경기 규칙서에 명시돼 있는데 서비스의 let은 ①볼이 네트에 닿은 후 상대 서비스 코트에 들어갔다. ②네트에 스친 후 코트 면에 떨어지기 전에 리시버의 몸 · 옷 · 라켓 등에 닿았다. ③리시버가 준비하지 않은 상태에서 서비스가 이루어졌을 때 등이다.

또 그밖에 let이 선언되는 경우로는 ①인플레이 중 볼이 터졌다. ②인플레이 중의 볼이 다른 코트에서 날아온 볼과 공중 충돌했다. ③인플레이 중의 코트에 다른 코트의 볼, 코트 밖의 수건 · 종이 · 모자 등이 날아왔다. ④새나 강아지 등의 동물이 플레이에 방해됐을 때는 심판의 판단에 따라 let이 적용된다.

■ 레퍼리(referee)

테니스의 레퍼리는 '심판장' 과 '상소심판' 을 겸하고 있는 존재이다.

레퍼리는 토너먼트 운영위원회의 직권 상자격이 있는 임원으로 플레이가 진행되는 동안 늘 대회장 안에 있지 않으면 안 되며 만약 어쩔 수 없는 사정으로 대회장을 떠나야 할 경우에는 대리 레퍼리를 임명하지 않으면 안 된다.

레퍼리는 엄파이어와 라인즈맨을 임명하거나 해임하며 코트의 할당, 경기 개시 시각을 결정하는 권한을 가지고 있다.

■ 로브(lob)

고의로 높게 띄워 배후를 찌르기 위한 타구. 상대의 공격을 피하면서 시간을 벌기 위해 깊고 높게 치는 방어적인 것과 네트 앞에 있는 상대의 허를 찔러 포인트를 따고 상대를 교란시키려는 공격적인 로브가 있다. 발리 위치에서 공중으로 높게 친 샷은 로브 발리(lob volly)라고 불린다.

■ 루프 스윙(loop swing)

라켓을 뒤로 빼는 백스윙에서 임팩트 직전의 포워드 스윙까지의 동작을 크고 폭넓게 취하는 것.

빅 브래든에 의하면 백스윙 때 라켓 헤드를 이마 또는 그 이상의 높이로 뒤로 뺀 후 충분히 낮췄다가 포워드 스윙 때는 완만하게 상향 궤도를 그리는 스윙 동작을 가리킨다. 이때 스윙 궤도를 낚시 바늘이나 고리(loop)모양을 그린다.

여기서 포워드(foward)스윙 과정은 로우 투 하이(low-to-high)스윙으로 이루어진다. 즉, 타구의 구질을 정상회전으로 만드는 상향 스윙을 말한다.

오늘날 어떤 그립 스타일을 유지하는 선수이든지 간에 포핸드 그라운드 스트로크에선 루프스윙을 구사하는 것이 유행처럼 되어 있다.

■ 르네 라코스테(Rene lacoste)

프랑스의 세계적인 테니스선수, 1920년대 프랑스 4총사의 주역. 1925년과 28년에 윔블던에서 우승한 그는 좋은 스트로크 자세와 정확한 수비 테니스로 이름을 떨쳤다. 은퇴를 한 뒤 스포츠의류 회사를 설립했는데 그가 세운 회사가 오늘날의 그 유명한 라꼬스떼(악어 마크)다.

그가 보스턴에 시합을 나가 악어가방을 사고 싶어 그의 코치에게 사 주기를 원했으나 코치는 내일 시합에서 이기면 사주겠다고 했다. 그러나 다음 날 르네 라꼬스떼가 그만 패하고 말았다. 훗날 악어 가방에 한이 맺힌 그는 현역에서 은퇴한 후 오늘날의 의류회사를 설립하였다. 우리나라 백화점에서도 흔히 볼 수 있는 제품이며 주로 골프 의류가 많다.

■ 리시브(receive)

'서비스를 받다.' 실제로는 단지 볼을 받는 것뿐만 아니라 받은 것을 되돌려 치는 행위까지가 receive의 의미에 들어 있다.

웹스터 스포츠 사전에는 "the return or attempt to return an opponent's service in a court game(코트 경기에서 상대 서비스를 리턴 하거나 리턴 하려고 하는 것)."이라고 설명하고 있다.

■ 리턴(return)

receive의 항목에서도 잠깐 언급했지만

테니스에 리턴이라고 하면, 샷의 종류를 불문하고 어쨌든 상대가 보낸 볼을 되받아치는 것을 말한다.

미국 테니스협회의 테니스백과에는 “to knock a ball back over the net while in play”, 즉 ”인플레이에서 볼을 네트 너머로 되돌려 치는 것”으로 설명하고 있다. 이 설명을 잘 읽으면, 단지 되받아치는 것이 리턴이 아니고 네트를 넘어간 유효타가 리턴이라는 것을 알 수 있다.

■ 리치(reach)

손발을 뻗칠 수 있는 범위. 테니스의 경우 ‘수비범위’의 별칭으로 쓰인다. 몸이 작으면 리치가 짧은 것은 당연하다. 큰 사람과 대전할 때에 어느 정도 불리함을 감수해야 한다. 그러나 볼의 낙하지점을 빨리 예측하고 시동과 이동을 재빠르게 하면 핸디캡을 조금이나마 덜 수 있다.

■ 마크(mark)
■ 매치(match)
■ 매치 포인트(match point)
■ 매니저(manager)
■ 매스터즈(masters)
■ MIPTC
■ 미국 선수권 (Us Open Championships)
■ 문 볼(Moon Ball)

■ 마크(mark)

테니스 코트 베이스라인의 꼭 중간지점에 코트 안을 향해 폭 5㎝, 길이 10㎝의 ‘맹장 같은 선(Line)’이 그려져 있다.

센터 마크이다. 이것은 ‘그 지점이 베이스 라인의 중앙’이 그려져 있다.

센터 마크이다. 이것은 ‘그 지점이 베이스 라인의 중앙’이라는 표시(경계선)인 것이다.

■ 매치(match)

테니스 용어로서의 Match는 대전경기로써 최종적으로 완결된 형태, 즉 포인트→게임→세트로 차곡차곡 쌓여진 ‘경기’를 말한다.

■ 매치 포인트(match point)

한 선수가 1포인트만 더 따면 경기에 승리하게 되는 상황. TV에서 그랜드슬램 대회 결승전을 볼 때 간혹 자막에 나타나는 champion-ship point는 매치 포인트와 똑같은 말이다. 1포인트를 따면 챔피언이 된다는 뜻이다.

■ 매니저(manager)

manager에는 두 가지 뜻이 있다. 하나는 경영자 · 지배인 등 조직의 관리자급 사람을 지칭하며 스포츠 집단에선 통상 팀의 감독이 이에 해당된다.

■ 매스터즈(masters)

테니스계에는 매스터즈라고 불리는 대회가 여러 개 있는데 그 대표적인 이벤트는 남자 그랑프리 시리즈를 매듭짓는 '그랑프리 매스터즈' 일 것이다.

이 대회는 개최시점에서의 스폰서 이름을 앞에 붙인 것이 정식명칭. 예를 들면 84년도 대회(85년 1월실시)는 '볼보 그랑프리 매스터즈' 였고 85년도 대회부터는 '나비스코 그랑프리 매스터즈' 였다.

90년부터 IBM/ATP 투어 월드챔피언십으로 바뀌었으며 새천년부터는 종전의 수퍼9대회가 매스터즈 시리즈로 변경되었다.

■ MIPTC

국제 남자 프로테니스 평의회(Men's International Professional Tennis Council). 그랑프리 시리즈를 통괄하는 기관으로서 1974년에 탄생했다.

당초에는 ITF와 남자 프로선수협회(ATP)의 협의 기관이었으나 토너먼트 운영을 원활히 하기 위해 1976년부터 토너먼트 디렉터 대표를 가담시켰다.

ITF, ATP, 토너먼트 디렉터의 대표 각 3인씩 모두 9인으로 구성. 통상업무를 수행하기 위해 책임자(전무이사나 사무국장과 같은 존재)를 두었다. 이를 administrator라고 한다.

MIPTC의 업무 중 가장 중요한 것은 연간 스케줄의 결정이다. 이것은 데이비스컵, 페더레이션 컵 등 ITF 주관 대회와 기타 비공식 경기를 전부 고려하여 작성된다. 토너먼트 운영에서 파생되는 문제의 처리와 해결도 임무중의 하나.

그래서 MIPTC는 ①1976년, code of conduct(행위 규범)의 제정 ②1978년, 포인트 페널티시스템의 실시 ③1979년, 감독관(supervisor)의 채용 등을 실현했다.

1988년 MTC(Men's Tennis Council)로 명칭 변경했으나 현재는 세계의 모든 테니스대회를 ITF, ATP, WTA에서 주관하고 있다.

■ 미국 선수권 (Us Open Championships)

윔블던 다음으로 역사가 오래된 그랜드 슬램대회. 이 대회는 USLTA(미국론테니스 협회)가 설립된 1881년 로드 아일랜드주 뉴포트의 카지노클럽에서 US National Championships라는 이름으로 처음 열렸다.

1915년에는 대회장소를 뉴욕시 포리스힐즈의 웨스트사이드 테니스 클럽으로 옮겼는데 이곳은 1921~23년까지의 3년간 필라델피아 저먼타운 크리켓클럽에서 개최된 것을 제외하면 1977년까지 60년 동안 미국테니스의 메카역할을 해온 셈이 된다.

1968년, 69년 2년간 오픈대회와 종전의 아마추어대회를 병행한 이 대회는 70년부터 정식오픈대회로 전환하였다. 68년의 아더 애시(미국)와 69년 마가렛 코트(호주)는 오픈대회와 아마대회를 동시에 석권한 것으로 유명하다.

1975년 포리스트 힐즈의 잔디코트는 하드(옴니코트) 표면으로 바뀌었다. 그리고 78년에는 포리스트 힐즈의 경기장이 비좁다는 이유로 대회장소를 플러싱메도우 공원 안의 USTA(77년 USLTA란 명칭에서 잔디를 뜻하는 L이 빠졌음) 테니스센터로 옮기면서 코트를 데코터프 Ⅱ라는 하드표면으로 깔았다.

US 오픈은 남녀의 상금을 똑같은 액수로 정한 최초의 대회이며, 그랜드슬램대회 중에서 총 상금이 가장 많은 대회이자 타이브레이크 방식이 최초로 도입된 대회이기도 하다. 현재는 AIDS로 세상을 떠난 아더애쉬의 이름을 빌어 아더애쉬 스터디움이라고 부르고 있다.

■ 문 볼(moon ball)

상대방의 베이스라인 근처에 빠듯하게 들어가도록 높고 깊게 친 볼. 이런 이름이 붙은 것은 비행궤도가 보름달처럼 아치 모양을 그리기 때문이다.

톱스핀을 충분히 걸어 상대의 백핸드 쪽으로 보낼 정도로 성공률이 높다. 베이스라인 후방의 공간이 좁아 리턴을 하기가 어렵다는 것이 그 이유인데 81년도 페더레이션컵에서 안드레 예거(미국)는 스웨덴 선수와의 경기에서 수십 회의 문 볼을 띄워 화제를 낳기도 했다.

ㅂ

- 바운스(bounce)
- 바이(bye)
- 발리(volly)
- 백코드(back court)
- 백핸드(backhand)
- 백스핀(backspin)
- 백스윙(backswing)
- 베이스라인(baseline)
- 복식(double)
- 불규칙 바운드(unnatural bound)
- 부상(Injury)
- 블록(block)
- 브레이크(break)
- 빅 게임(big game)
- 빠른 코트(fast court)

■ 바운스(bounce)

볼이 지면에 떨어져 되 튕기는 상태. 바운드(bound)와 같이 쓰이는 말이다.

그리고 '낫 업(not up)' 은 볼이 두 번 자기 코트에서 튕길 때까지 쳐 넘기지 못했거나 자기가 친 볼이 자기 코트에서 튕긴 다음 네트를 넘어갔을 때의 콜(Call)이다.

■ 바이(bye)

토너먼트에서 참가자수의 수가 2배수(4, 8, 16, 32, 64, 128…)가 아니면 대진표를 짜는 것이 힘들어진다. 그래서 주최 측은 짝이 맞지 않는 선수들을 그대로 다음 라운드에 진출시켜 대회 진행을 순조롭게 만든다.

이처럼 상대의 기권에 의존하지 않고 처음부터 얻는 부전승을 바이(bye)라고 한다.

결국 바이는 '남아서 나갈 차례를 기다린다(Be left to stand bye)' 라는 뜻으로 새기면 될 것이다.

■ 발리(volly)

상대방이 친 볼이 땅에 떨어지기 전에 다시 쳐 보낸 스트로크의 총칭. 특히 라이너성 드라이브에 대한 노 바운드(no bound)

그림 17-7 보리스 베커의 다이빙 발리

리턴을 말한다. 발리는 타점의 높이에 따라서, 하이(high)발리와 로우(low)발리로 나뉜다.

■ 백코드(back court)

코트의 후진. 베이스라인 · 서비스라인 · 사이드라인으로 둘러싸인 지역을 말하며 주로 그라운드 스트로크가 교환된다.

백코트 플레이어는 코트 후방에서 그라운드 스트로크를 전문으로 하는 선수이며, 이른바 '깊은 볼'은 베이스라인 근처의 백코트에 착지하는 타구를, '얕은 볼' 혹은 '짧은 볼'은 백코트까지 못 미치는 타구를 가리킨다.

■ 백핸드(backhand)

라켓을 잡지 않은 쪽을 백핸드라 정의한다.

■ 백스핀(backspin)⇒스핀

하향(high-to-low) 스윙에 의해 라켓이 볼의 아래쪽 뒷부분과 접촉함으로써 생기는 볼의 회전

■ 백스윙(backswing)

스트로크의 시작 단계. 라켓과 볼이 접촉하기 전에 스트로크를 하는 팔과 라켓을 일단 뒤로 움직이는 것

■ 베이스라인(baseline)

네트에서 39피트(11.885m)지점에 위치한 코트의 양쪽 경계선(5~10cm)

테니스에서 베이스라인 게임이라면 베이스라인 근처의 깊숙한 곳에서 그라운드 스트로크를 주로 구사하는 플레이 스타일을 말하며, 이런 스타일을 좋아해 좀처럼 네트로 접근하지 않는 플레이어를 베이스라인 플레이어 혹은 베이스라이너(baseliner)라고 부른다. 윔블던을 5연패한 비욘보그와 크리스 에버트가 마이클 창, 안드레 애거시, 구스타보 쿠에르텐, 아렉스 코레챠, 토마스 엔퀴비스트 앤디 로딕, 레이튼 휴잇, 후안 카를로스페레로, 라파엘 나탈, 세르비아의 영웅 노박 죠코비치 등이 대표적인 베이스라이너이다. 2005년도 U. S open의 경우 서비스라인의 폴트의 판독을 컴퓨터로 하고 있다.

■ 복식(double)

테니스 · 배드민턴 · 스쿼시 · 탁구 등 이른바 코트(court) 경기에서 네트를 사이에 두고 상대하는 쌍방이 2인으로 한 조를 이루어 플레이하는 경기형식

복식의 조를 보통 '페어(pair)', '콤비(combi)' 라고 부르는데 그것은 그릇된 용어이거나 일본식 영어이다. '듀오(duo)' 또는 '팀(team)' 으로 일컫는 것이 정확한 표현이다.

■ 불규칙 바운드(unnatural bound)

클레이나 잔디코트에서 불규칙 바운드가 자주 생겨 경기의 흐름을 뒤집어 놓는 경우가 많다. 그것을 영어로는 unnatural bound 또는 irregular bound라고 부른다.

■ 부상(injury)

테니스 경기 중 경련, 근육 이완, 현기증, 근육통증 등의 상태를 일컫는다.

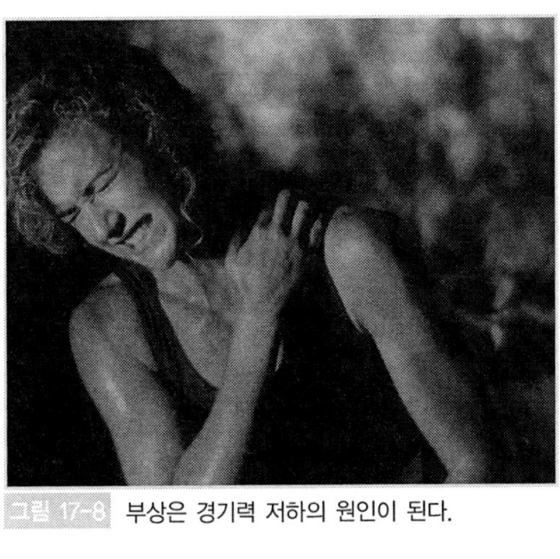

그림 17-8 부상은 경기력 저하의 원인이 된다.

■ 블록(block)

몸 바로 앞에 라켓을 단단히 가져다 대고 볼을 맞추는 것. 이때는 백스윙이나 팔로스루가 필요 없다. 보통 강한 서비스에 대응하기 위해 사용됨

■ 브레이크(break)

break는 '부수다 · 깨뜨리다 · 어기다' 라는 의미이다.

테니스에선 상대의 서비스 게임을 '부순다' 는 의미로 브레이크를 쓴다. 리시버가 40 혹은 듀스 후에 어드밴티지를 얻어 그 다음 1포인트로 서비스를 깨뜨리는 상태가 됐을 때, 그 점수를 브레이크 포인트(break point)라고 부른다.

■ 빅게임(big game)

스피드와 박력이 넘치는 '서비스 앤드 발리' 플레이 스타일. 또 그런 남성적인 게임에 사용된 파괴력 있는 서비스를 빅 서비스(big service), 그런 서비스를 가진 사람을 빅 서버(big server)라고 부른다.

이 경우의 big은 '굉장히 · 대단한' 이란 뜻이다. 흔히 '대 경기' 를 빅게임이라 부른다.

■ 빠른 코트(fast court)

잔디 코트, 시멘트 계의 하드코트, 실내용 매트(mat)가 깔린 코트 등 타구의 속도가 빠른 코트를 총칭한다.

착지한 볼이 상당히 미끄러지고 바운드가 크게 튀기지 않는 공통점을 갖고 있는 '빠른 코트'에 비해 클레이(clay)나 앙투카(entons-cas)코트처럼 바운드가 크고 바운드 후의 구속(球速)이 비교적 느린 코트는 '느린 코트(slow court)'라고 불린다.

ㅅ

- 사이드(side)
- 샷(shot)
- 서비스(service)
- 서버(server)
- 서비스라인(service line)
- 서비스코트(service court)
- 성적순위 표(standing)
- 세트(set)
- 센터라인(center line)
- 센터마크(center mark)
- 센터 스트랩(center strap)
- 스탠스(stance)
- 스코어(score)
- 스윙(swing)
- 스트로크(stroke)
- 스핀(spin)
- 스트랩(strap)
- 슬라이스(slice)
- 스트링스(strings)
- 스매시(smach)
- 스위트 스폿(sweet spot)
- 시즌(season)
- 시드(seed)

■ 사이드(side)

경기에서 대전하는 쌍방의 어느 한쪽. 이것은 1대1의 경우는 물론 복식 팀에도 적용된다.

테니스선 서비스하는 쪽을 serving side, 리시브를 하는 쪽을 receiving side라고 부른다.

테니스 코트의 사이드라인(sideline)은 플레이 구역을 표기하는 좌우양쪽의 선을 가리킨다.

■ 샷(shot)

일반적으로 shot과 stroke를 구별하지 않고 쓰는데 '스포츠용어사전'에선 "도구를 사용해 볼을 치는 스트로크 행위(a stroke in which a ball is hit with an implement)"를 shot이라고 설명한다.

이 설명에선 shot과 stroke의 구별이 확실히 되어 있지 않으나 실제는 스트로크가 '타구동작'을 강조한 말인데 반해 샷은 어프로치샷 · 드롭샷 등의 표현에서도 나타나듯이 '목표를 향해 때린 볼'이란 뉘앙스가 강하다. 타구에 해당하는 말이 바로 샷이다.

■ 서비스(service)

서비스는 경기개시를 위한 스트로크(the opening stroke of point)이며 테니스의 스트로크 중에선 유일하게 상대의 볼을 치지 않고 자기의 의사와 타이밍, 기술로써 치는 스트로크이다.

서비스로 시작되는 구기종목은 이밖에도 배구 · 탁구 · 배드민턴 등이 있으나 대개 포인트마다 한 번 밖에 인정되지 않는다.

그러나 테니스에선 2번까지 칠 수 있어 최초의 서비스를 제1서비스(first serve), 이것을 실패한 경우에 치는 두 번째 것을 제2서비스(second server)라고 부른다.

서비스의 어원은 라틴어의 '노예'이다. 이것이 한편으로는 '노예로서 봉사하다' 라는 동사로, 또 한쪽으로는 '노예상태' → '봉사' 라는 명사형으로 발전한 것이다.

어떻게 해서 '봉사한다'는 말이 테니스 용어가 됐을까. 테니스의 전신인 '죄 드폼(Jeu de paume)' 시대부터 근대 테니스가 탄생하기의 긴 세월 동안에는 시종들이 코트 사이드에서 볼을 던지면 그것을 상대코트로 쳐 넣는 것으로 경기가 시작됐다.

■ 서버(server)

서비스를 넣는 사람

■ 서비스라인(service line)

네트로부터 양쪽에 각각 6.4m 거리에 있으며, 서비스 코트의 끝을 표시하는 네트와 평행으로 그어진 선

그림 17-9 스테피 그라프의 호쾌한 서비스

■ 세트(set)

세트는 테니스 경기(match)를 구성하는 중간단위로써 게임(game)의 집합체이다.

테니스 경기규칙 28조에는 "한 매치의 세트 수의 한도는 5세트이고 여자가 참가하는 경우는 3세트로 한다"고 명시되어 있다.

■ 센터라인(center line)

서비스 코트를 세로로 2등분하면서 네트에 직각으로 그어진 라인. 길이가 21피트(6.40㎝)이며 정식명칭은 센터 서비스라인.

이것을 기준으로 오른쪽 서비스 박스를 라이트핸드 코트(right-hand court) 또는 듀스(deuce) 코트라고 부르며, 왼쪽 서비스 박스를 애드(ad) 코트 혹은 레프트핸드 코트(left hand court)라고 한다.

코트의 중앙부로 스트레이트 볼을 보낼 때 그런 코스를 다운더미들(down-the middle)이라 부르는데, '센터라인을 따라 간다'는 의미로 다운 더 센터(down-the-center)라고도 한다.

■ 센터마크(center mark)

베이스라인을 2등분하는 지점에 베이스라인과 수직으로 코트 안쪽에 그려진 표.

IFT 경기 규칙에는 '길이 10㎝ · 너비 5㎝'로 규정되어 있으며 서비스 위치의 한쪽 한계를 나타내기 위해 설계된 것이다.

■ 센터 스트랩(center strap)

센터라인에서 네트 높이를 3피트(0.914m)로 유지하기 위해 너비 5㎝ 이하로 팽팽히 밑에서 당겨 맨 네트 중간의 띠

■ 스탠스(stance)

'좌우 양발의 간격' 또는 '볼을 치려고 하는 방향에 대한 자신의 양발의 관계'를 Stance라고 부른다. 테니스에선 후자의 경우 ①스퀘어 ②오픈 ③클로즈드 등 3가지의 스탠스가 있다.

■ 스코어(score)

세트나 게임의 승패를 나타내는 숫자를 일컫는다.

■ 스윙(swing)

볼을 치기 위해 라켓을 휘두르는 것을 Swing이라고 하는데, 이 용어는 골프 · 배드민턴 · 야구 · 탁구 등 다른 구기경기에도 공통이다.

테니스의 라켓 스윙에는 볼을 치기 위해

라켓을 뒤로 빼는 예비동작인 백스윙(backswing)과 볼을 타면을 전진시키는 포워드(forward swing)이 있는데, 백스윙이 작으면 포워드 스윙이 커지고 백스윙이 작으면 포워드 스윙도 작아지는 것이 보통이다. 임팩트 뒤라켓의 움직임인 팔로스루(follow through)도 스윙의 완결(completion)이란 측면에서 볼 때 스윙의 범주 안에 포함된다.

■ 스트로크(stroke)

테니스의 타구동작을 일괄해서 stroke라고 부른다. 스포츠 용어사전에선 stroke에 대해서 "제어된 스윙으로 손 또는 패들 · 라켓 · 클럽 · 큐 등을 사용하여 볼이나 셔틀콕을 정확한 방법으로 쳐서 특정한 방향으로 날리는 것"

테니스의 스트로크에는 ①그라운드 스트로크(일단 땅에 한번 튀긴 볼을 치는 것) ②발리(노 · 바운드의 볼을 치는 것) ③서비스의 3종류가 있다. 또 타구점에 따라서 포핸드, 백핸드, 오버헤드로 나눌 수도 있다. 위에서 설명한 것처럼 발리도 스트로크의 일종이지만 "스트로크가 능숙하다"든가 "당신은 스트로크 플레이어"라고 표현할 때의 스트로크는 그라운드 스트로크를 가리키는 것이 일반적이다.

■ 스핀(spin)

타구에 가해진 볼의 회전을 spin이라고 말한다. 볼의 회전은 볼이 공기의 저항을 밀어내고 지구의 중력을 거슬러 전진하는 에너지를 만들어 내기 위해 필요한 운동이며 회전방식과 회전량에 따라 비행방향, 스피드, 바운드가 달라진다.

■ 스트랩(strap)

Strap은 일반적으로 가죽 끈, 또는 띠 모양의 포목을 가리키지만 테니스에선 네트의 부속물인 센터 스트랩(center strap)을 의미한다.

네트 중앙부에서 네트와 지면을 붙들어 매고 있는 캔버스(canvas)띠가 스트랩이다.

■ 슬라이스(slice)

테니스용어의 slice는 동사의 경우 '역회전 또는 횡회전을 걸다', 명사의 경우 '역회전이나 횡회전이 걸린 타구'를 의미한다.

■ 스트링스(strings)⇒거트(Gut)

strings는 라켓의 프레임(frame)에 가로와 세로로(또는 대각선 방향으로) 걸려 있는 줄을 가리킨다. 볼과 직접 접촉하는 유일한 부분인 스트링스는 내츄럴 거트(natural guts)와 나일론 스트링스(nylon strings)의 두 종류가 있다.

내추럴 거트는 동물의 내장으로 만들어진 것이다. 일반적으로 양 내장을 많이 쓰기 때문에 쉽(sheep) 거트 라고도 한다. 천연 소재라 품질의 균일화가 어렵고 습기에 약하지만 타구감과 반발력이 좋다.

1950년대부터 등장한 나일론 스트링스는 내추럴 거트에 비해 가격이 싸고 내구성이 뛰어나다. 최근에는 바블랏, 윌슨, 퍼시픽, 고센, 헤드사 등에서 다양한 인조 guts가 제조되어 선택의 폭이 한층 넓어졌다. 단일적으로 구성된 것(mono filament)과 복합 조직으로 구성된 것(multi filament)의 두 종류가 있는데 멀티 필라멘트의 속에는 기름이나 철사, 섬유 등이 들어간다.

■ 스매시(smash)

smash는 어깨보다 높은 볼을 전신의 힘을 다해 직선적으로 상대 코트에 때려 넣는 파괴적인 스트로크를 말한다.

테니스 경기에서 거의 대부분 상대의 로브에 대한 반격의 수단으로 사용하며 서비스와 마찬가지로 라켓을 머리 위로 쭉 뻗은 상태에서 볼을 치기 때문에 오버헤드 스매시(overhead smash) 또는 줄여서 오버헤드라고도 부른다.

또 상대의 로브가 공중에서 떠 있을 때 치는 경우, 그것을 발리 스매시(volley smash)라고 부르며 일단 바운드된 뒤 되받아 치는 경우는 그라운드 스매시(ground smash)라고 부른다.

■ 스위트 스폿(sweet spot)

라켓 타면 중에서 타격효과가 가장 좋은 부분으로서 테니스라켓의 스위트 스폿은 보통 타면 중앙부의 약간 아래쪽에 위치한다. 그 범위는 라켓 타면을 수평으로 들고 볼을 가볍게 접촉시켜 보면 쉽게 확인된다. 재래형 라켓에선 스위트 스폿의 면적이 포도 알 크기였으나 현재 생산되는 수퍼미드나, 오버사이즈 라켓에선 참외 크기로 확대되어 초보자들이 볼을 치기가 한결 용이해졌다.

■ 시즌(season)

스포츠 세계에서 시즌이라고 하면 특정한 경기가 집중적으로 실시되는 시기 또는 그 경기를 하는 데 가장 적당한 시기를 가리킨다.

■ 시드(seed)

토너먼트 대회의 대진표를 짤 때, 강한 선수(팀)끼리 1, 2회전에서 맞붙는 것을 막기 위해 일정수의 강한 선수(팀)들을 추첨에 의하지 않고 미리 드로 시트(draw-sheet, 대진표)의 특정장소에 놓는 것(to schedule tournament players or teams so that superior ones will not meet, in early rounds), 또는 그런 혜택을 받은 선수(팀)를 그냥 seed라고 부른다.

ㅇ

■ 아메리칸 트위스트 (American twist)
■ 아웃(out)
■ 앙투카 코트 (en-tous-cas court)
■ 안행진(雁行陣)
■ 에이스(ace)
■ 에러(error)
■ 앵글(angle)
■ 엔드(end)
■ 엘리(alley)
■ 역모션(역 motion)
■ 오버룰(over rule)
■ 오버헤드(over head)
■ 윔블던(wimbledon)
■ 웨스턴 그립(western grip)
■ 인사이드-아웃-스윙 (Inside-out swing)
■ 이스턴 그립(eastern grip)
■ 인(in)
■ 임팩트(impact)

■ 아메리칸 트위스트 (American twist)

서비스의 일종. 바운드가 높고 불규칙해서 상대의 백핸드 쪽으로 날아갈 때 큰 위력을 발휘한다.

그러나 손목과 팔꿈치의 관절에 부담을 주는 서비스 자세로 인해 테니스 엘보에 걸릴 가능성이 높다. 프로 선수들은 거의 구사하지 않는다. 1900년을 전후에서 미국선수들이 데이비스컵대회 등 국제대회서 선을 보여 아메리칸이라는 이름이 붙었다.

■ 아웃(out)

in의 반대어로서 테니스코트의 어느 방향으로든지 밖으로 나간 볼을 일컬음

■ 앙투카 코트(en-tous-cas court)

배수를 쉽게 하는 붉은 벽돌가루 포장(포장)의 코트. 프랑스 오픈이 열리는 파리의 롤랑가로스가 바로 앙투카 코트이다.

그림 17-10 심판의 아웃 시그널

■ 안행진(雁行陣)

'up and back' formation. 복식대형의 하나. 한사람은 네트 근처를, 또 한사람은 후방을 분담하여 지키는 방법. 톱 앤드 백(top and back)대형이라고도 한다.

■ 에이스(ace)

상대의 라켓이 전혀 볼과 접촉을 못하도록 위력과 방향이 좋은 샷을 날려 득점을 올리는 것. 주로 서비스의 경우에 사용된다.

스포츠에선 대개 팀에서 가장 믿음직한 선수나 스타선수를 가리키는 데 이 말이 쓰인다.

그러나 테니스의 에이스는 골프에서 홀인원(hole in one)을 에이스라도 부르듯이 '훌륭한 것' 또는 '1타로 끝난 것'을 나타낸다.

■ 에러(error)

인플레이에 유효한 리턴을 실패한 것. 에러에는 unforced error와 forced error 2가지가 있다.

후자는 상대의 뛰어난 샷에 쫓겨 어쩔 수 없이 저지른 에러이고, 전자는 상대의 실수가 아닌 순전한 자기 실수를 의미한다.

■ 앵글(angle)

테니스 경기에서 의도적으로 대가선 방향으로 친 타구를 일괄하여 앵글 샷(Angle shot)이라 지칭한다.

그림 17-11 앵글 샷은 일반적으로 다운 더 라인으로 치는 것이 효과적이다.

■ 엔드(end)

플레이어가 경기를 하려고 들어가 점유한 장소. '엔드'는 반드시 사람이 들어가야 성립하는 개념인데 반해 '코트(court)'는 사람이 없어도 좋다.

■ 앨리(alley)

단식 코트와 복식 코트의 사이드라인 사이에 있는 가늘고 긴 지역. 폭이 137㎝이며 영어 본래의 뜻도 '좁은 길'이다.

■ 역모션(역 motion)

예기한 방향과 정반대의 방향으로 볼이 와서 몸의 움직임이 정반대로 되는 경우를 말한다.

그림 17-12 역모션 동작

■ 오버 룰(over rule)

주심이 라인즈맨의 판정을, 레퍼리가 주심의 판정을 뒤집고 새삼스럽게 별도의 판정을 내리는 것이 overrule이다.

■ 오버헤드(over head)

볼이 머리 위의 공간에 있는 동안에 친 스트로크를 가리킨다. 많은 테니스 동호인들이 over head를 smash와 동일한 것으로 알고 있으나 over head는 타구의 종류와는 관계없이 타점이 머리 위에 있는 타구의 총칭이고, smash는 타점의 높낮이와는 관계없이 온힘을 다해 위에서 아래로 강타하는 타구의 총칭이다.

■ 윔블던(wimbledon)

영국 런던 근교의 워플 로드에 위치한 테니스장. 전영클럽(all england club)의 클럽코트로서 세계에서 가장 오래된 테니스대회인 윔블던 선수권(the championship wimbledon)이 매년 6월에 열린다.

윔블던의 제1회 대회는 1877년에 열렸다.

■ 웨스턴 그립(western grip)

라켓을 잡는 방법의 하나. 라켓 면을 지면과 평행으로 하여 그것을 위로부터 쥐는 것

그림 17-13 세계에서 가장 유서 깊은 테니스 대회의 코트 윔블던 제1회 대회는 1877년에 개최되었다.

인데 미국 서부지역에서 많이 사용됐다고 웨스턴이란 이름이 붙었다.

미국 캘리포니아 지방에는 하드코트가 많은데 이런 하드코트에서 볼의 바운드가 대체로 높다. 따라서 볼을 위에서 내리치게 되므로 포핸드와 백핸드 모두 같은 면으로 강타할 수 있는 웨스턴 그립이 생겨난 것이다. 이 그립은 연식정구에서 많이 사용된다.

■ 인사이드-아웃-스윙(inside-out swing)

라켓과 팔꿈치를 몸통에 가깝게 대고 스윙을 시작해 임팩트와 팔로스루를 하면서 라켓과 팔꿈치가 몸에서 점차 멀어지도록 하는 스윙 법.

■ 이스턴 그립(eastern grip)

라켓을 쥐는 방법의 하나. 라켓 면을 땅에 직각으로 세우고 그것을 오른쪽 위에서 쥐는 형.

이스턴 그립을 구사하는 대표적인 선수는 현역 8할 이상이다. 미국 동부의 뉴욕지방에서 널리 사용되었다고 해서 이스턴이란 이름이 붙었다.

■ 인(in)

테니스에서 In은 "the ball is in the court(볼이 코트 영역 안으로 들어와 있다)"를 의미한다. 달리 말하면 'good(유효타)' 이다.

■ 임팩트(impact)

볼이 라켓 면에 부딪히는 순간을 말한다.

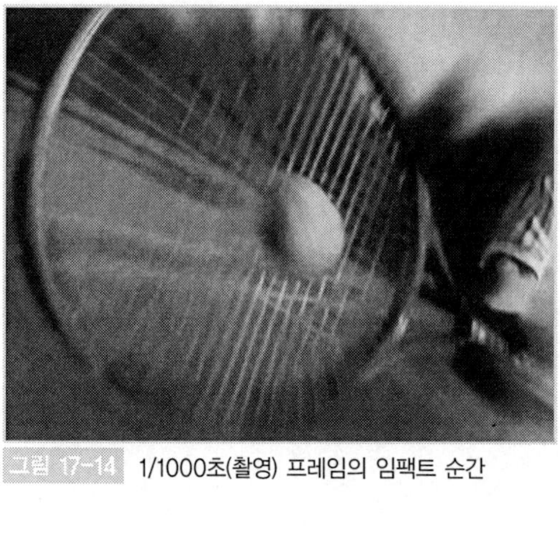

그림 17-14 1/1000초(촬영) 프레임의 임팩트 순간

ㅈ

■ 제1서비스(first service)
■ 점프 스매시(jump smash)
■ 제1발리(first volley)
■ 준결승(semifinals)

■ 제1서비스(first service)

서비스는 1구를 실패해도 다시 한번 시도할 수 있다. 이 첫 번째 서비스가 제1서비스(first service)이며 두 번째 서비스를 제2서비스(second service)라고 한다.

■ 점프 스매시(jump smash)

뛰어 오르면서 강하게 내리치는 타구 법

■ 제1발리(first volley)

발리는 통상 네트 근방에서 이루어진다. 그런데 서비스를 하고 네트로 달려가는 도중 상대의 리턴을 어쩔 수 없이 발리로 처리하거나 의도적으로 네트에 접근하려고 발리를 하는 수가 있다. 그것이 바로 제1발리(first volley)이다.

■ 준결승(semifinals)

토너먼트에서 최종 결승전 직전의 경기

그림 17-15 피트 샘프라스의 트레이드 마크인 호쾌한 점프 스매시

ㅊ

■ 챔피언십(championship)
■ 챌린지(challenge)

■ 챔피언십(championship)

특정 지역 · 조직 · 계층 등의 넘버원을 결정하기 위한 대회(경기), 또는 그 대회에 걸린 타이틀, 통상 선수권대회라고 한다.

■ 챌린지(challenge)

도전이라는 뜻. challenge round는 전년

도 챔피언에게 도전하는 것이고, challenge cup은 우승자(팀)에게 영구히 주지 않고 다음 대회 때 반환을 받는 컵을 말한다.

ㅋ

■ 캐논 볼(cannon Ball)
■ 컬렉션(correction)
■ 콤비네이션(combination)
■ 컨티넨탈 그립 (continental grip)
■ 코스(course)
■ 클로즈드 스탠스(closed stance)
■ 콜(call)

■ 캐넌 볼(cannon ball)

몹시 강하고 빠른 서비스 볼

■ 컬렉션(correction)

엄파이어가 카운트를 잘못했을 때 정정하는 심판용어

■ 콤비네이션(combination)

복식 파트너 사이의 협력과 조화

■ 컨티넨탈 그립(continental grip)

라켓을 쥐는 방법의 하나. 라켓 면이 코트면에 수직이 되도록 세워 쥐는 것. 영국에서 발달된 기법이라고 해서 잉글리시 그립(English Grip)이라고 부른다.

■ 코스(course)

볼이 비행하는 방향이나 각도

■ 클로즈드 스탠스(closed stance)

발과 배를 사이드라인 안쪽을 향하게 하는 타격위치. 서비스의 스탠스에서 많이 쓰는데 일자 스탠스라고 한다.

■ 콜(call)

경기 진행을 위해 심판이 내리는 선고(宣告). '아웃(out)', '폴트(fault)' 라는 라인즈맨이, '레트(let)', '스루(through)', '낫업(not up)' 등이 있다.

ㅌ

■ 타이브레이크(tie break)시스템
■ 테니스 엘보(elbow)
■ 텐션(tension)
■ 톱스핀(top-spin)

■ 타이브레이크(tie break)시스템

1970년 US오픈에서 최초로 채용된 경기 단축 시스템. “상대방보다 2게임 이상의 차로 이겨야(deuce) 세트를 따게 된다”는 종전의 규정 때문에 경기가 무한정 계속되고 그에 따라 선수들의 체력이 저하되고 관중들이 권태감을 느끼며 TV중계가 지연되던 폐단을 없애기 위해 도입됐다.

■ 테니스 엘보(elbow)

과도한 스트레스로 인해 팔꿈치에 염증이 생기거나 근육 손상으로 심한 통증이 수반되는 병. 중급 이하의 동호인과 주니어 선수들에게 많이 생기는 이 병에는 라켓을 바꾸거나 스트로크 자세를 교정하는 것도 하나의 치료책이 되겠지만 가장 좋은 방법은 쉬는 것이다.

■ 텐션(tension)

라켓의 스트링스를 잡아당기는 힘. 단위는 파운드(1bs). 우드라켓이 유행했을 때는 70파운드의 텐션이 보통이었지만 라켓소재와 사이즈가 획기적으로 개선된 최근에는 텐션을 낮게 유지하는 선수들이 증가하는 추세를 보이고 있다.

■ 톱스핀(top-spin)

회전을 하면서 날아가는 스핀 구질의 한 가지. 볼을 시계숫자 판에 연상하면, 6시 방향에서 0시 방향으로 라켓을 위로 문질러 올려치면 볼은 전진 중인 자동차 바퀴의 굴림 방향처럼 돌면서 날아간다.

■ 토너먼트(tournament)

경기진행방식의 하나. 일정한 대진에 의해 승리한 사람(팀)만이 다음 회전에 진출하고 마지막에는 두 사람(팀)이 대전하여 우승

그림 17-16 보리스 베커를 세계적인 선수로 만든 요소 중 하나인 포핸드 톱스핀

자를 가리는 방식이다. 중세의 십자군 전쟁에서 유래된 말이다.

■ 테이크백(take-back)

볼을 치기 위해 라켓을 뒤로 빼는 것. Backswing의 동의어이다.

■ 토스(toss)

테니스 용어로는 ①서비스 토스와 ②경기 전에 서비스인가 코트인가를 결정하는 토스의 두 가지 의미가 있다.

■ 톱 헤비(top-heavy)

테니스 라켓은 밸런스에 따라 라켓 헤드부가 무거운 톱 헤비(top heavy), 중심부에 무게중심이 있는 이븐(even), 그리고 그립부가 무겁고 헤드부가 가벼운 톱라이트(top light)의 3가지로 나눌 수 있다.

일반적으로 베이스라이너는 스트로크에 위력을 보태기 위해 톱 헤비를 좋아하며 서비스 앤드 발리어는 라켓 조작성을 높일 목적으로 톱 라이트 라켓을 사용한다.

그림 17-17 저돌적인 공격테니스를 구사했던 페트릭 라프터

ㅍ

■ 파트너(partner)

■ 패싱샷(passing shot)

■ 페더레이션컵(federation cup)

■ 폴트(fault)

■ 포스트(post)

■ 팔로스루(follow-through)

■ 풋워크(footwork)

■ 포워드 스윙(forward swing)

■ 포인트(point)

■ 포치(poach)

■ 포핸드(forehand)

■ 프랑스 선수권대회(french championships)

■ 프레임(frame)

■ 프로(pro)

■ 플레이스먼트(placement)

■ 플루크(fluke)

■ 파트너(partner)

복식에서 행동을 같이 하는 짝이 partner이다. 파트너끼리는 물론 일심동체로 협력하여 플레이하지 않으면 안 된다. 이런 상호간에 협력관계는 partnership이라고 부른다.

■ 패싱샷(passing shot)

베이스라이너의 반격무기로서 매우 유익하게 사용되는데, 패싱샷은 네트 플레이를 하려고 접근하는(드물게 드롭샷 따위로 유인된) 상대의 라켓이 닿지 않는 곳을 노려서 공격, 득점하는 타구이다.

그림 17-18 복식게임에서 파트너와 소근대는 듯한 대화는 수행력 향상을 배가시킨다.

■ 페더레이션컵(federation cup)

'페더레이션' 은 국제테니스연맹의 '연맹' 에서 따온 것으로 다시 말하자면 '페더레이션컵' 은 '국제테니스연맹배' 인 셈이다. 예전에는 데이비스컵과는 달리 모든 참가국이 한곳에 모여 대회를 치르며 하루에 2단식, 1복식으로 국가 간의 우열을 가렸으나 새천년부터는 데이비스컵에 비해 인기 하락 우려와 그 참가국 수가 100여 개국으로 증가함에 따라 전년도 성적이 좋은 12개국이 3조로 분류하여 플레이오프를 치러서 각조의 1위국과 전년도 우승국의 4개국이 최종 챔피언을 가린다.

■ 폴트(fault)

'서비스코트에 재대로 들어가지 않거나 합법적으로 서비스되지 않은 서비스 볼' 을 의미한다.

폴트가 1번 일어나면 서비스를 1번 더 할 수 있으나 2번 연속 폴트가 되는 '더블 폴트(double fault)' 라고 해서 서버 측의 실점이 된다.

■ 포스트(post)

네트를 붙들어 매기 위하여 나무나 금속으로 만들어 세운 막대기

■ 팔로스루(follow-through)

타구하는 순간 임팩트(볼이 라켓 타면에 맞는 시점)에서 라켓을 정지하지 않고 전진 스윙의 여세를 그대로 살려 더 나아가는 행위

■ 풋워크(footwork)

몸의 균형을 잃지 않고 볼을 치기 위한 최적의 장소로 발을 옮기는 것

■ 포워드 스윙(forward swing)

테니스의 스트로크는 넓게 보면 준비상태(ready position)에서 시작해 준비상태로 끝나는 것이지만 이것을 일단 라켓을 흔드는 동작에만 한정시키면 ①백스윙 ②포워드 스윙 ③임팩트 ④팔로스루의 4가지 부분으로 나눌 수 있다. 이 가운데 타구를 보내기 위해서 라켓을 앞으로 휘두르는 동작이 포워드 스윙이다.

■ 포인트(point)

경기를 구성하는 스코어(Score)의 최소단위

■ 포치(poach)

복식경기에서 네트에 근접해 있는 사람이 원래라면 자신의 파트너가 뒤에서 다루어야 할 볼을 옆으로 뛰어나와 가로채면서 발리로 리턴하는 것을 포치라고 부른다.

■ 포핸드(forehand)

오른손잡이(왼손잡이)가 자기 몸 오른쪽(왼쪽)의 볼을 처리하려고 사용하는 타법, 혹은 스트로크

■ 프랑스 선수권대회(french championships)

프랑스 오픈

파리 16구의 블로뉴 숲 남단에 위치한 스타드 롤랑 가로스(Stade Roland Garros)에서 개최되는 그랜드 슬램 대회

■ 프레임(frame)

라켓의 타격면을 구성하는 줄(strings)을 지탱하는 바깥 틀 부분

■ 프로(pro)

professional의 생략 형. 스포츠를 통해 생계를 유지하는 사람을 가리킨다. 테니스에 종사함으로써 금전적인 이득을 얻는 사람

■ 플레이스먼트(placement)

그라운드 스트로크나 서비스 등의 랠리 중에 상대편코트의 부분을 일컫는 말

■ 플루크(fluke)

'어쩌다 들어맞음(요행), 이길 수 없는 상대를 이기는 것' 이 플루크이다.

ㅎ

■ 하드 락(hard luck)
■ 하이 발리(high volley)
■ 하프 발리(half volley)
■ 헤드(head)
■ 혼합복식(mixed doubles)
■ 호주 오픈(Australian open)

■ 하드 락(hard luck)

'배드 락(bad luck)' 과 같은 뜻으로 상대방의 멋진 샷이 아쉽게 아웃됐을 때 쓰는 표현이다.

■ 하이 발리(high volley)

어깨보다 높은 위치에서 때리는 발리

그림 17-19 세레나 윌리암스와 함께 세계 테니스계를 평정한 흑인테니스 계의 명가를 이룩한 비너스 윌리암스의 하이 발리

■ 하프 발리(half volley)

땅에 닿은 직후 튀어 오르기 시작하는 볼을 지면에 스칠 듯 말 듯한 높이로 치는 것, 또는 그 타구

■ 헤드(head)

라켓 줄이 끼워진 둥근 부분. 헤드의 목에서 손잡이 밑바닥까지의 긴 부분은 handle이라고 한다.

■ 혼합복식(mixed doubles)

남자와 여자가 팀을 이루어 대전하는 복식

■호주 오픈(Australian open)

그랜드 슬램의 하나. 1905년에 시작되었다.

제 18 장 부 록

역대 데이비스컵 우승국

연도	우승국	기록	준우승국
1900	미국	3-0	영국
1901	개최하지 않음		
1902	미국	3-2	영국
1903	영국	4-1	미국
1904	〃	5-0	벨기에
1905	〃	5-0	미국
1906	〃	5-0	〃
1907	호주	3-2	영국
1908	〃	3-2	미국
1909	〃	5-0	〃
1910	개최하지 않음		
1911	호주	5-0	미국
1912	영국	3-2	호주
1913	미국	3-2	영국
1914	호주	3-2	미국
1915 ~1918	제1차 세계대전으로 중단		
1919	호주	4-1	영국
1920	미국	5-0	호주
1921	〃	5-0	일본
1922	〃	4-1	호주
1923	〃	4-1	〃
1924	〃	5-0	〃
1925	〃	5-0	프랑스
1926	〃	4-1	〃
1927	프랑스	3-2	미국
1928	〃	4-1	〃
1929	〃	3-2	〃
1930	〃	4-1	〃
1931	〃	3-2	영국
1932	〃	3-2	미국
1933	영국	3-2	프랑스
1934	〃	4-1	미국
1935	〃	5-0	〃
1936	〃	3-2	호주
1937	미국	4-1	영국
1938	〃	3-2	호주
1939	호주	3-2	미국
1940 ~1945	제2차 세계대전으로 중단		
1946	미국	5-0	호주
1947	〃	4-1	〃
1948	〃	5-0	〃
1949	미국	4-1	호주
1950	호주	4-1	미국
1951	〃	3-2	〃
1952	〃	4-1	〃
1953	〃	3-2	〃
1954	미국	3-2	호주
1955	호주	5-0	미국
1956	〃	5-0	〃
1957	〃	3-2	〃
1958	미국	3-2	호주
1959	호주	3-2	미국
1960	〃	4-1	이탈리아
1961	〃	5-0	〃
1962	〃	5-0	멕시코
1963	미국	3-2	호주
1964	호주	3-2	미국
1965	〃	4-1	스페인
1966	〃	5-0	인도
1967	〃	5-0	스페인
1968	미국	4-1	호주
1969	〃	5-0	루마니아
1970	〃	5-0	독일
1971	〃	3-2	루마니아
1972	〃	3-2	〃
1973	호주	5-0	미국
1974	남아공	기권	인도
1975	스웨덴	3-2	체코
1976	이탈리아	4-1	칠레
1977	호주	3-1	이탈리아
1978	미국	4-1	영국
1979	〃	5-0	이탈리아
1980	체코	4-1	〃
1981	미국	4-1	아르헨티나
1982	〃	5-0	프랑스
1983	호주	3-2	스웨덴
1984	스웨덴	4-1	미국
1985	〃	3-2	독일
1986	호주	3-2	스웨덴
1987	스웨덴	5-0	인도
1988	독일	4-1	스웨덴
1989	〃	3-2	〃
1990	미국	3-2	호주
1991	프랑스	3-1	미국
1992	미국	3-1	스위스
1993	독일	4-1	호주
1994	스웨덴	4-1	러시아
1995	미국	3-2	러시아
1996	프랑스	3-2	스웨덴
1997	스웨덴	5-0	미국
1998	스웨덴	4-1	이태리
1999	호주	3-2	프랑스
2000	스페인	3-1	호주
2001	프랑스	3-2	호주
2002	러시아	3-2	프랑스
2003	호주	3-1	스페인
2004	스페인	3-2	미국
2005	크로아티아	3-2	슬로바키아
2006	러시아	3-2	아르헨티나
2007	미국	4-1	러시아
2008	스페인	3-1	아르헨티나
2009	스페인	5-0	체코
2010	세르비아	3-2	프랑스
2011	스페인	3-1	아르헨티나
www.medical-korea.co.kr에서 계속 제공			

역대 그랜드슬램 단식 우승자 명단

연도	호주오픈	프랑스오픈	윔블던	US오픈
1919	Kingscote		Patterson Lenglen	Johnston Wightman
1920	Hara Wood		Tilden Lenglen	Tilden Mallory
1921	Gemmell		Tilden Lenglen	Tilden Mallory
1922	Anderson Molesworth		Patterson Lenglen	Tilden Mallory
1923	Hara Wood Molesworth		Johnston Lenglen	Tilden Wills
1924	Anderson Lance		Borotra McKane	Tilden Wills
1925	Anderson Akhurst	Lacoste Lenglen	Lacoste Lenglen	Tilden Wills
1926	Hawkes Akhurst	Cochet Lenglen	Borotra Godfree	Lacoste Mallory
1927	Patterson Boyd	Lacoste Bouman	Cochet Wills	Lacoste Wills
1928	Borotra Akhurst	Cochet Wills	Lacoste Wills	Cochet Wills
1929	Gregory Akhurst	Lacoste Wills	Cochet Wills	Tilden Wills
1930	Moon Akhurst	Cochet Moody	Tilden Moody	Doeg Nuthall
1931	Crawford Buttsworth	Borotra Aussem	Wood Aussem	Vines Moody
1932	Crawford Buttsworth	Cochet Moody	Vines Moody	Vines Jacobs
1933	Crawford Hartigan	Crawford Scriven	Crawford Moody	Perry Jacobs
1934	Perry Hartigan	Cramm Scriven	Perry Round	Perry Jacobs
1935	Crawford Round	Perry Sperling	Perry Moody	Allison Jacobs
1936	Quist Hartigan	Cramm Sperling	Perry Jacobs	Perry Marble
1937	McGrath Wynne	Henkel Sperling	Budge Round	Budge Lizana
1938	Budge Bundy	Budge Mathieu	Budge Moody	Budge(그랜드슬래머) Marble
1939	Bromwich Westacott	McNeill Mathieu	Budge Marble	Riggs Marble
1940	Quist Bolton	열리지 않음	열리지 않음	McNeill Marble
1941	열리지 않음	열리지 않음	열리지 않음	Riggs Cooke

연도	호주오픈	프랑스오픈	윔블던	US오픈
1942	열리지 않음	열리지 않음	열리지 않음	Schroeder Betz
1943	열리지 않음	열리지 않음	열리지 않음	Hunt Betz
1944	열리지 않음	열리지 않음	열리지 않음	Parker Betz
1945	열리지 않음	열리지 않음	열리지 않음	Parker Cooke
1946	Bromwich Bolton	Bernard Osborne	Petra Betz	Kramer Betz
1947	Pails Bolton	Asboth Todd	Kramer Osborne	Kramer Brough
1948	Quist Bolton	Parker Landry	Falkenburg Brough	Gonzales du Pont
1949	Sedgman Hart	Parker du Pont	Schroeder Brough	Gonzales du Pont
1950	Sedgman Brough	Patty Hart	Patty Brough	Larsen du Pont
1951	Savitt Bolton	Drobny Fry	Savitt Hart	Sedgman Connolly
1952	McGregor Long	Drobny Hart	Sedgman Connolly	Sedgman Connolly
1953	Rosewall Connolly	Rosewall Connolly	Seixas Connolly	Trabert Connolly(그랜드슬래머)
1954	Rose Long	Trabert Connolly	Drobny Connolly	Seixas Hart
1955	Rosewall Penrose	Trabert Mortimer	Trabert Brough	Trabert Hart
1956	Hoad Carter	Hoad Gibson	Hoad Fry	Rosewall Fry
1957	Cooper Fry	Davidson Bollmer	Hoad Gibson	Anderson Gibson
1958	Cooper Mortimer	Rose Kormoczy	Cooper Gibson	Cooper Gibson
1959	Olmedo Reitano	Pietrangeli Truman	Olmedo Bueno	Fraser Bueno
1960	Laver Smith	Pietrangeli Hard	Fraser Bueno	Fraser Hard
1961	Emerson Smith	Santana Haydon	Laver Mortimer	Emerson Hard
1962	Laver Smith	Laver Smith	Laver Susman	Laver(그랜드슬래머) Smith
1963	Emerson Smith	Emerson Turner	McKinley Smith	Osuna Bueno
1964	Emerson Smith	Santana Smith	Emerson Bueno	Emerson Bueno
1965	Emerson Smith	Stolle Turner	Emerson Smith	Santana Smith

연도	호주오픈	프랑스오픈	윔블던	US오픈
1966	Emerson Smith	Roche Jones	Santana King	Stolle Bueno
1967	Emerson Richey	Emerson Durr	Newcombe King	Newcombe Bueno
1968	Bowrey King	Rosewall Richey	Laver King	Ashe Wade
1969	Laver Court	Laver Court	Laver Jones	Laver(그랜드슬래머) Court
1970	Ashe Court	Ashe Court	Newcombe Court	Rosewall Court(그랜드슬래머)
1971	Rosewall Court	Kodes Goolagong	Newcombe Goolagong	Smith King
1972	Rosewall Wade	Gimeno King	Smith King	Nastase King
1973	Newcombe Court	Nastase Court	Kodes King	Newcombe Court
1974	Conners Goolagong	Borg Evert	Conners Evert	Conners King
1975	Newcombe Goolagong	Borg Evert	Ashe King	Orantes Evert
1976	Edmonsom Cawley	Panatta Barker	Borg Evert	Conners Evert
1977	Tanner(1월) Gerulaitis(12월) Reid(1월) Cawley(12월)	Vilas Jausovec	Borg Wade	Vilas Evert
1978	Vilas(12월) O'Neil	Borg Ruzici	Borg Navratilova	Conners Evert
1979	Vilas(12월) Jordan	Borg Evert	Borg Lloyd Navratilova	McEnroe Austin
1980	Teacher(12월) Mandlikova	Borg Evert	Borg Lloyd Cawley	McEnroe Evert Lloyd
1981	Kriek(12월) Navratilova	Borg Mandlikova	McEnroe Evert Lloyd	McEnroe Austin
1982	Kriek(12월) Evert Lloyd	Wilander Navratilova	Connors Navratilova	Connors Evert Lloyd
1983	Wilander(12월) Navratilova	Noah Evert Lloyd	McEnroe Navratilova	Connors Navratilova
1984	Edberg(12월) Navratilova	Lendl Navratilova	McEnroe Navratilova	McEnroe Navratilova(그랜드슬래머)
1985	Edberg Navratilova	Wilander Evert Lloyd	Becker Navratilova	Lendl Mandlikova
1986	열리지 않음	Lendle Evert Lloyd	Becker Navratilova	Lendl Navratilova
1987	Edberg Mandlikova	Lendl Graf	Cash Navratilova	Lendl Navratilova
1988	Wilander Graf	Wilander Graf	Edberg Graf	Wilander Graf(그랜드슬래머)

연도	호주오픈	프랑스오픈	윔블던	US오픈
1989	Lendl Graf	Chang Sanchez-Vicario	Becker Graf	Becker Graf
1990	Lendl Graf	Gomez Seles	Edberg Navratilova	Sampras Sabatini
1991	Becker Seles	Courier Seles	Stich Graf	Edberg Seles
1992	Courier Seles	Courier Seles	Agassi Graf	Edberg Seles
1993	Courier Seles	Brugera Graf	Sampras Graf	Sampras Graf
1994	Sampras Graf	Brugera Sanchez-Vicario	Sampras Martinez	Agassi Sanchez-Vicario
1995	Agassi Pierce	Muster Graf	Sampras Graf	Sampras Graf
1996	Becker Seles	Kafelnikov Graf	Krajicek Graf	Sampras Graf
1997	Sampras Hingis	Kuerten Majoli	Sampras Hingis	Rafer Hingis
1998	Korda Hingis	Moya Sanchez-Vicario	Sampras Novotna	Rafter Davenport
1999	Kafelnikov Hingis	Agassi Graf	Sampras Davenport	Agassi S.Williams
2000	Agassi Davenport	Kuerten Pierce	Sampras V. williams	Safin V. williams
2001	Agassi Capriati	Kuerten Capriati	Ljubicic V. williams	Hewitt V. williams
2002	Johansson Capriati	Costa S. Williams	Hewitt S. Williams	Sampras S. Williams
2003	Agassi S.Williams	Ferrero Henin	Federer S.Williams	Roddick Henin
2004	Federer Henin	Gaudio Myskina	Federer Sharapova	Federer Svetlana
2005	Safin S. williams	Nadal Henin	Federer V. williams	Federer Clijsters
2006	Federer Mauresmo	Nadal Henin	Federer Mauresmo	Federer Sharapova
2007	Federer S. williams	Nadal Henin	Federer V. williams	Federer Henin
2008	Djokovic Sharapova	Nadal Ivanovic	Nadal V. williams	Federer S. williams
2009	Nadal S. williams	Federer Kuznetsova	Federer S. Williams	Potro Clijsters
2010	Federer S. williams	Nadal Schiavone	Nadal S. williams	Nadal Clijsters
2011	Djokovic Clijsters	Nadal Lina	Djokovic Kvitova	Djkovic Stosur
2011	Djokovic Azarenka	www.medical-korea.co.kr에서 계속 제공		

Tennis Bible

테니스 바이블

테니스 기량을 향상시키는 문제

1 중세 프랑스에서 는 왕후귀족과 승려들 사이에 성행했던 구기중 ( )으로 쳐서 게임을 하는 ( )란 놀이가 있었다.

2 ( )란 프랑스어로 ( )이란 뜻이다.

3 tennis의어원은 프랑스어의 "때린다"라는 낱말인 ( )의 발음을 따른 것이다.

4 근대 테니스의 창시자는 영국의 ( )소령이다.

5 1873년 그리스어로 "놀이"를 의미하는 ( )이라는 이름의 게임이 근대 테니스의 원형이다.

6 제 1회( )대회는 1877년에 개최되었다.

7 제 1회( )올림픽대회는 1896년에 시작되었는데 1924년 파리올림픽 때까지 테니스가 정식종목으로 채택되었다.

8 테니스가 올림픽 종목으로 정식 부활한 해와 올림픽이 개최된 도시를 쓰시오
( )년 ( )

9 한국에 테니스가 처음 소개된 시기는? ( )c 말이다.

10 한국테니스의 창시자는 경서제국대학 정구부장이었던( )씨다.

11 남자 국가대항전은 ( )년에 시작된 ( )컵대회이다.

12 한국이 국제테니스연맹에 정식으로 가입한 해는 ( )년 9월이다.

13 테니스 경기는 ( )가 모여 게임이 되고 게임이 모여( )가 되며 ( )가 match가 되고 매치의 결과로 ( )가 결정된다(영어로 쓰시오).

14 테니스 경기에서 카운트의 가장 작은 단위는 무엇이라 하는가? ( )

15 1게임은 ( )포인트를 먼저 얻어야 하는 한다.

16 6게임을 먼저 얻으면 ( )를 획득하는 것이다.

17 테니스 경기 단위를 영어로 쓰시오.

0(0점) → ( )

15(1점) → ( )

( )(2점) → ( )

( )(3점) → ( )

18 deuce 상황에서 server가 1점을 획득하면( )라고 call한다.

19 테니스 경기에서 call할 때 특히 주의할 점은 늘 ( )의 점수부터 불러야 한다.

20 deuce 제도의 시간을 절약하기 위해서 만든 tie break system은 ( )경기와 ( ) 경기를 제외한 모든 대회에서 채택되고 있다.

21 ITF는 원어로( )의 약자이다.

22 한국테니스의 발원지는 서울의 ( )이다.

23 테니스가 전국체전 종목으로 데뷔한 해는 ( )년이다.

24 축구가 가장 대중성 있는 세계적인 단체경기라면 ( )는 지구촌에서 가장 인기 높은 개인경기라고 할 수 있다.

25 테니스의 매력에 대해서 7가지 이상을 기술하시오.

1.______________________________

2.______________________________

3.______________________________

4.______________________________

5.______________________________

6.______________________________

7.______________________________

26 테니스 종목에 영향을 주는 transfer(전이)의 의미에 대하여 기술하고 그 예를 드시오.

27 테니스와 가장 비슷한 스포츠를 3가지만 기술 하시오. (, ,)

28 테니스의 타법은 크게( ), ( ), ( )로 나눌 수 있다.

29 모든 스포츠에서 스핀은 중요한 ( )라고 할 수 있다.

30 스핀 가운데 가장 흔히 쓰이는 두 가지는 ( )과 ( )이다.

31 ( )스핀은 슬라이스라고도 부른다.

32 ( )스핀은 패싱샷으로 적격이다.

33 ( )스핀은 한마디로 정확한 타이밍을 맞추는 것이 생명이다.

34 언더스핀의 단점은?

35 클레이 코트에서 유리한 타법은? ( )

36 잔디코트에서 유리한 타법은? ( )

37 라켓 헤드사이즈 크기는( ), ( ), ( )로 구별된다.

38 라켓면의 중심을( )라고 한다.

39 테니스 코트는 크게 ( )면적과 ( )면적을 나누며 이중 ( )면적만 계산하면 78.9평이 된다.

40 네트 중앙의 높이는 ( )m 이다.

41 네트 중앙과 양쪽 끝( )의 높이의 차이는 ( )이다.

42 네트에서 서비스라인까지의 거리는 ( )이다.

43 테니스 코트의 각도는 ( )이다.

44 햇볕을 차단시키는 차단수치의 SFP는 무엇의 약자인가? ( )

45 테니스의 테크닉을 아는 대로 영어로 쓰시오. ( )

46 그립의 종류에 대하여 설명하시오.

47 발리할 때는 (　　　　　)그립이 좋다.

48 라켓은 길이 (　　　　　)cm, 너비 (　　　　　)cm까지가 규격이다.

49 백스윙의 3가지 종류는 (　　　　　), (　　　　　), (　　　　　)이다.

50 포핸드의 이상적인 임팩트 존은 무릎에서 (　　　)높이라고 할 수 있다.

51 shadow tennis란?

52 freehand(라켓을 잡지 않은 손)는 왜 뻗어 주는가?

53 임팩트 시 라켓명의 바른 각도는 지면과 거의 (　　　)이다.

54 타구에 체중을 싣기 위해서는 4가지 중요한 법칙이 있는데 이를 열거하시오.

55 팔로스루가 짧으면 (　　　　)이 잘 안 된다.

56 임팩트 시 특별한 사유가 없는 한 전 후로 내딛는 (　　　　　) stance를 사용하라.

57 백핸드 때 그립 전환은 마치 (　　　　　)를 돌리듯 하면 좋다.

58 테니스를 처음 시작하는 초보자의 경우 백핸드가 약한 이유가 있는데 크게 세 가지만 그 이유를 쓰시오.

59 백핸드 스트로크의 중심이 되는 신체부위는? (　　　　　　　)

60 백핸드 스트로크의 타점은 우측 발(오른손잡이) 보다 약 (　　　　　)cm 앞에서 임팩트 된다.

61 양손 백핸드의 경우 (　　　　)스핀은 쉬우나 (　　　　)스핀은 문제가 있다.

62 양손 백핸드의 장점은 무엇인가?

____

63 1930년대 (   )가 최초로 양손 백핸드를 시작했다.

64 양손 백핸드의 결점은?

____

65 서비스 연습은 (   )부터 시작하면 좋다.

66 훌륭한 서비스의 첫째 조건은 일관성 있는 (   )이다.

67 서비스에서 가장 중요한 것은 (   ), (   )이다.

68 서비스의 종류는 (   ), (   ), (   )이다.

69 훌륭한 서비스의 마무리 동작은 몸 앞에서 양팔 (   )자처럼 되게 한다.

70 테니스를 배우기 시작한 뒤 벽치기(back board)는 언제쯤 하는 것이 좋은가?

____

71 백보드는 원래 뒤로 몇도 가량 젖혀져 있어야 좋다. (   )

72 테니스 보조운동 중 줄넘기의 효과를 쓰시오.

____

73 테니스 보조운동 중 농구는 어떤 효과를 증대시켜 주는가?

____

____

74 stretching의 효과에 대해서 아는 대로 쓰시오.

____

____

____

____

____

____

75 운동 강도를 설정할 때 분당 심박수는 중요한 요인이다. 최대심박수란?

76 overuse syndrome이란?

77 muscle cramp란?

78 인간의 상체구조는 경추 7마디, 흉추 12마디 요추 (　　　)마디로 되어 있다.

79 테니스 기구의 ATP란 어떤 조직인가?

80 준결승정의 명칭을 영어로 쓰시오.

81 grand slam의 대회명칭을 쓰시오.

82 역대 grand slamer를 쓰시오.

※ 다음 용어를 설명하시오.

1 not-up

2 dead zone

3 rally

4 lob

5 match

---

6 bye

---

7 shot

---

8 ace

---

9 impact

---

10 tie break는 1970년 (   ) 대회에서 최초로 실시했다.

11 fault

---

12 fallow-through

---

13 마스터스 시리즈대회는 어느 도시에서 개최되는가?

---

14 스포츠란 (   )을 통하여 이루어지는 인간의 교육이다.

※ O, X 문제

1 더운 여름철에 테니스경기 중 물을 먹는 것은 잘못된 것이다. (   )

2 테니스경기 중엔 당도가 높은 음료수 등이 흡수가 잘되어 좋다. (   )

3 여름에 모자를 계속 쓰고 테니스 할 경우 일사병을 막을 수 있다. (   )

4 게임 중에는 뭐니뭐니해도 시원한 맥주가 좋다. (　)

5 라켓의 무게는 핸들링에 지장이 없다면 무거운 것이 좋다. (　)

테니스 이론을 한 차원 높이는 문제

1 WTA의 뜻을 원어로 쓰시오.

2 WTA 프로화의 선구자는 누구인가? (　　　　　　)

3 '62, '69년 두 해에 걸쳐 그랜드 슬램을 달성했던 선수는? (　　　　　　)

4 세계 테니스계를 주도해 가는 두 조직의 명칭을 약자로 쓰시오. (　　　,　　　)

5 '70년 잭 크래머의 제안으로 펩시콜라사를 스폰서로 출범한 테니스 제도는 무엇인가?
(　　　　　　　　)

6 World Champions Tennis 주최자이며 테니스 프로화에 개인적으로 가장 공로가 컸던 달라스 출신의 석유재벌은 누구인가? (　　　　　　)

7 WCT는 초창기부터 5set match제를 도입하여 서사적인 명승부를 남겼는데 이 명승부를 남기게 된 양 선수는 누구인가? (　　　　　　　　)

8 '73년 프로선수들이 권익에 처한 중대한 문제로 wimbledon출전을 집단으로 거부했는데 이 사건에 대하여 남자프로테니스선수를 감독하는 그랑프리위원회를 설립했는데 (필립 샤트리에)를 비롯한 ITF 3인과 (　　　　), (　　　　)를 포함한 선수대표위원 3인으로 구성했다.

9 '70sus 남자 그랑프리 서키트가 생기자 여자테니스 계에도 (　　　　)라는 조직이 만들어지면서 (버지니아 슬림즈)라는 프로 시리즈가 탄생했다.

10 남자 그랑프리 스폰서는 (　　　　　) → 볼보 → (　　　　　　　　)순으로 바뀌었으며 90년부터는 (　　　　　　　)란 명칭으로 바뀌었다.

11 "Davis cup은 세계최고의 테니스 이벤트이다. 이 지위를 지키려면 프로를 초치해야 한다"고 주장했던 사람은? (　　　　　　)

12 초창기 테니스가 한국에 보급되어 경기하는 모습을 보고 "어찌 저런 힘든 일을 하인들에

게 시키지 않고 귀빈들이 하느냐"고 안타까워했다는 일화를 남긴 임금은? (   )

13 우리나라 최초의 테니스 동아리 명칭은 1930년 9월에 조직된 (   )이다.

14 일제가 테니스를 보고 고안해 낸 운동경기가 (   )이다.

15 한국 테니스를 총괄하는 대한테니스협회는 그동안 20여 명의 회장이 있었는데 초대회장은 사업가 (   ) 씨였다.

16 역대 전국체전 중 특이할 만한 대회는 제 33회 전국체전으로서 52년 10월 서울 수복 후 열린 대회에서 (   )대통령은 테니스 시구를 해서 국가원수로선 유일하게 테니스코트에서 대회개막을 선포했다.

17 한국이 세계 국가 대항전에 첫발을 내디딘 대회는 남자(   )년도 (   ) 대회 여자(   )년도 (   )대회였다.

18 Davis cup은 (   ) 대회와 함께 고고한 테니스의 전통을 구축한 유서 깊은 대회이다.

19 테니스의 Davis cup대회는 축구의 월드컵대회와 마찬가지로 남자국가 대항전이다. 1900년에 시작되어 100년이 넘게 청청하게 계속되고 있는 이 국가 대항전은 한 청년의 꿈으로 시작, 세계적인 스포츠 행사로 (   )과 (   )를 초월하여 테니스 기량 향상과 (   )터를 제공했다.

20 제 1회 Davis cup이 열린 장소는 어디인가? (   )

① 런던 ② 파리 ③ 하버드 교정 ④ 보스턴 ⑤ 뉴욕

21 테니스계의 성배같은 존재로 환희의 상징으로도, 축배로도 불리는 이 컵은 세 차례의 수리를 했으며 우승국의 은행금고에 보관돼 무장경관이 지켰다 한다. 이 컵의 이름은? (   )

22 초기의 (   )컵은 순은으로 얇게 도금한 높이 12inch 구경 18inch 무게 217온스였는데 원래 이 컵의 정식 명칭은 (   ) trophy였다고 한다.

23 Davis cup은 첫날 (   )경기 둘째는 (   )경기 셋째 날 단식 2경기를 3일에 걸쳐서 치르며 (   )선승을 하는 국가가 승리한다.

24 Davis cup은 초창기 두 국가만의 경기였는데 미국과 영국은 몇 년도까지 두 나라가 경기를 치렀으며 두 국가간의 승률은 어떻게 되었는가? (   )

25 Davis cup의 경기가 중단된 이유는 무엇이며 몇 차례나 중단되었는가?
( )

26 Davis cup 70년대엔 50개국 80년대엔 60개국으로 불어났는데 그때까지 70여 차례 cup을 소유한 국가는 미, 영, ( ), ( ) 등 4개국에 지나지 않았다.

27 Davis cup을 창단한 ( ) 씨는 훗날 ( )의 총독이 되어 1932년 퇴임했으며 2차 세계대전이 발발하자 육군소장으로 특수부대 총지휘관을 역임했다. 그리고 1945년 11월 28일 66세로 타계, 젊은 날의 꿈을 실현시킨 그는 1931년 데이비스컵 토너먼트의 신조에 대하여 다음과 같은 글을 남겼다.

> "데이비스컵 대회의 이 같은 대성공은 참가하는 각국의 테니스 관계자가 사심을 버린 노력, 참가선수들의 훌륭한 스포츠맨십과 갈고 닦은 기량 여기에 스포츠에 대한 ( )과 ( )한 대항심이 ( )되어 이루어졌다. 스포츠맨십에는 ( )이 없다. 스포츠맨십이야 말로 세계인들이 ( )하고 통할 수 있는 ( )이다"

28 1920년부터 연속 7회의 데이비스컵을 미국에 안겨준 대표적인 선수는 ( )과 ( )이다.

29 테니스가 오늘날과 비슷한 코트 갖고 경기를 치르며 현재의 테니스 코트를 창출한 대회는 ( )년도 ( )에서 치른 경기가 주춧돌이 되었다.

30 초기의 테니스는 라켓을 사용하지 않고 ( )으로 볼을 치는 경기였다.

31 경기 중 박수를 보내서는 안 되는 경우는? ( )
① 선수의 파인 플레이 시 ② 타국선수 에러 시
③ 인플레이 시 ④ 시합이 끝난 뒤

32 테니스 윤리규정에는 선수들이 지켜야 한 도덕적인 면도 포함되어 있으며 스포츠맨십에 관한 내용들도 강조되고 있다.

> "상대선수를 항상 ( )하는 습관을 가져라. 항상 ( )을 다해서 플레이 할 것이며 스포츠맨은 모든 경기에서 ( ) 넘치고 ( )으로 뛰는 것이 중요하다"

33 1920년부터 7회 연속 Davis cup을 미국에 차지했는데 27년 세계테니스계를 깜짝 놀라게 할 만한 사건이 있었다. 필라델피아 저먼클리켓 클럽에서 ( )팀은 세계를 경천동지(驚天動地) 시켰는데 사람들은 이 선수들 4명을 알렉산드로 뒤마 소설에 나오는 영웅과 견주어 Four Musketeers( )라고 불렀는데 이 네 선수는 누구인가?

34 라꼬스떼 의류상표를 창안한 사람은 (프랑스)의 테니스 선수이다. 미국에 경기를 하러 갔다 악어가방을 구입하지 못한 한을 훗날 설립한 의류상표를 악어상표로 만든 라꼬스떼 의류 창업자가 된 이 선수는? (　　　　　　　　　　)

35 70년대 이 나라의 국익을 신장시키는 3대 산업 중 하나로 꼽을 만큼 유명한 테니스 선수가 있었다. 볼보, Rock그룹 ABBA와 더불어 이 나라를 전 세계에 널리 홍보했던 선수와 국가는? (　　　　　　　　　　)

36 필라(의류)제품을 입고 테니스계에서 움직이는 광고탑 역할을 하여 필라 상표가 붙은 의류를 세계적인 상표로 만드는 데 1등 공신 역할을 한 선수는 누구인가? (　　　　　　)

37 호주의 Davis cup 성적은 2차대전이 끝난 후 기적을 낳는 감독 호주의 전설적인 감독이며 최다우승 감독인 (　　　　　)감독에 의하여 호주시대를 열었으며 한 시대를 풍미했다. 특히 이 감독은 "늙은 여우"라고도 불리었으며 스파르타식 훈련의 신봉자이며 격렬한 훈련과 엄격한 귀가시간, 식사매너를 중요시했으며 이를 어기면 벌금을 물리기도 했다.

38 윔블던을 5연패하여 테니스의 황제라고 부르는 선수는? (　　　　　　　　　)

39 테니스 코드의 철녀(鐵女)라고 부르며 우리나라를 방문하기도 했던 서브 앤 발리의 귀재며, 대표적인 선수는? (　　　　　　　　　　　)

40 한때 세계랭킹 1위까지 랭크되었으며 테니스코드의 터미네이터라는 별명을 얻었으며 클레이코드의 왕자였던 선수는? (　　　　　　　　　　)

41 영화 러브스토리의 주인공 라이언 오닐의 딸(데이텀 오닐)과 결혼하였으며, 전 미국 데이비스컵 감독이며 서브 앤 발리가 뛰어났던 선수이다. 안드레 애거시와 함께 우리나라에도 방문한 적이 있으며, 코트의 악동이라는 별명이 붙어 다녔던 80년대 한 시대를 풍미한 미국의 테니스 스타플레이어는 누구인가? (　　　　　　　　)

42 토스한 볼이 좋지 않아 서브하지 않고 손으로 받았을 때는? (　　)
① 폴트이다.　　　　　　② 제1서비스부터 다시한다.
③ 심판에게 경고 받은 후 제1서비스 한다.

43 제1서브를 틀린 코트에서 폴트 했다면 올바른 코트에서는? (　)
① 제2서브만 한다.　　　② 제1서비스부터 한다.
③ 처음부터 게임을 다시 한다.

44 서브한 볼이 permanent fixture 닿은 후 지면에 닿는다면? (　)
① let이다.　　　② fault이다.　　　③ 유효하다.

45 최근에 테니스의 규칙이 변경되었다. 크게 2가지가 있는데 어떤 규칙이 생겼는지 쓰시오.

---

46 그랜드슬램대회를 관장하는 ITF의 본부는 어디에 위치하고 있는가? (　　　　　)

47 스트로크와 서비스 우주로 플레이하며 '99년 호주오픈을 우승한 러시아 출신의 선수는 누구인가? (　　　　　　)

48 '88년 윔블던을 제외한 3개의 그랜드슬램대회를 석권한 선수는 어느 나라의 선수인가? (　　　　　　)

49 의류 엘레세(테니스볼 반쪽마크)를 세계적인 메이커로 성장시키는 데 일익을 했으며 70년대 미국의 테니스 스타 지미 코너스와 약혼까지 했던 미모의 테니스 선수는 누구인가? (　　　　　　)

50 윔블던 단식 5연패(남), 6연패(여) 선수는 누구인가? (　　　　　　　　)

51 우리나라 테니스는 아시아 존에서 위력을 떨치고 있는데, 유사 이래 100위(남) 내에 랭크된 선수는 누구인가? (　　　　　　)

52 우리나라 테니스 선수 중(남) 윔블던 본선에 출전했던 선수는 몇 명인가? (　　　　)

53 현재는 미국에 거주하고 있지만 유고출신의 선수로 90년대 초반 그랜드슬램에서 10차례나 우승을 한 여자선수는 누구인가? (　　　　　　　　)

54 '85년 당시 윔블던 최연소 타이틀을 획득했으며 이듬해에 다시 윔블던을 우승한 선수는 누구인가? (　　　　　　)

55 동양의 단신으로 최초로 그랜드슬램대회에서 89년 그가 우승한 대회와 선수는 누구인가? (　　　　　　)

56 1970년도에 그랜드 슬래머가 된 선수는 어느 나라 출신 누구인가? (　　　　　)

57 경기 중 떨어뜨린 모자 위에 상대의 타구가 맞았다면 누구의 포인트인가?
(　　　　)

58 한국 테니스가 세계무대에 진출해서 좋은 성적을 올리지 못하는 이유와 한국 테니스의 발전 방향에 대해서 100자 이내로 기술하시오.

※ O, X 문제

1 게임이 끝난 후엔 네트를 뛰어넘어 환호해도 좋다. ( )

2 관중은 경기 중 심판이 미쳐 못 본 아웃, 폴트 등을 손짓이나 call하여 심판에게 알릴 수 있다. ( )

3 게임 중인 코트주변을 통과할 때는 가능한 빨리 해야 한다. ( )

4 자신의 에러로 탓하면서 "바보" "멍청이" 등을 자신에게 꾸짖는 것은 위반이다. ( )

5 서비스는 언더핸드나 오버핸드 등 어떠한 폼으로 구사해도 위반이 아니다. ( )

6 서브를 넣는 area는 베이스라인 뒤 어디든 가능하다. ( )

7 서브를 넣는 순간 베이스라인 약간 안쪽에서 구사하면 풋폴트가 아니다. ( )

8 서브를 넣은 어느 쪽 발도 베이스라인 뒤 센터마크와 사이드라인 가상 연장선 사이 이외의 구역을 밟아서는 안 된다. ( )

9 서버는 보행 또는 주행에 의해 그 위치를 바꿔도 된다. ( )

10 서버는 최초에 취한 위치를 실질적으로 바꾸지 않았을 때는 풋폴트라고 보지 않는다. ( )

11 양발은 베이스라인 뒤 센터마크 가상 연장선 사이 이외의 구역을 밟아도 풋폴트가 아니다. ( )

12 틀린 쪽의 사이드에서 서비스한 후 실점한 뒤 그 이유를 들어 바른쪽에서 다시 플레이를 요구할 수 있다. ( )

13 두 개의 볼을 한꺼번에 토스하면 폴트이다. ( )

14 서브한 볼이 네트에 닿지 않고 리시버의 몸이나 소지품에 닿았을 때는 서버의 득점이 될 수 없다. ( )

15 오른손잡이가 왼손으로 라켓을 잡아 서비스하면 테니스룰에 어긋난다. (   )

16 서브한 볼이 라인즈맨(선심)에 닿으면 폴트이다. (   )

17 라시버가 준비를 늦게 하면 서비스를 넣어도 무방하다. (   )

18 사이드라인 1cm 정도 닿으면 in이다. (   )

19 리시브한 볼이 터지면 서버의 득점이다. (   )

20 리시브하는 순간 손에 맞고 상대코트에 유효하게 들어갔다. (   )

21 게임 중 볼의 에어가 감소하면 심판의 특별한 지시가 없는 한 계속 진행해야 한다. (   )

22 베이스라인과 사이드라인 선상에 바운드 된 볼은 in으로 간주한다. (   )

23 인플레이중 플레이어의 엘보링이 상대코트로 날아가 떨어지면 플레이어의 실점이다. (   )

24 라켓을 불가피하게 던져서 임팩트 시켜 포인트를 얻었을 경우에는 유효하다. (   )

25 볼을 친 후 라켓을 놓쳐 그 라켓이 네트에 닿았을 경우 포인트를 잃지 않는다. (   )

26 인플레이중 모자, 옷, 소지품 등이 네트에 살짝 닿으면 플레이어의 실점이다. (   )

27 실내경기에서 천장의 라이트(전등)에 닿았을 경우 그 볼을 친 플레이어는 실점이 아니다. (   )

28 친 볼이 상대코트에 바운드 된 후 선심에 닿을 경우 이 볼을 받아내지 못한 상대는 실점하지 않는다. (   )

29 인플레이중 발끝이 네트 아래로 상대 쪽으로 넘어가면 플레이어의 실점이다. (   )

30 볼이 네트를 넘어 오기 전에 네트를 건드리지 않고 쳤을 경우는 오버네트가 아니다. (   )

31 네트 위에서 볼이 구르고 있는 동안은 볼을 타구해서는 안 된다. (   )

32 고의적인 더블히트는 실점이나 심판의 판정에 고의성이 없으면 유효하다. (   )

33 코트에 2번 바운드 된 것을 투 바운드라고 한다. (   )

34 타구가 네트 포스트 옆(네트 위를 넘지 않고)으로 통과해 상대코트로 들어갔을 경우에는 유효하지 않다. (   )

35 게임도중 다른 코트에서 볼이 굴러 왔을 때 심판의 판정으로 게임에 지장이 없으면 그대로 계속 진행한다. ( )

36 서비스 순서를 잘못했을 때는 발견된 즉시 바른 순서의 서버가 한다. 잘못된 채로 행해진 포인트는 무효로 하고 다시 한다. ( )

37 잘못된 서비스 순서르 게임이 끝났을 때는 그 서비스 순서를 변경된 채로 계속한다. ( )

38 손에 든 라켓 이외의 물건에 타구가 맞으면 물건을 소유한 선수는 포인트를 잃지 않는다. ( )

39 인플레이중 볼이 공중에서 부딪힐 경우 let이 되며 첫 번째 서비스를 실패했을 경우에는 제2서비스부터 한다. ( )

40 세트가 끝나야 서버의 순서를 바꿀 수 있으며 리시버의 포지션은 바꿀 수 없다. ( )

41 게임 중(복식) 파트너가 부상일 경우 잠시 파트너를 바꿀 수 있다. ( )

42 서비스 한 볼을 리시버의 발에 다이렉트로 닿았을 경우 리시버의 득점이다. ( )

43 복식게임중 한 선수가 늦게 도착할 경우 심판에게 보고한 후 혼자서도 상대 3명과 게임을 진행할 수 있다. ( )

44 더블스코트에서 싱글스 스틱을 세우고 싱글스 게임을 하고 있는데 타구가 더블스 네트포스트에 맞고 상대코트에 들어가면 유효하다. ( )

테니스 주관식 문제

1 테니스 스트로크 동작에서 임팩트 시 라켓 헤드를 지면과 평행하게 해야 좋은 스트로크를 구사할 수 있다. 이러한 스윙을 하기 위한 평행스윙의 원리에 대하여 상세히 기술하시오.

2 테니스의 수준을 초보자, 중 · 상급자로 분류할 수 있는데, 초보자의 경우 기본원리, 유의할 점 등 초보자가 갖추어야 할 초보자의 자세를 약 5가지로 열거할 수 있다. 이러한 초보자의 자세(태도)에 대하여 기술하시오.

3 테니스 테크닉 중 drop shot은 정교한 SHOT 중 하나라고 할 수 있다. 이러한 drop shot의 목적과 자세, 감각을 익히는 데 어떠한 방법으로 해야 하는지 설명하시오.

4 테니스는 대인 경기이기 때문에 반드시 상대(파트너)가 있어야 한다. 그러나 연습 시에는 상대가 없어도 백보드(벽치기)를 이용하면 훌륭한 상대로 삼을 수 있다. 백보드 이용법에 대하여 상세히 기술하시오.

5 테니스와 관련된 스포츠에는 수영, 농구, 줄넘기, 스케이팅 등 여러 타 종목과 유기적인 관계를 맺고 있다. 이 중 스키와 사이클, 노젓기와 테니스의 관계를 설명하시오.

6 테니스는 전통적으로 매너를 중요하게 비중을 두는 스포츠이다. 기본 매너를 지키는 데 약 24가지 정도로 요약할 수 있다. 이러한 기본 매너를 10가지만 기술하시오.

7 라켓스포츠(테니스, 배드민턴, 라켓볼, 스쿼시)의 경기력을 향상시키기 위해서는 약 6가지의 주의점이 있는데, 이러한 사항을 간략하게 기술하시오.

8 테니스를 관전하는 데도 매너가 필요하다. 좋은 매너를 갖기 위해서는 관중으로서 자제하거나 지켜야 할 항목들이 있는데, 5가지만 설명하시오.

9 테니스 경기에서 볼의 스핀은 중요한 테크닉의 하나이다. 언더스핀의 매커니즘에 대하여 자세히 기술하시오.

10 스트로크, 발리, 서비스 등 타점을 몸 앞에서 해야 자신의 체중을 실어 강한 타구를 구사할 수 있는데, 몸 앞에서 타격해야 하는 이유에 대하여 설명하시오.

11 축구의 국가 대항전(국가대표팀 간의 경기)을 A매치라고 칭한다. 테니스의 남자 국가 대항전을 데이비스컵이라고 호칭하는데, 데이비스컵의 유래를 간단하게 기술하시오.

12 테니스의 기원과 역사를 150자 이내로 기술하시오.

13 여름철에 테니스 경기 시 유의사항을 햇볕, 수분, 영양섭취의 요인별로 설명하시오.

14 백핸드 발리 시의 원칙을 설명하시오.

15 테니스의 부상 중 활액낭염에 대하여 설명하시오.

16 훌륭한 서비스의 첫째 조건은 어떤 요인을 꼽을 수 있는지 설명하시오.

17 네트 대시(dash)의 기본 정석에 대하여 설명하시오.

18 테니스 경기 불안증(performance anxiety)의 예방과 치료에 대하여 설명하시오.

19 한 손 백핸드, 양손 백핸드 스트로크의 특성을 비교하시오.

	한 손 백핸드	한 손 백핸드
사용 신체 부위수		
스핀		
위장 효과		
필요한 힘		
그립 체인지		

20 테니스 기량을 향상시키는 보조운동으로서 줄넘기는 어떤 기능을 하는지 상세히 기술하시오.

21 테니스 코트의 꼴불견 10태에 대하여 기술하시오.

22 라켓의 무게와 균형에 대하여 설명하시오.

23 준비운동(워밍업과 쿨링다운)에 대하여 기술하시오.

테니스 객관식 문제

1 국내에서 남녀국제대회는 물론 주니어대회가 동시에 열리는 도시로서 '한국판 그랜드 슬램' 을 연출하는 곳으로서 지방자체 단체의 시설 재활용 프로젝트에 테니스가 관여 되어 있는 인구 13만의 테니스도시는 어디인가?

① 춘천 ② 영주 ③ 부천 ④ 김천 ⑤ 순천

2 미국의 시사주간지 TIME의 표지를 장식한 테니스 스타들의 표지 관련 기재 횟수가 가장 많았던 시기는 언제인가?

① 1920년대 ② 1930년대 ③ 1970년대 ④ 1990년대 ⑤ 2000년대

3 미국의 시사주간지 TIME의 표지를 장식한 테니스 스타들의 표지 관련 제목과 선수의 이름의 매치가 바르지 않은 것은?

① 앨시아 깁슨 - 바로 그녀 깁슨
② 바비 리그스 - 바비는 어떻게 뛰고, 지껄이고 또 지껄일까?
③ 지미 코너스 - 테니스의 무법자
④ 비욘 보그 - 테니스 머신
⑤ 비너스/세레나 윌리엄스 - 자매는 용감했다.

4 역대 선수 중 최초로 커리어 그랜드 슬램을 달성한 선수는 누구인가?

① 프레드 페리 ② 마르티나 힝기스 ③ 마츠 빌란더 ④ 로저 페더러 ⑤ 라파엘 나달

5 다음의 [ ] 에 적절한 단어는?

〈보기〉

주최국인 영국선수보다 외국선수가 더 많이 우승하는 것처럼 영국의 금융기관 소유주가 영국인보다 외국인이 더 많아지는 것을 말한다. [ ] (은, 가, 이)는 1986년 영국이 금융빅뱅을 단행한 이후 금융산업 전반에 개방화, 자유화, 국제화, 겸업화가 빠르게 진행되면서 나타났다. 영국의 금융시장이 개방되자 막강한 자금과 조직의 미국과 유럽의 금융업자들이 영국 금융기관을 인수하기 시작해 영국 10대 증권사 가운데 8개사가 도산하거나 흡수 · 합병되었다. 그러나 이로인해 영국 증권 산업의 전체적 경쟁력은 강화되어 영국 금융기관은 경쟁력이 향상돼 런던이 세계 금융의 중심지로 다시 떠올랐다.

① 로젠탈 효과 ② 마그누스 효과 ③ 리버풀 효과 ④ 비틀즈 효과 ⑤ 윔블던 효과

6 1987년 미화 9,400만 달러의 개발비로 세워진 이 센터코트는 700톤 무게의 지붕이 분당 1.3m의 속도로 20분이면 전체를 완전히 씌울 수 있는 있는 것이 특징이다. 1988년 그랜드 슬램 대회 중 하나인 대회가 이 스타디움에서 개최되었으며, 테니스 외 농구, 체조, 복싱, 수영 등의 다양한 경기가 개최되는 이 스타디움의 이름은?

① 아리아케 콜로세움 ② 로랑가로스 스타디움 ③ 아더 애쉬 스타디움
④ 로드 레이버 아레나 ⑤ 메디슨 스퀘어 가든

7 2011년 최종 테니스 세계랭킹 1위의 기록을 달성한 남녀 선수의 이름이 바르게 짝지어진 것은(남자-여자 선수 순임)?

① 라파엘 나달-워즈니아키 캐롤라인
② 머레이 앤디-페트라 크비토바
③ 노박죠코비치-워즈니아키 캐롤라인
④ 라파엘 나달-마리아 사라포바
⑤ 노박죠코비치-마리아 사라포바

8 다음은 2011년 스페인 북부에서 열린 ATP서키트(랭킹 200~500위)에 참가한 몇 몇 선수들이 경기 중에 달린 거리를 측정한 내용들이다. ㉮, ㉯에 적절한 코트의 명칭은?

선수들의 평균 이동거리		
매치의 유형	㉮ 코트	㉯ 코트
한번의 샷	4m	4m
1포인트	16m	28m
1게임	96m	168m
1세트	960m	1680m
1매치	2,880m	5,040m

	㉮	㉯
①	잔디 코트	하드 코트
②	클레이 코트	하드 코트
③	빠른 코트	느린 코트
④	느린 코트	잔디 코트
⑤	클레이 코트	카페트 코트

9 1943년 11월 미국의 캘리포니아 롱비치에서 태어난 그녀는 1960년대 당시 세계 여자 테니스계를 주름 잡았고 마가렛 스미스 코트의 라이벌로 한 시대를 주름잡았다. 1983년 은퇴할 때까지 총 39개의 그랜드슬램 타이틀을 보유한 그녀는 1996년 애틀랜타 올림픽에서 여자테니스에 걸린 금메달 2개를 독식했을 뿐만 아니라 감독으로서도 명성을 날렸는데 그녀는 누구인가?

① 크리스 에버트 ② 빌리진 킹 ③ 제니퍼 카프리아티 ④ 트레이시 오스틴 ⑤ 팜슈라이버

10 5대 그랜드 슬램이라고 불리는 남자선수들이 출전하는 마스터스 대회가 아닌 것은?

① 몬테카를로 ② 인디언웰스 ③ 마드리드 ④ 로마 ⑤ 한솔오픈

11 2011년 호주오픈에서 우승한 여자선수는 누구인가?

① 리나 ② 사라포바 ③ 클리스터스 ④ 비너스 윌리암스 ⑤ 쿠즈넷소바

12 2011년도 윔블던 남녀 단식 우승자가 올바르게 제시된 항목은?

	남자	여자
①	죠코비치	사라포바
②	나달	에넹
③	페더러	윌리암스
④	죠코비치	크비토바
⑤	나달	리나

13 미국의 흑인 선수로서 1968년 U. S 오픈에서 정상에 올랐으며, 1970년 호주오픈에서 우승을 차지했고, 1975년에는 흑인 최초로 윔블던에서 우승하여 인종 장벽을 허물었던 미국의 데이비스컵 대표 선수였던 그는 누구인가?

① 지미코너스 ② 야니 노아 ③ 존 뉴컴 ④ 아더 애시 ⑤ 게룰라이티스

14 2012년 현재, 다음에 개최되는 4대 그랜드 슬램 테니스 대회 중 상금이 가장 많은 대회는?

① 미국 오픈 ② 프랑스 오픈 ③ 호주 오픈 ④ 윔블든 대회

15 2010년 한화 약 114억 원의 상금을 획득하여 세계 1위를 기록한 남자선수는 누구인가?

① 죠코비치 ② 로저 페더러 ③ 마디 피시 ④ 앤디 머레이 ⑤ 라파엘 나달

16 2010년 인구 800만의 작은 나라이면서 테니스로 세계를 호령하면서 당당히 데이비스컵 우승을 거머쥔 동구권의 국가는?

① 헝가리 ② 체코 ③ 세르비아 ④ 슬로바키아 ⑤ 스위스

17 현재까지 남녀 통틀어서 세계 랭킹 1위를 가장 오랫동안 기록했던 선수는 누구인가?

① 스테피 그라프 ② 피트 샘프러스 ③ 지미코너스 ④ 로저 페더러 ⑤ 비욘 보리

18 4대 그랜드 슬램대회 출전에 직행하기 위해서는 세계 랭킹 100위권 내에 들어야 하는데 이 랭킹에 들기만 하면 1년에 4대 그랜드 슬램 출전만으로 상금을 챙길 수 있다. 왜냐하면 1회전에서 탈락해도 최소 상금을 받기 때문이다. 그렇다면 4대 그랜드 슬램 출전만으로 상금을 챙길 수 있는 상금은 얼마인가?

① 4천만 원 ② 2천만 원 ③ 1억 6천만 원 ④ 1억 2천만 원 ⑤ 8천만 원

19 120년의 테니스 역사상 금발도 아니며, 파란 눈도 아닌 황색의 피부를 가진 아시아계 선수가 2011년 프랑스 오픈에서 우승을 차지했다. 테니스 역사상 4대 그랜드 슬램대회에서 아시아 국가의 선수가 그랜드 슬램 단식을 우승한 적은 단군 이래 한 번도 없었기 때문에 더욱 의미가 크다. '충격적인 사건' 을 일으킨 그 선수는 누구인가?

① 다테 기미코 ② 리나 ③ 마이클 창 ④ 마이클 창 ⑤ 슈조 마쓰오카

20 테니스 스타들은 광고에 출연하여 우승상금 말고도 많은 수익을 챙기고 있다. 2010년 포브스가 발표한 '가장 많이 광고 수익을 올린 선수' 1위에 한화 약 288억 원을 벌어들인 마리아 사라포바를 꼽고 있다. 그녀는 섹시한 컨셉이미지로 광고시장에서 인기를 끌고 있다. 광고에 출연한 테니스 스타와 광고주(회사)가 바르게 연결되지 않은 항목은?

① 나달-조르지오 아르마니
② 사라포바-에비앙 생수
③ 페더러-기아자동차
④ 스토서-ANZ광고 모델
⑤ 클리스터스-필라코리아

당신은 테니스에 대해서 얼마나 알고 계십니까? 본 문제는 테니스 테크닉을 초월하여 테니스에 대한 다양한 상식과 뒷면에 숨어 있는 재미있는 기사를 문제화했습니다. 테니스를 접근하는 데 작은 도움이 되었으면 하는 마음입니다. 정답은 메디컬코리아 홈페이지를 참조하시기 바랍니다.

홈페이지 주소 : www.medical-korea.co.kr

제10회 서울 아시안게임 테니스 경기전적

● 남자 단체전

(9. 22~10. 3, 올림픽공원)

1회전

1. 한국
2. BYE
3. KUWAIT
4. NEPAL
5. INDONESIA
6. BYE
7. BYE
8. INDIA
9. PHILIPPINE
10. QATAR
11. BYE
12. THAILAND
13. JAPAN
14. PAKISTAN
15. BYE
16. CHINA

준준결승

- 한국
- NEPAL (2–1)
  S:6/2, 6/3
  S:6/7, 6/0
  D:6/3, 6/3
- INDONESIA
- INDIA
- PHILIPPINE (3–0)
  S:6/0, 6/0
  S:6/1, 6/0
  D:6/0, 6/0
- THAILAND
- PAKISTAN (2–1)
  S:6/1, 7/5
  S:6/1, 7/6
  D:6/3, 3/6, 2/6
- CHINA

준결승

- 한국 (3–0)
  S:6/0, 6/0
  S:6/1, 6/0
  D:6/2, 6/1
- INDONESIA (3–0)
  S:4/6, 6/3, 6/2
  S:6/2, 6/2
  D:7/6, 4/6, 6/3
- THAILAND (2–1)
  S:7/6, 1/6, 6/4
  S:7/6, 4/6, 1/6
  D:7/6, 3/6, 6/2
- CHINA (2–1)
  S:6/3, 6/7,3/6
  S:6/1, 6/2
  D:4/6, 6/3, 6/2

결승

- 한국 (2–1)
  S:4/6, 6/4, 6/8
  S:6/7, 6/0, 6/2
  D:6/3, 6/4
- CHINA (2–1)
  S:6/2, 6/7, 2/6
  S:6/1, 7/6
  D:6/4, 6/1

우승: 한국 (2–1)

송동욱	6/3, 6/4	마커친
유진선	6/4, 6/4	류슈화
송동욱 김봉수	4/6, 6/1, 6/8	유웨이 지에자오

SEEDED NATIONS

1. 한국
2. CHINA
3. THAILAND
4. INDONESIA

3, 4위전

INDONESIA – THAILAND
THAILAND (3–0)
S:5/7, 6/4, 6/1
S:6/3, 6/3
D:6/2, 7/6

● 여자 단체전

1회전

1. JAPAN
2. INDIA
3. 한국
4. HONG KONG
5. INDONESIA
6. PHILIPPINE
7. THAILAND
8. CHINA

준준결승

- JAPAN (3–0)
  S:3/6, 6/2, 6/2
  S:6/7, 2/6
  D:6/3, 6/3
- 한국 (3–0)
  S:6/0, 6/0
  S:3/6, 7/5, 6/2
  D:6/1, 6/0
- INDONESIA (3–0)
  S:6/2, 4/6, 6/2
  S:6/4, 6/0
  D:6/4, 4/6, 7/5
- CHINA (2–1)
  S:6/3, 6/4
  S:1/6, 6/1, 3/6
  D:7/6, 6/0

준결승

- 한국 (3/0)
  S:6/3, 6/4
  S:6/1, 6/1
  D:7/6, 6/4
- CHINA (2–1)
  S:2/6, 0/6
  S:6/3, 7/5
  D:3/6, 6/1, 6/4

결승

CHINA (2–1)

종니	2/6, 1/6	김일순
라신니	5/7, 6/3, 7/5	이정순
라신니 종니	6/4, 1/6, 6/2	이정순 김일순

SEEDED NATIONS

1. JAPAN
2. CHINA
3. 한국
4. PHILIPPINE

3, 4위전

JAPAN – INDONESIA
INDONESIA (3–0)
S:5/7, 6/1, 6/2
S:6/1, 6/1
D:6/2, 7/6

1986 SEOUL ASIAN TENNIS GAMES (올림픽공원 테니스 경기장)

● 남자 단식

1회전

①	1. 유진선	(한국)
	2. BYE	
	3. FERNANDO A.	(SRI)
	4. AL-MULLA A.	(OAT)
	5. AL-HASHMI F.	(KUW)
	6. THONGKHAMCHOO W.	(THA)
	7. BYE	
⑥	8. WIBOWO T.A	(INA)
④	9. LIU S.H	CHN)
	10. BYE	
	11. ZIA M.K	(PAK)
	12. SHAHI S.R	(NEP)
	13. FERREIRA M.	(IND)
	14. SO R.	(PHI)
	15. BYE	
⑤	16. TSUCHIHASHI T.H	(JPN)
⑧	17. MA K.Q	(CHN)
	18. BYE	
	19. RAFAEL R.	(PHI)
	20. BIN ABDUL M.A	(MAL)
	21. ASHKANANI K.	(KUW)
	22. AL-KUWARI M.	(QAT)
	23. BYE	
③	24. UAMMONGKOL S.	(THA)
⑦	25. MURAKAMI T.H	(JPN)
	26. BYE	
	27. ASLAM H.	(PAK)
	28. PIERNO E.	(IND)
	29. TARIK J.	(INA)
	30. GHALE K.R	(NEP)
	31. BYE	
②	32. 김봉수	(한국)

2회전

대진	승자	스코어
1–2	유진선(한국)	
3–4	FERNANDO A.(SRI)	2-0(6/3,6/3)
5–6	THONGKHAMCHOO W.(THA)	2-0(6/3,6/2)
7–8	WIBWO T.A(INA)	
9–10	LIU S.H(CHN)	
11–12	ZIA M.K(PAK)	2-0(6/3,6/3)
13–14	SO R.(PHI)	2-0(6/4,6/1)
15–16	TSUCHIHASHI T.H(JPN)	
17–18	MA K.Q(CHN)	
19–20	RAFAEL R.(PHI)	2-1(6/3,6/7,8/6)
21–22	ASHKANANI K.(KUW)	
23–24	UAMMONGKOL S.(THA)	
25–26	MURAKAMI T.H(JPN)	
27–28	ASLAM H.(PAK)	2-0(6/3,6/4)
29–30	TARIK J(INA)	2-0(6/3,6/2)
31–32	김봉수(한국)	

준준결승

승자	스코어
유진선(한국)	2-0(6/3,6/3)
THONGKHAMCHOO W.(THA)	2-1(6/7,6/4,7/5)
LIU S.H(CHN)	2-0(6/3,6/3)
SO R.(PHI)	2-1(4/6,6/4,6/3)
MA K.Q(CHN)	2-1(6/3,6/7,8/6)
UAMMONGKOL S.(THA)	2-0(6/1,6/4)
MURAKAMI T.H(JPN)	2-0(6/3,6/4)
김봉수(한국)	RETIRED

준결승

승자	스코어
유진선(한국)	2-0(6/3,6/2)
LIU S.H(CHN)	2-0(6/4,6/1)
UAMMONGKOL S.(THA)	
김봉수(한국)	2-0(6/3,6/2)

결승

승자	스코어
유진선(한국)	2-0(6/2,6/4)
유진선(한국)	2-1(6/4,6/7, 6/3)

우승	스코어
유진선(한국)	2-1 (6/0, 4/6, 6/3)

3, 4위전

대진	승자	스코어
LIU S.H(CHN) – UAMMONGKOL S.(THA)	LIU S.H(CHN)	2-0 (6/3, 6/1)

1986 SEOUL ASIAN TENNIS GAMES (올림픽공원 테니스 경기장)

● 남자 복식

1회전

시드	선수	국가
①	1. MA/LIU	(CHN)
	2. BYE	
	3. PIPERNO/FEIRREIRA	(IND)
	4. ASHKANANI K./ASHKANAIA	(KUW)
	5. GHALE/RAJAKAR	(NEP)
	6. BYE	
	7. BYE	
⑥	8. UAMMONGKOL/SAMRET	(THA)
③	9. 전영대/송동욱	(한국)
	10. BYE	
	11. ASLAM/H.U	(PAK)
	12. WALALANGI/SULISTIONO	(INA)
	13. TSUCHIHASHI/MURAKAMI	(JPN)
	14. BYE	
	15. BYE	
⑦	16. TOLENTINO/SO	(PHI)
⑧	17. TARIK/SUHARYADI	(INA)
	18. BYE	
	19. SUAREZ/RAFAEL	(PHI)
	20. MALIK/ZIA	(PAK)
	21. AL-MULLA/AL-KUWARI	(QAT)
	22. RAMESH/MANOJ	(IND)
	23. BYE	
④	24. SRICHANPHAN/THONGKHAMCHOO	(THA)
⑤	25. 유진선/김봉수	(한국)
	26. BYE	
	27. BYE	
	28. YOU/XIE	(CHN)
	29. LAMA/SHAHI	(NEP)
	30. AL JOUHAR/ALSHWAK	(KUW)
	31. BYE	
②	32. SHIBUYA/UEDA	(JPN)

2회전

승자	스코어
MA/LIU	
PIPERNO/FERREIRA	2-0(6/2,6/1)
GHALE/RAJAKAR	
UAMMONGKOL/SAMRET	
전영대/송동욱(한국)	
WALALANGI/SULISTIONO	2-1(6/3,2/6,6/4)
TSUCHIHASHI/MURAKAMI	
TOLENTINO/SO	
TARIK/SUHARYADI	
SUAREZ/RAFAEL	2-1(2/6,6/3,6/4)
RAMESH/MANOJ	2-0(6/2,6/2)
SRICHANPHAN/THONGKHAM CHOO	
유진선/김봉수	
YOU/XIE	
LAMA/SHAHI	2-1(6/7,6/1,9/7)
SHIBUYA/UEDA	

준준결승

승자	스코어
MA/LIU	2-0(7/6,6/4)
UAMMONGKOL SAMRET	2-0(6/3,6/1)
WALALANGI SULISTION	2-0(7/6,7/6)
TOLENTINO SO	2-0(6/4,6/4)
SUAREZ RAFAEL	2-0(6/2,6/3)
SRICHANPHAN THONGKHAMCHOO	2-0(6/2,6/3)
유진선 김봉수	2-0(6/4,6/2)
SHIBUYA UEDA	2-0(6/0,6/1)

준결승

승자	스코어
MA/LIU	2-0(7/5,7/5)
WALALANGI SULISTION	2-1(3/6,6/3,6/2)
SUAREZ RAFAEL	2-0(7/6,6/3)
유진선 김봉수	2-0(6/3,6/3)

결승

승자	스코어
MA/LIU	2-0(6/0,6/3)
유진선 김봉수	2-0(6/3,6/3)

우승: 유진선 김봉수 2-1 (3/6,6/4,17/15)

3, 4위전

대전	승자	스코어
WALALANGI SULISTION vs SUAREZ RAFAEL	WALALANGI SULISTION	2-1 (1/6, 7/5, 6/2)

1986 SEOUL ASIAN TENNIS GAMES (올림픽공원 테니스 경기장)

● 여자 단식

	1회전	준준결승	준결승	결승	
①	1. LI XINYI(CHN)	LI XINYI(CHN) 2-0(6/0,6/3)	LI XINYI(CHN) 2-0(6/3,6/1)	LI XINYI(CHN) 2-0(7/6,6/1)	LI XINYI(CHN) 2-0(6/3,6/3)
	2. KWOK LISA(HKG)				
	3. RANGARAJAN N.(IND)	KACHAROEN S.(THA) 2-0(6/3,7/6)			
	4. KACHAROEN S.(THA)				
③	5.NAKAZAKA H.J(JPN)	김수옥(한국) 2-0(6/1.6/0)	김수옥(한국) 2-0(6/2,5/7,6/1)		
	6. 김수옥(한국)				
	7. SABERON J.(PHI)	ANGGARKUSUMA S.(INA) 2-0(6/1,6/2)			
	8. ANGGARKUSUMA S.(INA)				
	9. ZHONG NI(CHN)	ZHONG NI(CHN) 2-0(6/3,6/3)	ZHONG NI(CHN) 2-0(6/2,6/1)	이정순(한국) 2-1(4/6,6/3,6/4)	
	10. MORENO P.(HKG)				
	11. KOMARAKUL N.N.J(THA)	KOMARAKUL N.N.J(THA) 2-1(6/3,6/7,6/4)			
④	12. CASTILLEJO D.(PHI)				
	13. MORIK WA M.S(JPN)	MORIKAWA M.S(JPN) 2-0(6/2,6/2)	이정순(한국) 2-0(6/3,6/2)		
	14. BALACHANDARAN A.(IND)				
	15. MASUKI S.R(IND)	이정순(한국) 2-0(6/3,6/2)			
②	16. 이정순(한국)				

3, 4위전

김수옥(한국)	김수옥(한국) 2-0(6/2,6/4)
ZHONGNI (CHN)	

1986 SEOUL ASIAN TENNIS GAMES (올림픽공원 테니스 경기장)

● **여자 복식**

시드	1회전	준준결승	준결승	결승
①	1. YOKOTA/IIDA(JPN)	YOKOTA/IIDA	ANGGARKUSUMA BASUKI 2-0(6/2,6/4)	ANGGARKUSUMA BASUKI 2-1 (0/6,6/3,6/1)
	2. BYE			
	3. ANGGARKUSUMA/BASUKI(INA)	ANGGARKUSUMA/BASUKI		
	4. BYE			
③	5. 신순호/박양자(한국)	신순호/박양자	신순호 박양자 2-0(6/4,6/0)	
	6. BYE			
	7. LI/ZHONG(CHN)	LI/ZHONG 2-0(6/1,6/3)		
	8. BALACHANDARAN/RANGARAJAN(IND)			
	9. MORIKAWA/NAKAZAKA(JPN)	MORIKAWA/BAKAZAKA 2-0(6/1,6/3)	MORIKAWA BAKAZAKA 2-1(7/6,5/7,6/4)	이정순 김일순 2-0(7/5,6/2)
	10. PU/DUAN(CHN)			
	11. BYE	CASTILLEJO/SABERON		
④	12. CASTILLEJO/SABERON(PHI)			
	13. MORENO/KWOK(HKG)	KOMARAKUL/KACHAROEN	이정순 김일순 2-0(6/3,6/1)	
	14. KOMARAKUL/KACHAROEN(THA)			
	15. BYE	이정순/김일순		
②	16.이정순/김일순(한국)			

우승: ANGGARKUSUMA BASUKI 2-1 (6/3,6/7,6/4)

3, 4위전

신순호/박양자(한국)	신순호/박양자 2-0(6/2,6/1)
CASTILLEJO/SABERON(PHI)	

1986 SEOUL ASIAN TENNIS GAMES (올림픽공원 테니스 경기장)

● 혼합복식

1회전

① 1. 유진선/이정순(한국)
2. BYE
3. SHIBUYA/YOKOTA(JPN)
4. FERREIRA/RANGARAJAN(IND)
③ 5. XIE/PU(CHN)
6. SAMRET/KACHAROEN(THA)
7. SUAREZ/CASTILLEJO(PHI)
8. WIBOWO/ANGGARKUSUMA(INA)
9. 전영대/신순호(한국)
10. PIPERNO/BALACHANDARAN(IND)
11. SUHARYAD/BASUKI(INA)
④ 12. RAFAEL/SABERON(PHI)
13. YOU/ZHONG(CHN)
14. SRICHAPHAN/KOMARAKUL(CHA)
15. BYE
② 16. UEDA/IIDA(JPN)

준준결승

- 유진선/이정순
- FERREIRA/RANGARAJAN 2-0(4/6,6/3,6/2)
- SAMRET/KACHAROEN 2-0(6/3,6/3)
- WIBOWO/ANGGARKUSUMA 2-0(6/2,6/2)
- 전영대/신순호 2-1(7/6,4/6,6/3)
- SUHARYAD/BASUKI 2-0(6/4,6/3)
- YOU/ZHONG 2-1(4/6,7/6,7/5)
- UEDA/IIDA(JPN)

준결승

- 유진선 이정순 2-0 (6/3,7/5)
- WIBOWO ANGGARKUSUMA 2-0 (6/2,7/6)
- 전영대 신순호 2-1 (2/6,6/2,9/7)
- YOU ZHONG 2-0 (7/5,7/5)

결승

- 유진선 이정순 2-1 (6/3,3/6,6/4)
- YOU ZHONG 2-0 (6/3,7/6)

우승

- 유진선 이정순 2-1 (7/6,6/1)

3, 4위전

WIBOWO ANGGARKUSUMA (INA)
전영대/신순호 (한국)

- WIBOWO ANGGARKUSUMA 2-1 (4/6,7/5,6/3)

1988 SEOUL OLYMPIC TENNIS GAMES (올림픽공원 테니스 경기장)

● **남자단식(MEN'S SINGLES)**

Players	1st Round
1. EDBERG,STEFAN(SWE) 2. SKOFF,HORST(AUT)	EDBERG,STEFAN 3:0(7:6, 6:2, 6:3)
3. TSUCHIHASHI,TOSHIHISA(JPN) 4. MORENO,AGUSTIN(MEX)	MORENO,AGUSTIN 3:0(7:6, 6:2, 6:4)
5. ALI,ZEESHAN(IND) 6. CABALLERO,VICTOR(PAR)	EDBERG,STEFAN 3:0(7:6, 6:2, 6:3)
7. ALGER,STEPHEN(BER) 8. HLASEK,JAKOB(SUI)	HLASEK,JAKOB 3:0(6:3, 6:4, 6:2)
9. FITZGERRALD,JOHN(AUS) 10. CONNELL,GRANT(CAN)	CONNELL,GRANT 3:1(6:4, 4:6, 6:2, 6:2)
11. ABDULLAH,SADIQ(NGR) 12. SANCHEZ,JAVIER(ESP)	SANCHEZ,JAVIER 3:0(6:2, 7:5, 6:3)
13. CANE,PAOLO(ITA) 14. SREJBER,MILAN(TCH)	CANE,PAOLO 3:1(6:3, 7:6, 4:6, 6:3)
15. MATSUOKA,SHUZO(JPN) 16. SANCHEZ,EMILIO(ESP)	SANCHEZ,EMILIO 3:0(6:3, 6:4, 6:3)
17. MECIR,MILOSLAV(TCH) 18. JELEN,ERIC(FRG)	MECIR,MILOSLAV 3:1(5:7, 6:1, 6:2, 7:6)
19. BLOOM,GILAD(ISR) 20. BATES,JEREMY(GBR)	BATES, JEREMY 3:2(4:6, 6:4, 2:6, 6:2, 9:7)
21. CAMPOREE,OMAR(ITA) 22. FORGET,GUY(FRA)	FORGET,GUY 3:0(6:2, 6:0, 6:3)
23. CHRISTENSEN,MORTEN(DEN) 24. ZIVOJINOVIC,SLOBODAN(YUG)	ZIVOJINOVIC,S 3:0(7:5, 6:2, 6:4)
25. AGENOR,RONALD(HAI) 26. LAVALLE,LEONARDO(MEX)	LAVALLE,LEONARDO RET
27. CASAL,SERGIO(ESP) 28.GURR,MARK(ZIM)	CASAL,SERGIO 3:0(6:2, 6:3, 6:1)
29. KOWALSKI,WOJCIECH(POL) 30. MMOH,TONY(NGR)	MMOH,TONY 3:0(6:2, 6:4, 6:4)
31. SCHAPERS,MICHIEL(HOL) 32. CHESNOKOV,ANDREI(URS)	SCHAPERS, MICHIEL 3:1(6:3, 5:7, 6:0, 6:2)

2nd Round
EDBERG 6:2, 7:6(7:2), 6:0
HLASEK 6:4, 7:5, 7:5
SANCHEZ 6:4, 6:4, 6:2
CANE 7:5, 6:3, 6:7(4:7), 6:4
MECIR 6:3, 4:6, 6:1, 6:4
FORGET 7:5, 7:6(8:6), 6:2
CASAL 6:3, 6:4 7:6(7:2)
SCHAPERS 4:6, 6:3, 6:1, 4:6, 6:1

Quarterfinals
EDBERG 6:0, 6:4, 7:6(7:3)
CANE 7:6(7:1), 4:6, 6:1, 6:2
MECIR 7:6(7:1), 6:3, 7:5
SCHAPERS 6:4, 4:6, 2:6, 6:3, 6:4

Semifinals	Final
EDBERG 6:1, 7:5, 6:4	MECIR 3:6, 6:0,1:6 6:4, 6:2
MECIR 3:6, 7:6(7:2), 6:2, 6:4	

1회전	2회전	3회전	4회전	8강	4강
33.GILBERT,BRAD(USA)	GILBERT,BRAD 3:0(6:2, 7:5, 6:1)	GILBERT 6:4, 1:6, 6:1, 6:2	GILBERT 6:2, 6:1, 6:2	EDBERG 5:7, 6:1, 7:6 (7:1), 6:3	MAYOTTE 6:4, 6:4, 6:3
34.TAUSON,MICHAEL(DEN)					
35.CHERKASOV,ANDREI(URS)	CHERKASOV,ANDREI 3:0(6:0, 6:0, 6:1)				
36.CHAPACU,HUGO(PAR)					
37.ODIZOR,NDUKA(NGR)	SEGUSO,ROBERT 3:0(6:4, 6:3, 6:2)	SEGUSO 6:3, 7:6(7:3), 6:7(8:10), 6:2			MECIR 3:6, 6:2, 6:4, 6:2
38.SEGUSO,ROBERT(USA)					
39.ANTONITSCH,ALEXANDER(AUT)	CAHILL,DARREN 3:1(6:2, 6:4, 6:7, 6:2)				
40.CAHILL,DARREN(AUS)					
41.JAITE,MARTIN(ARG)	JAITE,MARTIN 3:0(6:1, 6:3, 6:2)	JAITE 6:2, 6:4, 6:2	JAITE 6:4, 6:1, 6:3		
42.PRIDHAM,CHRIS(CAN)					
43.PERKISS,SHAHAR(ISR)	FRANA,JAVIER 3:1(6:2, 4:6, 6:4, 6:4)				
44.FRANA,JAVIER(ARG)					
45.KIM,BONG-SOO(KOR)	KIM,BONG-SOO 3:2(7:5, 3:6, 6:2, 6:7, 6:3)	KIM BONG-SOO 4:6, 7:5, 6:3, 3:6, 7:5			
46.KALOVELONIS,GEORGE(GRE)					
47.AMRITAJ,VIJAY(IND)	LECONTE,HENRI 3:2(4:6, 6:4, 6:4, 3:6, 6:3)				
48.LECONTE,HENRI(FRA)					
49.JARRYD,ANDRES(SWE)	JARRYD,ANDRES 3:1(7:6, 4:6, 7:5, 7:5)	JARRYD 6:0, 6:3, 6:1	STEEB 2:6, 7:5, 6:3, 7:5	MAYOTTE 7:6(7:4), 7:5, 6:3	
50.LAURENDEAU,MARTIN(CAN)					
51.N'GORAN,CLEMENT(CIV)	CASTLE,ANDREW 3:2(6:7, 3:6, 6:2, 7:6, 7:5)				
52.CASTLE,ANDREW(GBR)					
53.STEEB,CARL-UWE(FRG)	STEEB,CARL-UWE 3:0(7:5, 6:4, 6:3)	STEEB 6:3, 5:7, 6:3, 1:6, 7:5			
54.VOLKOV,ALEXANDER(URS)					
55.MASUR,WALLY(AUS)	MASUR,WALLY 3:2(6:4, 6:4, 4:6, 6:7, 6:4)				
56.MATTAR,LUIZ(BRA)					
57.MANSDORF,AMOS(ISR)	MANSDORF,AMOS 3:0(6:2, 6:4, 7:5)	MANSDORF 6:4, 3:6, 6:1, 7:5	MAYOTTE 6:4, 6:2, 6:4		
58.YOO,JIN-SUN(KOR)					
59.EVERNDEN,KELLY(NZL)	EVERNDEN,KELLY 3:0(7:6, 6:3, 6:3)				
60.IVANISEVIC,GORAN(YUG)					
61.NARGISO,DIEGO(ITA)	NARGISO,DIEGO 3:2(4:6, 2:6, 7:6, 7:6, 8:6)	MAYOTTE 2:6, 6:2, 6:4, 6:0			
62.MACIEL,FRANCISCO(MEX)					
63.SONG,DONG-WOOK(KOR)	MAYOTTE,TIM 3:0(6:3, 6:3, 6:4)				
64.MAYOTTE,TIM(USA)					

필자의 뒤쪽으로 양손 백핸드를 치기 위해 백스윙을 하고 있는 선수가 서울 올림픽 남자테니스경기에서 금메달리스인 체코의 밀로슬라브 메시르이다.

1988 SEOUL OLYMPIC TENNIS GAMES (올림픽공원 테니스 경기장)

● 여자단식(WOMEN'S SINGLES)

Draw

1.GRAF,STEFFI(FRG)
2.BYE
3.RAJCHRTOVA,REGINA(TCH)
4.MESHKI,LEILA(URS)
5.SUIRE,CATHERINE(FRA)
6.BASUKI,RAHAYU N(INA)
7.BYE
8.LEE,JEONG-MYUNG(KOR)
9.SAVTCHENKO,LARISA(URS)
10.BYE
11.GOMER,SARA(GBR)
12.CORDWELL,BELINDA(NZL)
13.KIM,IL-SOON(KOR)
14.INOUE,ETSUKO(JPN)
15.BYE
16.SUKOVA,HELENA(TCH)
17.SHRIVER,PAM(USA)
18.BYE
19.HETHERINGTON,JILL(CAN)
20.BERGER,ILANA(ISR)
21.KELESI,HELEN(CAN)
22.MIRO,GISELE(BRA)
23.BYE
24.MALEEVA,KATERINA(BUL)
25.DEMONGEOT,ISABELLE(FRA)
26.NOVOTNA,JANA(TCH)
27.PAULUS,BARBARA(ARG)
28.FULCO,BETTINA(ARG)
29.BYE
30.HERNANDEZ,CLAUDIA(MEX)
31.BYE
32.GARRISON,ZINA(USA)

Second round

GRAF,STEFFI
MESHKI,LEILA 2:0(7:5, 7:5)
SUIRE,CATHERINE 2:1(6:3, 3:6, 6:0)
LEE,JEONG-MYUNG
SAVTCHENKO,LARISA
GOMER,SARA 2:1(4:6, 7:5, 6:2)
KIM,IL-SOON 2:1(6:3, 3:6, 7:5)
SUKOVA,HELENA
SHRIVER,PAM
HETHERINGTON,J 2:0(6:1, 6:4)
MIRO,GISELE 2:0(7:5, 7:5)
MALEEVA,KATERINA
NOVOTNA,JANA 2:0(6:4, 6:3)
PAULUS,BARBARA 2:0(7:6, 6:4)
HERNANDEZ,CLAUDIA
GARRISON,ZINA

Third round

GRAF 7:5, 6:1
SUIRE 7:5, 4:6, 7:5
SAVTCHENKO 6:7(3:7), 7:6,(7:3), 9:7
KIM,IL-SOON 6:2, 4:6, 6:2
SHRIVER 6:2, 6:3
MALEEVA 7:5, 6:1
PAULUS 6:4, 6:3
GARRISON 6:1, 6:4

Quarterfinals

GRAF 6:3, 6:0
SAVTCHENKO 6:3, 7:6(7:4)
SHRIVER 6:3, 3:6, 6:2
GARRISON 7:5, 6:2

Semifinals

GRAF 6:2, 4:6, 6:3
GARRISON 6:3, 6:2

Final

GRAF 6:2, 6:0

33.ZVEREVA,NATALIA(URS)
34.BYE
35.MINTER,ANNE(AUS)
36.ESCOBEDO,XOCHITL(MEX)
37.TURNBULL,WENDY(AUS)
38.WOOD,CLARE(GBR)
39.BOUCHABOU,OARDA(ALG)
40.SCHEUR-LARSEN,TINE(DEN)
41.HANIKA,SYLVIA(FRG)
42.BYE
43.MUIR,JULIA(ZIM)
44.BYE
45.SANCHEZ,ARANTXA(ESP)
46.GOLES,SABRINA(YUG)
47.BYE
48.SABATINI,GABRIELA(ARG)
49.MALEEVA,MANUELA(BUL)
50.BYE
51.PAZ,MERCEDES(ARG)
52.TSARBOPOULOU,OLGA(GRE)
53.OKAMOTO,KUMIKO(JPN)
54.LINDQVIST,CATERINA(SWE)
55.TAUZIAT,NATHALIE(FRA)
56.BASSETT-SEGUSO,CARLING(CAN)
57.KOHDE-KILSCH,CLAUDIA(FRG)
58.BYE
59.SMYLIE,ELIZABETH(AUS)
60.REGGI,RAFAELLA(ITA)
61.BYE
62.CECCHINI,ANNA MARIA(ITA)
63.BYE
64.EVERT,CHRIS(USA)

ZVEREVA,NATALIA
MINTER,ANNE 2:0(6:1, 6:3)
TURNBULL,WENDY 2:0(6:1, 6:3)
SCHEUR-LARSEN,TINE 2:0(6:0, 6:1)
HANIKA,SYLVIA
MUIR,JULIA
GOLES,SABRINA 2:0(6:4, 6:2)
SABATINI,GABRIELA
MALEEVA,MANUELA
PAZ,MERCEDES 2:0(7:6, 6:3)
LINDQVIST 2:0(7:6, 7:5)
TAUZIAT,NATHALIE 2:0(7:6, 6:1)
KOHDE-KILSCH,CLAUDIA
REGGI,RAFAELLA 2:0(7:6, 6:0)
CECCHINI,ANNA MARIA
EVERT,CHRIS

ZVEREVA 6:4, 3:6, 6:1
SCHEURLARSEN 6:4, 4:3
HANIKA 6:1, 6:1
SABATINI 6:1, 6:0
MALEEVA 6:1, 6:2
LINDQVIST 2:6, 6:3, 6:4
REGGI 4:6, 7:6(8:6), 6:3
EVERT 6:2, 6:2

ZVEREVA 6:1, 6:2
SABATINI 1:6, 6:4, 6:2
MALEEVA 6:1, 6:2
REGGI 6:3, 6:4

SABATINI 6:4, 6:3
MALEEVA 6:3, 6:4

SABATINI 6:1, 6:1

GRAF 6:3, 6:3

'88서울 올림픽 테니스 경기에서 미모와 파워넘치는 테크니션으로 최고의 인기를 구가한 여자단식 은메달리스트 가브리엘라 사바티니, 좌측은 당시 임원으로 참가한 필자

노박 조코비치
2011년 세계를 평정한 세르비아의 병정 그는 세계 랭킹 1위로 한 해를 마감했다.
2012년 첫 그랜드 슬램대회인 호주오픈에서 라파엘 나달과 5시간이 넘는 결승전 경기를 치름으로써 세계 테니스팬들에게 감동을 주었으며 역사에 남을 명승부를 연출한 끝에 우승했다.

참고문헌

1. 朴勝和 外 2인(1994), 쉽게 배우는 테니스, 保景文化社
2. 朴勝和(2000), 새천년 테니스, 保景文化社
3. 朴勝和(2004), 테니스 바이블, 保景文化社
3. 테니스 規程集(2011), 大韓테니스協會
4. 韓國日報社 發行(1983, 5~1989, 12), 월드 테니스
5. 박재현 전공체육(대경북스)
6. 박재현 전공체육(메디컬 코리아)
7. tennis korea(1997~2012), 월간 테니스
8. tennis people(2012)
9. World Tennis, John Haylett
10. Amazing Grace(1889~1989), Joseph Johnson
11. ATP Tour(2011), ATP Tour official Rule Book of the ATP Tour

본서에 게재된 일부 유명선수 사진은 테니스 코리아에서
제공되었으며, 저작권은 필자에게 있음을 알립니다.
테니스 코리아의 관계자 여러분에게 감사를 전합니다.

박승화 저
慶熙大學校大學院卒業(體育學博士)
前慶熙大體育學科테니스 專門實技擔當敎授
慶熙大, 亞州大, 光云大에서 테니스 講義
國際테니스 盟國際審判
'86 아시안게임, '88 서울올림픽 테니스 경기 審判任
데이비스컵 主審, 일본 오픈 審判任
國家公認1級테니스 競技指導者
現, 朴宰玄專攻體育研究所所長
現, 3級生活體育指導者테니스 審査委員

테니스 바이블

초판 인쇄 2021년 4월 11일
초판 발행 2021년 4월 15일

지은이 박승화
펴낸곳 청풍출판사

주소 경기도 고양시 일산서구 덕이로276번길 26-18
출판등록 2019년 10월 10일 제2019-000159호
전화 031-911-3416
팩스 031-911-3417
전자우편 meko7@paran.com

테니스 바이블

테니스 바이블